从青铜到王者

——赋能学生的 81 封信

CONG QINGTONG DAO WANGZHE

FUNENG XUESHENG DE 81 FENG XIN

殷振洋　著

教育科学出版社

·北京·

出 版 人　李　东
责任编辑　欧阳国焰
版式设计　孙欢欢
责任校对　贾静芳
责任印制　叶小峰

图书在版编目（CIP）数据

　　从青铜到王者：赋能学生的 81 封信 / 殷振洋著 .—北京：教育科学出
版社，2022.3
　　ISBN 978-7-5191-2747-3

　　Ⅰ. ① 从…　Ⅱ. ① 殷…　Ⅲ. ① 中学生—自我管理学　Ⅳ. ① G635.5

　　中国版本图书馆 CIP 数据核字（2021）第 170409 号

从青铜到王者——赋能学生的 81 封信

CONG QINGTONG DAO WANGZHE——FUNENG XUESHENG DE 81 FENG XIN

出 版 发 行	教育科学出版社			
社　　　址	北京·朝阳区安慧北里安园甲 9 号	邮　　编	100101	
总编室电话	010-64981290	编辑部电话	010-64989527	
出版部电话	010-64989487	市场部电话	010-64989009	
传　　　真	010-64891796	网　　址	http://www.esph.com.cn	
经　　　销	各地新华书店			
制　　　作	北京大有艺彩图文设计有限公司			
印　　　刷	中煤（北京）印务有限公司			
开　　　本	720 毫米 ×1020 毫米　1/16	版　　次	2022 年 3 月第 1 版	
印　　　张	22	印　　次	2022 年 3 月第 1 次印刷	
字　　　数	298 千	定　　价	59.80 元	

目　录

第三章　心灵的力量：增强信心，提升效能

第四章　心灵的合约：觉察自我，自律生自由

第五章　心灵的承诺：看清选择，寻找意义

第六章　心灵的营养：经营关系，养大格局

自序　希望这是你成长过程中最好的礼物

这本书是殷老师给你的礼物！

亲爱的同学，我为什么要给你写信？我问我自己。

我端坐在电脑面前想了好久好久。我也找寻了无数个理由，把它们都打在 Word 文档上，权当作一个头脑风暴！当写到"曾经的痛苦的中学经历"一行字时，我忽然感觉，这似乎是璀璨星河里最耀眼的那一颗星。我也分明觉得这一行字是催眠的药枕，眼睛躺在上面，就容易进入一段梦乡：那就让我从那段"痛苦的中学经历"谈起吧。

这一份"痛苦"，是来自中等生心灵的自白书。

对！我就是老师嘴里的中等生。

拼尽了全力，仍然只是一个中等生

高中的时候，我很笨（某些学科就是不开窍！），但是很勤奋。勤奋到了什么程度呢？我抢饭的速度比谁都快，吃完了就到教室里做练习。我排队的时候也要拿一本书在手中。中午舍不得回寝室午休，腾出时间也要写作业。课间的时候我会拿出语文资料包在阳台上反反复复地念叨。一月一次的归宿假也基本上是在自习室里面度过的。就连过年也不舍得浪费时间，向我的老师借了钥匙，大年三十的时候，我也独自一人在偌大的教室上自习……。就这么努力的一个孩子，却长时间被老师们忽视。因为我的成绩总是高不成低不就的。我的班主任很少因为我的优异成绩表扬过我，都只说——

"殷振洋的刻苦精神值得大家学习。"

努力，却成了笑料

但是，我的这种勤奋基本上成为某些同学的笑料了。因为我总能听到一些同学小声嘀咕："这么努力又能怎样，傻学！老子边学边玩都比他考得好。"

我很伤心。

但是，我又真的很不争气。从高一到高三我基本上把考场上所有该犯的错误都犯完了，明明会做的题也会大面积过失性丢分，这时我就只能回家大哭一场。

我渴望得到表扬

我非常渴望证明自己，我渴望我的老师表扬我，我渴望我的老师关注我。但我这种人是不被看好的，不上不下，不惹事不冒尖，很容易被遗忘在角落。三年了，我几乎没有听到老师表扬我，也就逐渐淡忘了被表扬是什么感觉了。一个长期得不到表扬的人，也都渐渐觉得自己变成了空气……

那一天，我哭了

我还清晰地记得是高三的一个清晨，前几天才进行了一次大考。我因为数学不得力，又失去了一次证明自己的机会，很懊悔。我那时候真的很想放弃，因为长时间失败的人有时候都不知道努力的意义是什么了。

但是一阵伤心之后，我仍然是第一个来到阳台上读书的人。我很入神以至于我忘了周围。不知什么时候我的语文老师走到了我的身后，拍拍我的肩膀对我说：

"殷振洋这个小伙子还是挺不错的。好好整。"

我回过头望着我的老师，坚定地点点头。等他一转身离开，我的眼泪就止不住地流，我干脆跑到厕所里哭了个够。原来，被表扬的感觉是这么美好！被关注的感觉是这么美好！三年了，这是第一次被表扬，还是在我最需要鼓励的时候。我心中又燃起了希望。

老师，我来了

我的高考成绩令我所有的老师吃惊——我成为班上唯一一个上重点线的学生，是唯一一个普通班当中上 600 分的学生。得到成绩的那一刻，我哭得比谁都厉害；我知道，我的一生注定要成为一名老师，一名影响学生一生的老师。我义无反顾地抛开了当时那些热门的专业，立志从教，我要让我的学生能够享受赞扬。现在，我当了老师，我经常都在适度的范围内给我的学生以关怀。我会在他们情绪不好的时候爱抚性地搭着他们的肩膀；我会用我敏锐的双眼去捕捉他们一点点的进步；我是在用放大镜找他们的优点；我有时候跟他们开玩笑说——这是因为殷老师早年缺乏老师的关爱造成的。

让班级成为水草丰美之地

像我这样的中等生是班上沉默的大多数，一个位于中间地带的灰色群体——没有耀眼夺目的天分，没有让人亮眼的成绩，就连犯错误都缺乏勇气。也许班级事务繁杂，分身乏术，也许是老师们觉得他们省心，不用多管，这部分学生就那么被有意或无意地忽略了，成为被"阳光"遗忘的角落，成为园圃中没有"养料"的一角。于是，他们的梦想在忽略中挫伤，激情在漠视中逐渐耗尽。这是多么残酷的事啊！

我不想让这种事情在我的班级发生，我不能让我的一个微笑、一句表扬对学生而言都成了奢侈品。我要力图让班级成为学生内心水草丰美之地。

让这些信陪伴你的心灵，助你成长

写信无疑就是耕耘这片丰美之地的最好手段之一。曾经有一段时间，我享受写信给学生的过程。新生报到之前我要给学生写信，在信中把自己进行一次 360°全方位扫描，让学生未见其人，先见其信，对我充满好奇和期待。第一次家长会，我也要给学生家长写信，把每一封信装在信封里，提前放在家长座位区。看着整整齐齐的一排信封我就很有成就感！学生半期考试考完以后，我要给学生写励志短信，去激发他们的斗志。元旦跨年的时候，我会把短信写在一张电子贺卡上，发到他们家长的微信，希望他们来年能够遇见一个更美好的自己。即便是和学生闹了矛盾，在课堂上吵了嘴，我也要写信，我要冷冷静静地梳理事件的来龙去脉，坦坦诚诚地告诉学生我内心当时的独白，以期修复关系，和好如初……

接下来这些信，绝大多数是疫情自学期间我写给我的学生的。那段时间，学生在家独学，上网课，缺少了昔日同伴的互助，缺少了老师耳提面命的嘱咐，缺少了一个聚合的氛围场……。一个人总是在一个参照系当中才能完成确认，而当疫情夺走了学生这些参照系的时候，他们就容易迷失自我。那段时间，我接到了很多学生和家长的私信反馈，比如："殷老师，我今天感觉糟透了……"。虽然只是隔着屏幕，但我依然能够感受到这些话背后的情绪的萧瑟！于是，我决定每天都为他们写一封信。因为信，是经过雕琢过后的思想，而思想，又是打磨过后的生命痕迹。它们都具备跨越时空的穿透力！

还有一些信，是我曾经给学生上过的一些主题班会课。它们往往具有一个鲜明的主题，或是具有一个独到的洞见，抑或是一次认知的升级。

我每次在编辑这些信的时候，都在想：假设有那么一个学生遭遇了生命中一件极为不愉快的事，正在黯然神伤，独自舔舐心灵的伤口，这时恰巧看到了殷老师信中的某个故事，那么这封信会不会就变成了一副草药，可能具有疗愈功能？

我每次在编辑这些信的时候，都在想：假设有那么一个学生正深陷人际的泥淖，左右挣扎，瞻前顾后，不知所往，这时恰巧看到了殷老师信中的某个忠告，那么这封信就变成一根绳索，他紧紧地拉着，是不是就有可能走出来呢？

我每次在写信的时候，都在想：假设有那么一个学生正在苦闷于学而不获，对自我产生了怀疑，周围人的一丁点儿评价都让他感觉风声鹤唳草木皆兵，随时击溃他的内心，这时他恰巧看到了殷老师信中的某个方法和策略，那么这封信会不会就变成了他继续战斗的武器，宛如被囚禁的海神波塞冬重新获得了水的滋养，宛如在黑暗里挣扎的打怪的奥特曼重新获得了阳光的普照？

……

我深信"万物非体验不为真"的道理。我也知道，外在强加给你的东西，只要未曾经过你的心理结构，一切都是身外之物！这些信都不能代替你成长。因为，一个人的成长总是在有所经历、自我统整过后才会实现。一个人的笃定的人格，全都是灵魂的触角触碰到了生活的各种礁石，反弹回来之后才会生成的。几封信、几十封信，甚至几百封信都不能替代一个人的成长！我也知道，人都讨厌被教导、被说教，但我依然固执地把这些信写给你，我亲爱的你，是因为，我相信，正如化学反应需要催化剂一般，好的信就会加快你的领悟。我依然固执地把这些信写给你，是因为，人虽然都不喜欢被教导、被说教，但总是需要有一个正确正向正能量的声音在你的耳畔回荡，不断地提醒着你——你还可以更好！

于是，这些信就聚合起来了。

希望这是你成长过程中最好的礼物。

第一章　自我赋能：

聚焦注意，揭秘记忆

① 成绩和注意力的关系

亲爱的同学：

开始这几封信，我想和你聊聊注意力的秘密，因为这非常重要。因此也给你系统地谈谈中学生应该如何提高自己的注意力。

首先我们都必须意识到，注意力是当今非常宝贵的资源，当今社会是注意力的争夺战！每个媒体都想成为注意力的"收割机"！关于注意力的重要性，李笑来先生的观点很有意思：最宝贵的东西是什么？不是金钱，因为钱永远挣不完；也不是时间，因为时间一去不复返，而且对于每个生命个体都是相同的。最宝贵的是"注意力"，因为每个人的注意力品质有差异，这也就决定了时间利用效能上有差异。然而，当今社会，注意力已经成为一种稀缺资源——红尘滚滚，信息滔滔，诱惑遍地，大家都在争夺世人的注意力。注意力就是"流量"，"流量"就可以变现。所以说注意力也就是隐形的黄金。面对这么多注意力"收割机"，一个中学生若能拥有宝贵而优质、长效且稳定的注意力，我认为他也就拥有了搞好成绩的"大杀器"。

所以，有一句话是这么说的：你的注意力浇灌在哪里，哪里就会开花。

处于中学阶段的你迎来了智力发展的黄金时间，而评价智力发展的关键性因素是"注意力（有意注意）""记忆力"和"创造力"（也有部分书籍和研究认为是观察力，如燕国材教授所著的《智力因素与学习》）。很多同学就很疑惑，啊？！注意力还和我们的智商有关系？对，有关系！如果注意力的闸门管控不好，就很有可能影响到我们智力的发展！由此可见，注意力的培养是这一阶段的重要任务。很多后进生就栽在注意力涣散上，有效注意力时间较短，而且经常被一些无关的信息干扰，导致遗漏重要知识，从而在知识结构上出现了"漏洞"，这类"漏洞"多了，就再也跟不上课堂节奏了。在课下，无论是做作业也好，还是自主学习也罢，注意力涣散都会导致在记忆系统中出现"空缺"，从而出现记忆不深、记忆不准、间歇性遗忘等问题。相反，那些优生上课的时候，目光如炬，注意力的闸门开合自如，那么知识的留存率肯定也会非常高！苏联的教育家乌申斯基也曾说过，注意力是一扇窗，知识的阳光只有透过这扇窗才能抵达你的内心！课堂上，学生注意力开合的闸门，决定了知识的留存率！有很多实证研究表明，学生注意力水平和学业成绩有着显著的相关关系。图 1-1 是高校研究人员邱红军、钱明的论文《智力、注意力与学习成绩的相关分析》中的结论。

> **慧工具[6]。本文通过注意力与学习成绩相互关系的研究表明，不同学习成绩的学生之间，其注意力确实存在明显差异，成绩高的学生，注意力得分较高，反之亦然，所以注意力对学习成绩产生的影响不容忽视。**

图 1-1　研究表明，注意力水平和学业成绩有着显著的相关关系

我观察过每一届学生，注意力极好的人实乃凤毛麟角，注意力中下的却是普罗大众。注意力极糟糕的人多半情况是只能在一节课上注意力集中十几分钟。我曾带过的一个"蜗牛班"，学生除了学习基础不好以外，注意力也十分糟糕。当时我针对这个问题，开展了为期一个多月的注意力训练，收集到了很多宝贵的一线素材和经验，且容我在下面的几封信中慢慢道来。

注意力不集中的 3 个原因及破解策略

亲爱的同学：

我们今天来认真剖析一下不能集中注意力的原因。

【原因一】

学习任务过难或过易。心理学上有一个叫作"最近发展区"的模型（见图 1-2），这个模型有三个区域：第一个是人独立完成任务的能力区域；第二个是最近发展区，也就是在他人的协助和支持下能完成任务的能力区域；第三个，也就是最右边的那个区域，是即使在他人的协助和支持下也不能完成任务的能力区域。

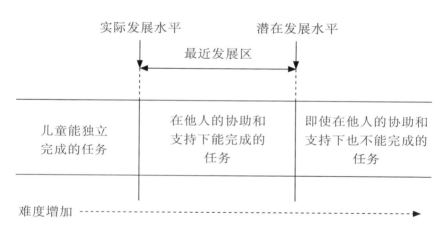

图 1-2　最近发展区模型

如果你手上的任务是你"跳一跳"就能够得着的，这就会是一种最为理想的注意力状态。用心理学上的术语来讲，就是你处在"心流"状态。与之相对应的是，如果你发现你所做的任务是一个"小儿科"，抑或是超出你能力范围过多的时候，你就坚持不了多久，这个任务你做着做着就容易走神。你回想一下自己在课堂上的状态，是不是过难或者过易的课堂，你就坚持不了多久呢？就是这个道理，如果你所学的东西超出了你的"最近发展区"，你就容易寻找其他窗口去宣泄。这类"窗口"最常见的表现就是"东摸西搞""乱涂乱画"等。

【策略一】

第一，你需要自我诊疗。弄清楚自己会做什么，不会做什么，哪些题可以大胆舍弃不做，哪些题要咬定青山不放松地做。

第二，一定要想方设法地找出适合自己做的题，然后系统训练。你需要和科任老师进行一次真诚的沟通，让他们辅助你找到你的"最近发展区"，布置一些适合你做的、能够有所提高的任务。

【原因二】

没有明确的目标和学习动力。没有目标的任务常常会导致"神游"！我曾经做了一个小实验。上完一堂英语课后，我一声令下："同学们，我们马上来一次听写。听写的内容就是刚刚课堂上讲过的短语和单词。""啊？！"全班同学不约而同地发出一片"哀嚎"。学生被突如其来的任务搞得措手不及。同学，你可以预想，听写的效果好不好呢？答案是否定的。这种情况下听写的效果就会比较差，纸面七零八落，稀稀拉拉，宛如战场上丢盔弃甲的残兵败将。相反，我在另外一个同类型的班级做了对照实验，只不过我把要求提前告诉了学生："今天要认真听讲哟，讲完这堂课之后我们就立马听写讲到的 17 个短语和 8 个新词汇。"此话一出，虽然也是习惯性的"哀嚎"，但是同学们听课的注意力就好得多了，而且最后上交的答卷也是非常令人满意的，我相信你也有过这样的经验。这就很好地说明了，没有明确的目标和学习动力，注意力就容易涣散！

亲爱的同学，我们的大脑是个灵敏的时间旅行大师。在进化的过程中，它天然容易去靠近那些消耗能量较小的事，"神游"就是。不知大家意识到没有，我们夸一个学生聪明，常说"这个孩子挺爱动脑筋"，但其实没有人愿意动脑筋，大脑总是喜欢在你知道或不知道的情况下偷懒。脑科学实验研究表明，成人的大脑仅占体重的 2% 左右，却消耗了整个身体 20% 的能量。正因为大脑耗能极大，所以大脑会尽可能优化效能，保存能量，有意无意地偷懒，偏爱省力的事情。

【策略二】

定向专注！其中，"定向"的意思就是目标导向，这个过程就是为我们的注意力"导航"。每一次学习活动之前，必须要有目标，有计划，知道自己要走到哪儿去。我给大家推荐一个"小神器"——《预册》。什么是预册呢？就是一个专门用来记录任务和目标的小本子。其中有一栏是"预计用时"，故名曰《预册》。如果我们能够把每一个时间段用"任务"进行导航，那就会大大减少走神的情况。

序号	任务	预计用时	实际用时	反思总结
1				
2				
3				
4				
5				

【原因三】

被太多碎片化的信息所干扰，已经养成了碎片化的时间管理习惯，注意力管理能力已经遭受重创！具体而言，你如果总是被碎片化信息干扰，而且已经习惯了这种模式，就不能长时间地集中注意力。

【策略三】

第一，我劝你还是要珍惜注意力，因为注意力是一种有限的资源。你千万不要觉得，注意力资源是取之不尽用之不竭的。对，从长期来说，这句话是正确的，但是从每一天的状态来看，我们可以发现，我们每天的注意力都是定量的，就像一节充电电池每次所充电量是限定的，用完了就没有啦。好钢要用在刀刃上，要把最优质的注意力资源贡献给课堂。

第二，不要浪费"注意力预热"的那段时间。注意力也需要预热，这一点就跟剧烈运动之前需要"预热"身体一样，只有充分调动起身体的细胞，才会有潜力。现实生活中我们都遇到过这种现象：我们读一本专业图书，刚开始看头几段时，往往很难集中自己的注意力，甚至不由自主地回过头来看好几遍。这个时候，我们的效率其实是非常低的，原因是我们在用意志力缓慢地调动注意力。有研究表明，一个人从完全不集中注意力，到能够集中注意力，可能需要 25 分钟左右的时间。有的同学在听课的开头，发现自己很难集中注意力，就迅速放弃听课而继续手中正在干的事情，或者是继续神游于自己课间未完成的事情。其实，你有没有想过，你已经花了十几分钟的时间集中注意力了，现在说放弃就放弃，这样是不是就浪费了时间呢？你要想再一次进入注意力集中的状态，就需要花另外的一段时间去集中注意力。课间回来，如果你发现自己没有进入一个集中注意力的状态，就一定要想方设法地坚持集中注意力20 多分钟。

第三，不断地给自己正面且积极的心理暗示。要"相信"自己能学好，而不是"强迫"自己去"专注"。为什么这么说呢？因为如果我们强迫自己要集中注意力，"强迫"的过程就是在动用意志力资源，那这个过程就是在同时消耗注意力资源和意志力资源，就更容易"累"。相反，如果你总是给自己积极的心理暗示，总是相信自己能行，那就能轻装上阵。比方说，一个数学学困生就可以反反复复暗示自己：我一个堂堂附中学生，我的智力不低，我只是慢了一点。而且我身边还有这么多支持我的人，我凭什么不好好完成我的作业？相信自己比强迫自己更好，因为相信自己会让你动用更少的意志力去斗争。

第四，不要同时进行多任务处理。这里的"任务"是指都要动用且耗费注意力资源的任务。如一边做作业，一边回复微信。为了让你能够更好地理解这句话，我们来做一个小互动：有没有同学能够在看完以下两句话的内容的同时，告诉我这两句话一共用了多少字？

应该没有男生可以做到一边打游戏，一边通话跟同学聊家庭作业的情况。

也没有女生可以做到一边逛淘宝，一边上网搜索课外任务所需的资料。

我相信，应该绝少有人能够同时完成两个任务。这就说明，我们的注意力很难以一种分裂的方式去同时完成两个任务。

第五，合理安排学习的顺序。具体来说，状态极好的时候，建议先完成难的任务；状态不好的时候，建议马上完成手里紧急且简单的任务。此外，也要学会劳逸结合，恢复注意力。休息就是给耗尽的注意力电池重新充电的过程。

③ 课堂容易不专注的 5 个原因剖析

亲爱的同学：

我曾经在课堂上问过我的学生一个问题："同学们，上课可以走神吗？"

学生齐声答道："不可以！"

"胡说！谁说上课不可以走神？"

"殷老师，我们小学老师就告诉我们，做事情要聚精会神，专心致志，上课当然不可以走神呀！"

我接过话茬："同学们，你们看你们小学老师们在听课的时候，都忍不住玩手机，控制不住走神……。成年人都可以走神，那我们小孩子就不能走神了吗？研究表明，一个人平均每 3 分钟就要走一次神！因人而异！课堂是可以走神的！"

"啊！？"学生大惑不解。

我接着说："问题的关键从来不是你走不走神，问题的关键在于你会不会设计自己上课的走神点。但凡学霸，你去观察他，都是有所走神，有所不走神；知道哪个地方该走神，哪个地方不该走神……"

今天我就聚焦上课走神的五大原因，提出相应的听课策略，给大家带来满满的干货。

首先我们要知道，课前太 high，就不易切换注意力。

曾经有人在 TED 演讲[①]上提到了一个研究结论：一个人从完全不集中注意力，到能够集中注意力，可能需要 25 分钟左右的时间。

---

① TED 演讲是美国的一家私有非营利机构，该机构以它组织的 TED 大会著称。这个会议的宗旨是"传播值得传播的创意"。

这就是我们上一封信谈到的注意力预热。

这能够给我们什么启示呢？

导致课堂注意力下降的第一个原因是过于兴奋。我的建议是，在课间不宜过于剧烈地运动，也不宜处于一种过于娱乐的状态。为什么？因为这会为下一节课听课注意力的切换增加太大的成本！我们很难想象，一个课间玩得很 high，甚至汗水都已经打湿了衣裳，处于一种极度兴奋状态的人能够在课前的 10 分钟迅速进入上课状态。

导致课堂注意力不集中的第二个原因是疲惫。疲惫的身体，意味着疲惫的大脑。这意味着你很难集中注意力。课堂上的疲惫状态可粗略地分为"睡眠缺乏"和"一般性疲惫"这两种情况。针对"睡眠缺乏"导致的注意力涣散，我真诚地建议同学们，千万别开夜车，要保证充足的睡眠，一切以开夜车来保证学习时间的努力都是无效的勤奋。针对"一般性疲惫"，如果课堂上只有五分到七分困顿，可以站起来，站在教室后面；如果十分困顿了，那么课间想方设法都要眯一会儿。

导致课堂注意力下降的第三个原因是压力。课堂上的压力来源有很多种，如一个不具有"安全氛围"的教室、一种不和谐的竞争关系等，但最重要的一点还是学科任务难度对你的能力构成了威胁。当你面对一个你没有足够信心的领域时，你就会产生压力。无论如何，当压力产生的时候，它就一定会分散你的注意力。

那如何化解课堂上的这种压力呢？我的建议如下。

首先，你要充分给予自己积极的暗示。上一封信中，我谈到了"相信自己比强迫自己更好"，其中的道理就是如此。以下是对自己进行积极暗示的几个例子。

"耶，又听懂了一道题啦！好棒，我喜欢每天进步的自己。"

"嘻嘻，比昨天有进步，至少听懂了几个步骤。只剩下具体的几个小步骤没弄懂啦。数学老师一定会耐心给我讲的……。数学爱我，我爱数学。耶！"

"哇，英语又多会了几个短语，这节课没白上。"

"虽然老师讲的我都会，但这节课我要求自己回答了几个问题，我突破了我自己。"

其次，你可以采取"分段听课法"来减缓听课的压力。

"分段听课法"的步骤如下：

①　以10—15分钟为一个单位，拆分课堂。

②　锚定目标。（定向专注）

③　钻好老师的空子。（利用分配任务、说过渡语、提问等时间，快速切换注意力）

④　老师敲黑板、划重点的时候，绝不走神。

⑤　听的过程中伴随着积极的心理暗示。

导致课堂注意力下降的第四个原因是大脑多任务处理。大量的科学研究已经表明，大脑不喜欢多任务处理，处理的效果往往极为糟糕。这一点在上一封信中也谈到了，我们的注意力很难以一种分裂的方式去同时完成两项任务。而我观察过学生上课的状态，有边听课边做其他学科作业的；有手里总是拿着一点东西，东摸摸西搞搞的。所以，我建议你把所有与学习无关的东西放远一点，最好根本不要拿到教室里来，比如水晶泥、水彩笔、明星海报等。谈到"多任务处理"，我不得不谈到另外一个心理学效应——蔡氏效应。

什么是"蔡氏效应"呢？

它是指：人们对于尚未处理完成的事情，比对已经完成的事情印象更深刻。

每个人都有与生俱来的完成欲望，要做的事情一日不完成，一日便不得解脱。

有些人有时候会陷入过分强迫的境地，一定要一气呵成地完成这项任务，不完成就抓着绝不松手，甚至偏执地将其他的事情都置之度外！

我们会发现部分同学就是着了"蔡氏效应"的魔，非要把自己认为重要的、未完成的事情，拿到课堂当中来做，扰乱了自己的注意力。比如，某同学一直在创作一幅美少女的画，课间没画完，画了一半，为了完成它，该同学在接下来的课上一直在画，那课堂注意力怎么能集中呢？我们的大脑聚焦在多个任务上时，就会失去集中注意力的能力。

导致课堂注意力下降的最后一个原因是无聊！对学生而言，最大的挑战永远都是两个字：无聊。我们的大脑天然渴望娱乐。这也就是广告也好，电视剧也罢，它们总是充满了艳丽的色彩和各类嘈杂的声音的原因了。这对于带给我们感官刺激，维持注意力是非常有效的。但我们所面对的课堂可不总是充满了各种奇幻的色彩和声音的，内容也不见得时时能调动起我们的兴趣。那该怎么办呢？我留到下一封信来讲。

4 课堂"捧哏"，助你成为注意力之星

亲爱的同学：

我接着上一封信继续说。面对不感兴趣的课堂，我们该怎么维持自己的注意力呢？殷老师经常对班上的孩子们说："成为老师的捧哏！"

那什么是"捧哏"呢？

传统的相声分为捧哏和逗哏两个角色，两个人一唱一和，把一件本不搞笑的事说得风趣幽默。捧哏一般就是一唱一和的"和"，就是随声应和的人，就是郭德纲身边的于谦、岳云鹏身边的孙越。好的捧哏是可遇不可求的。捧哏如果想要做好比逗哏还难，但是二者缺一不可。相声的包袱如果想抖响了，铺垫、抖、翻、缝缺一不可，哪一个环节没做好都不成，这需要捧逗之间的默契，谁离开谁也不成。

其实，任何一个好的老师都需要一个好的"捧哏"！

进一步说，任何一个会听课的学生都应该是一个良好的"捧哏"！

捧哏的第一要义是什么？

随声附和！

这是要求你和老师的思维"同频"！具体来说怎么做呢？你可以想象自己：

身体前倾，目光如炬，思维共频，眼光随时温柔地落在老师的脸上，嘴巴处于"备战"状态。或积极回答老师提出来的每个问题；或是低声高频地回应"哦，哦，原来如此，明白啦！真好！"；或是微微颔首，频频点头；抑或是紧锁的眉头突然舒展，就好像心中疑云瞬间因老师烟消云散了一样；……

这个过程就像讲相声一样，你就是老师忠实的"捧哏"。一台相声要说得好，仅仅凭逗哏一个人发挥是没有用的。一个老师讲得再好，没有你的互动，其实也是非常干瘪的。和老师随堂附和还会收到很多意想不到的效果。

第一，让老师感觉很有面子。老师的自尊心一旦被满足了，他也会对你产生好感哟！反之，沉闷的课堂也让老师失去教学信心，得过且过。

第二，不容易走神。你在积极举手和随声附和的过程中，你的注意力会相对集中，不容易涣散。

第三，增加对知识点的敏感度。说得功利一点，考试无非就是对知识点的考查。假设一个同学经常和老师附和，另外一个同学仅仅是默默地听，那么课堂效果肯定是不一样的。

当然，要让你做到随堂附和，可能还是会有一些心理障碍。

一方面，你要是觉得自己不如别人，而又看到别人都没有举手或是安静地听，你怕自己"高调"行为让人觉得你是在故意卖弄。

这个时候，你就要做好心理调适了。你可以对自己说："走自己的路，让别人去说吧。我的一切即将发生改变！"

另一方面，你害怕出错，怕自己说错了，同学和老师笑话。

这时候，殷老师要告诉你：

真诚就是"始终如一"。别的同学或许刚开始还会窃窃私语，说你几句，但只要你一如既往地如此表现，别人就会把它看作你的行事风格。更何况人都是在错误中前进的，每一次错误最后都会变成可爱的小星星照亮你光明的前程。只要求学若渴是你的生命底色，那么每一次出丑，都是你迈向成功的台阶。

5 学民与学霸的分野——"暗时间" 管理

亲爱的同学：

今天我给你讲另外一个概念——"暗时间"管理！

"暗时间"这个概念，是刘未鹏提出来的。他的意思是，有效的时间管理绝对不是对时间本身的管理，而是对思维状态的管理，本质上是对注意力的管理，所以我也把这封信放在这个位置。思维的时间、注意力的时间，就是我们生命中的"暗时间"。对同学们来说，你们学习以外的时间，如走路、吃饭、坐公交车，甚至是看闲书的时间都可以称为"暗时间"。因为我们可以边做这些事边思考我们学到和看到的东西。这相当于同一份时间被暗暗重叠使用了很多次，日积月累，就会产生巨大的威力。

为什么说学民和学霸的分野在于"暗时间"的管理呢？

理由一：时间从不均等，别人的一天不是你的一天

殷老师有过这种经历：假期里，有时候看《百年孤独》，我就把手机放在一边。当我刚刚沉浸在书中的世界，突然手机弹出了一条微信提示，我不得不回。花了十多分钟回复完毕之后想继续看书，但刚才的记忆已经被抑制了。我要想恢复十几分钟之前的看书状态，就需要时间去激活我的记忆。加上进入热身状态又要十分钟，那么，我回复微信的实际时间就是二十多分钟，甚至半小时。

思维切换的时间，就是浪费掉的"暗时间"。所以缩短思维切换时间的有效方法就是，创造出一大块的时间，让自己沉浸在其中。

我们再回过头来看看学民和学霸之间的区别。

学民：

① 桌上总有这样那样分散注意力的小物件。

② 智能手机随时放在旁边，手虽然没碰手机，但潜意识里牵挂着其动态。

③ 上晚自习的时候，一点风吹草动就把自己的注意力给勾住了。

④ 下课铃声一响，马上就想冲出去玩耍。

⑤ 听着别人讨论，忍不住想去插几句话。

⑥ 学一会儿又去给别人讲一道题，证明自己很有能耐。

……

学霸：

① 锚定时间，埋头就干！

② 切断诱惑源，绝不分心！

③ 杜绝不必要干扰，获取大块注意力集中时间。

……

所以，表面上看，上天赋予你和学霸的晚自习时间都是 40 分钟，但是人家是有效利用，利用了"整块整块"的时间，然而你呢，却因为"犹豫""拖沓""干扰"等因素，人为地把整块时间割裂，处于"碎片化"的学习模态。学霸"投入时间"也许就是 40 分钟，然而你的"投入时间"也许只有 20 分钟。天长日久，能没有差别吗？

当我们沉浸在某种状态时，大脑神经网络是被激活的状态。这在心理学上有个术语，叫作"心流"。营造出"心流"状态是极为不易的。我们一定要好好把握。

自查活动：亲爱的小读者，你也可以在草稿纸上写下需要"思维切换"时间的行为。

理由二：潜意识也可以帮忙

殷老师同时也是一个自媒体工作者，基本每天都在公众号更新原创文章。很多老师都认为，这一定会耗费我很多时间。错！大错特错！其实，我的工作不是从坐在电脑面前敲字的时候开始进行的。

我在和同学们交流的时候，就已经在思考问题了；

我在阅读一篇文章的时候，就已经开始采撷素材了；

我在遇到教育教学困惑的时候，就已经在反思自身问题，打腹稿了；

……

这都是我工作的"暗时间"。待到我坐到电脑面前时，文章的框架早已在胸中了。我在键盘上敲敲打打，文字如行云流水就是水到渠成的事。

《暗时间》这部著作里有这样一段话："你可以投入很多时间在一件事情上，却发现毫无进展，因为你没有整天把你要做的事情、要学习的东西常驻在你的大脑中，时刻给予它最高的优先级。当你走路、吃饭、做梦的时候，心心念念的就是这件事，这时候你的思维时间就用到了极致，你投入的时间就真正等于实际流逝的时间。"

从这个角度来看，学民和学霸之间也是有区别的。

学民：

① 下课就是下课，上课就是上课，分得很清楚。

② 上课没听懂，紧张片刻，迅速抛到脑后，全然忘了自己还有知识漏洞。

③ 上完课即为终点；做完作业就是胜利。

……

学霸：

① 下课有时候也是上课的延续。

② 没搞懂的，心心念念，一直在脑袋里咂摸。

③ 排队也觉得是浪费时间，很想有手里有活、脑里有事的感觉。

④ 恨不得马上做完"硬性作业"，开始把自己的"额外小计划"拿上日程。

⑤ 未完成的计划，总是像调皮的精灵，缠绕着自己的心魂。

……

在日常里见缝插针地思考，就会缩短枯坐时间，起到事半功倍的效果。

据说，贝多芬吃过午饭后喜欢散步，他的口袋里总是带着铅笔和几张五线谱，以便记录随时会出现的灵感。弗洛伊德午餐后会绕着维也纳环城大道散步，一路上会将思考、买雪茄、收送稿件校样几件事同时做了。毛姆还没坐到书桌前就开始工作，一边泡澡，一边想文章的开头。

如果把一些休闲时间利用起来，利用这些时间进行思考、检查、设计，确保所有的工作可以得到深入分析和检查，那么你在工作之前就拥有清晰的流程与思路了。如果你疑惑为何有些人跟你花差不多的时间，做事却比你高质高量，那么也许就是他的暗时间管理比你到位。

有段时间，我疯狂迷恋上了写小说。那段时间我不仅看了很多小说，也开始按照套路在仿写小说。我连续多日沉浸在思考写小说这件事情上面，以至于晚上做的梦全部都是在思索构建自己小说世界的"起承转合"。我还记得，高三那阵，我的英语听力一直都是短板，我很怕。每次考听力就很慌，越慌也越容易丢失信息。于是，我就要求自己每天"精听"和"泛听"相结合。在泛听的时候，有时候自己没有"意识"去抓取，但我知道，我的潜意识会自发地把听到的信息和存储的信息配对。有时候，录音带都是一直播放至睡梦中的。

在连续很长时间思考一件事时，我们会有这种感觉，虽然表层意识因为其他原因不再思考这个问题，但是潜意识还在保持其"惯性"，仍然在思考，那么潜意识在无形中就把时间利用起来了。

《暗时间》这部著作中还谈到，专注力对学习效率的影响在于两个方面。

① 专注于一件事能让表层意识全功率运作，这个是显性的效率。

② 能够让你的潜意识进入一种专注于这件事的状态。

所以，学霸和学民在这方面的细节表征也是完全不一样的。

学民：

① 单线作战，仅靠"明时间"堆砌。

② 意识分散，学习和玩耍全然分离。

③ 没有精进自我的意识，态度浮躁，夸夸其谈。

④ 说的总比做的多。

⑤ 想象总是很美好，计划总是很周全，落实起来很困难。

……

学霸：

① "暗时间"达人，像八爪鱼一样，能同时推进多项任务。比如，跑步时可以听课。机械的跑步不用动用注意力资源。

② 态度要强，说到就要做到，执行力高手。

③ 创造一切可以创造的机会去提高自己。

④ 目标感强，吃饭、走路、上厕所都在思索。

⑤ 用一切可以节约出来的时间做事！

……

理由三：目标驱动，化整为零

《暗时间》一书中说："如果你对整个目标的几个重大步骤有清晰的界定，能够对每个步骤的耗时做出靠谱的上界估计，你就不会对不确定的未来、不确定的时间投入感到恐惧，就不会被这种不确定感压迫到过早退出。"

从这个角度来看，学民与学霸之间仍然是有区别的。

学民：

① 脑子里往往有一团看似清晰实际很杂乱的计划。

② 没有清晰的时间规划。

③ 做难的任务会耗费太多时间，导致其他作业无法完成。

④ 在注意力预热之前，就开始着手难题，显得很用功。

……

学霸：

① 任务被拆分，有分解。

② 对任务有轻重缓急之分；大块时间留给耗脑力的事，零碎时间留给抄抄写写的事。

③ 一旦预计了时间，就享受其中。大脑不觉得累，因为有内啡肽在奖赏大脑。

……

有时候学习任务繁多，杂乱无章，你会本能地感到恐慌与不安。往往这种压迫感会造成间歇性的"放弃"。还未完成任务之前，脑子就出现了本能的抗拒。这也是人之常情。

但任务停留在脑子里的时候，还像一片"云雾"；等你条分缕析地把它们都写下来的时候，它就变成了一口精确的"钟"。

这也就是殷老师倡导大家借助《预册》，用"三定法"①管理自己的学习任务的原因。一旦确定好了预计用时，埋头就做，绝不分心。说了算，定了干，一不做，二不休。

---

① "三定法"的具体内涵见《如何走出早读无效的困境》这封信。

从上课能听懂到考试能得分，中间隔着千山万水

亲爱的同学：

有一个不争的事实，就是从上课能听懂到考试能得分，中间真的隔着千山万水。

以下谈话，我相信，你一定不会感到陌生：

"幺儿，你上课能听懂吗？"

"不懂得要去问老师哟。"

"哪一科学习起来要稍微恼火一点？"

……

而同学们的回答一般是这样的：

"听得懂……放心好了……"

"好的！"

"数学可能要恼火一点……"

听着你信心满满的回复，家长一般也就感觉被发了一颗"定心丸"。

随后几次考试成绩发下来，家长就看傻眼了，随即就有了如下对话：

"你不是说你听懂了吗？怎么只考这么一点分？"家长怒气冲冲地问道。

你非常委屈地回答道："我确实听懂了呀，这次只是粗心……"

你把考试失败归因于"粗心"。

家长觉得只要不是能力的问题，下次如果孩子注意一点就应该没有什么问题了，于是假装厉声喝道："下次注意一点啊！"

"嗯！"你好像躲过一劫似的。家长就连你的卷子都不看一眼。

但接下来家长就会感觉奇怪了，怎么每次孩子考试都不如意？

"怎么搞的？你不是说你听懂了吗？"家长一遍遍地质问，甚至还觉得孩子很有可能在撒谎。

你也从最开始据理力争变得默不作声。一次次挫败，让你的自信心也遭受严重打击，明明听得懂，但为什么就是考不了高分呢？

其实，不用纳闷，如果你明白一个事实——从上课能听懂到考试能得分（见图 1-3），中间隔着千山万水，那么之前的疑惑就会焕然冰释了。

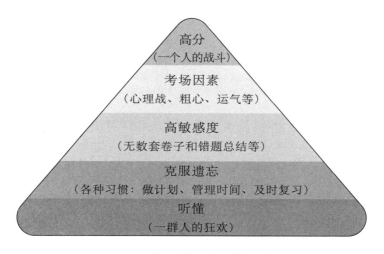

图 1-3 从听懂到高分的金字塔

听懂是最基础层次

"听懂"是最基础的层次，位于金字塔的底座。如果听都听不懂，那就可以定义为"学困生"了。

但恰恰很多学生自认为能够"听懂"老师课堂讲的，反而最后一样也学不好。因为听懂给他们注入了一剂"迷魂散"，麻痹了他们的神经——哇！这不挺简单的吗？我完全能够应付！这样反而还放松了自我要求——松松垮垮，大而化之，一不小心就成了差不多先生……

为什么"听懂"是最基础层次呢？因为在"听"的过程中，很多学生的思维是非常消极的，他们是被老师的逻辑带着走的。老师精心备课之后，逻辑自然是非常清楚的，于是学生也自认为自己很清楚，但是缺少了主动思考这一环节，所以很多知识都是"死"的，搬不了家。

我们在悄悄地遗忘

知识在被"悄悄地"忘记，我们却浑然不觉。就好比一个纸醉金迷、终日沉浸在酒池肉林的昏君一样，以为大好河山一切安然，殊不知各种运动已经在背地里风起云涌。人都有一种趋向"自恋"的情结，一旦课堂上"听懂"，就在意识层面埋下了一颗"自恋"且"自大"的种子，觉得自己不会存在很大问题，于是也疏于复习。要知道，复习是学习之母，天才就是重复次数最多的人。

知识需要高敏感度

即便学过的知识你没有完全遗忘，也还有一个因素是决定你考不好的——对知识的"敏感度"不够，处于朦朦胧胧、模糊不清的状态。举个例子，要写出"want to come"的敏感度基准为 3。如果你的敏感度只有 2，那么你就有可能写得对，也有可能写不对。在你状态好，或是考试时间充足的情况下，你就可能写得对。在你状态不佳，或是时间匆忙，或是知识点杂糅在一起的情况之下，你就可能写错。如果你的敏感度为 5，远远高出了 3 的基准，那么你在任何场合都会写对这个短语。这就能解释为什么班上那些厉害的角色老是考高分，因为他们对这些知识点的敏感度早都高于了 3 这个基准。而你自己并不是对每个知识点的敏感度都那么高，所以你做对一部分题，做错一部分题。要想写对"He wants to come here."这么简单的一句话，你就必须对"三单""want to do"和"here"三个知识点的敏感度都很高才行。否则，你就会顾此失彼。关于知识敏感度的问题，我会在后面的讲述中反复提到。

课堂是一群人的狂欢，考试是一个人的战斗

课堂上的"听懂""明白""知道"很多时候都具有迷惑性，为什么？因为课堂是一群人的狂欢，而考试是一个人的战斗。就是说，老师将一个问题抛出来的时候，总有一群人一起随堂附和。假设一个学生对知识点仅仅只有淡淡的印象，压根还不能马上对老师的问题做出反应，但恰逢某个同学的一句话，突然带动了思路，勾起了回忆，那么他也很可能随即就有了解题思路。这就相当于说，其他同学的话语是这个同学思路的"引子"。但考试可是一个人在战斗呀，思维短路、脑袋卡壳的状况时有发生，请问这个时候还有谁来点拨你？

考场多因素

即便我们克服了以上所有的障碍，要想得高分也是很有挑战性的。首先，你必须承认这是一场"心理战"吧。越是大型考试，你的焦虑情绪也越大，反应过度了，反而影响发挥。其次，你还得克服自身粗枝大叶的坏毛病吧。"粗心大意"可能是态度问题，也可能是能力问题，还可能是性格问题。如果是性格的问题，那么就是在和你十几年养成的根深蒂固的那些坏毛病做斗争，那肯定会顾此失彼的，"过失性丢分"在所难免。最后，你还不能保证这张卷子上的题都符合你的胃口吧。因为在所有学过的知识点中，总有那么一些知识和你更加"亲密"，也总有一些知识和你显得有点"疏离"，假设恰恰遇到几道"远方亲戚"般的题，你是不是就傻眼了呢？或者是不太顺手了呢？

7 富兰克林学写作的启示

亲爱的同学：

这封信，我将向你阐明复习的重要性。

据我了解，绝大多数同学不喜欢复习。首先是因为"复习"没有那种即时的"获得感"；其次，复习很多时候是需要下苦功夫的。

这里我要给你讲一下富兰克林的故事。

富兰克林说来是个传奇，又是科学家，又是文学家，又是美国的国父，参与了《独立宣言》的起草。他对美国的贡献之大，以至于美国人民把他的肖像放在了美元上。得此殊荣的，也只有几个人而已。

这个人的知识领域跨度很大，做的事情很多，你觉得他活了好像不止一辈子，他活了好几辈子，因为在随便哪个领域做到他的成就，都要花一生的时间。但是他一个人做了好几个人的事情，他在每一个领域里都卓有成就。他是怎么做到的呢？他的起步也很早，是童工出身，很小的时候在印刷厂当学徒工。但是他跟普通的印刷工不一样，当看到报纸印出来的时候，他就会想，是否有一天自己不是在排字，而是在写字，让自己的文字出现在报纸上呢？

当有了这种想法的时候，他马上就付诸实施。

他是怎么做的呢？

他没有去报个写作班，而是开始自己做自己的老师。

他的自我教学方法很有意思，他从杂志、报纸上选文章，选那些觉得很好的文章认真读。他读的时候时不时抄下一段话，写在一张纸上；再往下读的时候，又在另外一张纸上抄下一段话。读完以后，把文章放在一边，把这些纸打散，过几天以后，他要求自己把这些纸按顺序排列下来，这样他就能知道这篇文章的结构，然后rewrite（重写）这篇文章，或者叫用笔来复述这篇文章。

当这样做的时候，他发现虽然自己好像读懂了这篇文章，而且很欣赏，但是落到纸上的时候，能写下来的很少，一篇很长的文章他只能写下一小段，这时候他会有一种挫败感。

但富兰克林没有止步于这种挫败感。他接下来又重新读那篇文章，读完以后，他再一次重写，然后把自己重写的文字跟原文对照，发现自己根本没有真正读懂这篇文章，更没有真正领略这篇文章的精彩之处。一篇文章他要反复重写四五次以后，才逐渐接近原文。他就是用这样一种方法，让自己在一年多的时间里，从印刷厂的学徒工，变成了一个专栏作家。

我们初看这个故事的时候，第一个感觉就是他的这个办法太笨、太土了，我们一般都不屑于用这种方式去学习写作。但是，再品的时候，就会有第二个感受，他的方法太神奇了。因为他在一年多的时间里，虽然起点非常低，但最后的结果，让很多跟他一样有写作梦想的人自愧弗如。

所以西哲有谚："慢一点，也许更快些。"

也许富兰克林正是凭着这种看似很慢实则很快的方式，让他在有限的一生当中，在多个领域获得了很高的成就。

富兰克林学写作的故事，也能给我们很多启示，其中两点最为突出：

第一，你自认为学懂的东西，过段时间写出来都会"大变样"！

第二，腾出时间"复盘"知识，看似慢，实则快！

复习让你建立了一座知识的大楼。别人都在刷题，都在前进，你却停留在原地。但是，你不知道的是，你每次的复习动作，都在为知识编码，都在为知识找一个"家"；你都是在建立一个类似于图书馆的编码体系，以后每次"装"进的"新"东西，都会自动被规整在一个体系之下，让"新"与"旧"之间产生联结。

那么你还在等什么？赶快把上一周学过的、做过的东西都整理一下，准备复习吧！

记忆的马车（1）——"记过 = 记住？"这是大脑撒的谎

亲爱的同学：

从这封信开始，我将专门花一些篇幅来给大家讲讲记忆力的秘密。这几封信，我统一命名为"记忆的马车系列"。如果你能跟着一起学完，并且严格执行，持之以恒，我保证你能从学民变身学霸！你出一份坚定的决心，我出一套科学的学习方法，跟着殷老师，我将把你打造成一个高段位的学习者！

下面我通过一个案例来给大家分析记忆力的第一驾马车——遗忘周期与我们的记忆。

以下是同学刘炳然遇到的困惑，大家如何来帮他做一个诊疗呢？

老师布置作业：周末回家记单词，周一听写。刘同学耗费了一大半个上午的时间去记忆，中途朋友邀约去打篮球他都没有赴约。他很有成就感，觉得肯定能够得到老师表扬啦。因为这毕竟是一个大工程，很多学生没办法走完这枯燥无味的背单词之路，败给了自己的惰性。他甚至开始为自己的勤奋而感动啦！

……

周一听写的时候，老师在上面开始念单词了，刘同学却在下面匆忙应付，很多单词都似曾相识但又模棱两可。老师在教室里巡视，刘同学的心灵阵地已经溃不成军。结果交了一张七零八落的单子。

老师拿着单子，看着刘同学，很疑惑地问："你不是那种不听话的孩子呀，周末就不能腾出点时间去记单词？"

"老师，我记了的，我真的记了的。"刘同学很无辜委屈地望着老师。

老师顿了顿，望着孩子，也不知道该不该相信孩子。

……

你有没有过刘同学这种情况呢？辛辛苦苦地学了很长时间，但学习效果却不尽如人意。

那到底问题出在哪里呢？

我相信绝大多数的同学都知道，问题在于他没有及时复习。

我们接下来看一张图片（见图 1-4），这是一张艾宾浩斯遗忘曲线图，它揭示了遗忘的规律。同学们来总结一下最显著的一条规律。

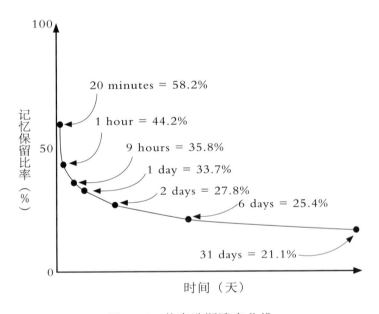

图 1-4　艾宾浩斯遗忘曲线

你会发现，记忆遗忘速度在最初会很快，接下来就会缓慢递减，直到一个趋于稳定的状态。

再结合刘同学的情况，请聪明的你再次对他的学习情况做诊疗。

对啦，大家其实也能发现：这是因为大脑"欺骗"了我们！

刘同学肯定是以为自己之前记过就算完成任务了，潜意识当中给自己贴上了"完成任务"的标签，寻求了一种心理安慰之后，没有及时回过头去复习，所以记忆效果就大打折扣。

"记了"并不代表"记得住"。

"记得住"并不代表"一直记得住"。

那刘同学应该怎样拿回自己失去的领地呢？

重复就可以了。重复和遗忘的关系就是：重复的次数越多，忘得越慢。遗忘的速度并不是简单地与时间间隔成正比，而是先快后慢。所以重复的时候还要"先重后轻，先密后疏"。

具体而言，落实到我们的记忆方法上，如何找到一些策略呢？

第一，少量多次。因为之前已经花时间记忆过，所以接下来的复习就只需要零碎时间来完成就可以。每次的量也不需要太大，不需要非常大的负担，但是复习的次数一定要足量。

第二，利用零碎时间。我们可以利用小卡片随机记忆。在一天中的零碎时间里随手翻翻，总会把失去的领地拿回来。

第三，定期循环。"学习"很大程度上就是"复习"！"学"了的东西需要"习"，"学"是外显的，"习"是内隐的。我可以旗帜鲜明地告诉同学们，如果没有复习，学习是不可能真正发生的！为此，要做到定期循环！怎样科学地循环较好呢？我给大家提供一个小工具，就是下面这张图。

英语 复习计划表

序号	学习日期	学习内容	长期记忆复习周期							
			1 天	2 天	4 天	7 天	15 天	1 月	3 月	6 月
1	1月1日	A	这里的 1 指序号（即复习序号 1 的学习内容 A）							
2	1月2日	B	1	–	–	–	–	–	–	
3	1月3日	C	2	1	–					
4	1月4日	D	3	2						
5	1月5日	E	4	3	1	–	–			
6	1月6日	F	5	4	2	这里的 2 指序号 2（即复习序号 2 的学习内容 B）				
7	1月7日	G	6	5	3					

图 1-5　定期循环式复习小工具

是什么意思呢？殷老师来帮大家看懂这张图！假设序号 1 代表你背诵过的 5 单元课文，序号 2 代表数学练习册《相交和平移》中的 5 道错题。什么时候复习 5 单元的课文效果好呢？是在第一天、第二天和第四天以及一周之后。什么时候再做《相交和平移》中的那 5 道错题呢？你自己根据表格的箭头来看看。

对啦，道理都是一样的！前期是遗忘的高峰，复习一定要紧随其后，后面就可以间隔久一点再复习了，从而形成一个闭环！

记忆这个过程就像烧开水一样，前面一段时间需要加大火力，直到水已经烧开了，就可以减少柴火，用一把小火在锅下面保持着。这样，水不会因为顿时釜底抽薪而降温；小火慢炖依旧让水温恒定在了 100 摄氏度。所以，刘同学的症结在于缺少了一把维持水温的"小火"。

记忆的马车（2）——"记忆漏洞"和"过度记忆"

亲爱的同学：

今天我们来讲记忆力的第二驾马车——"记忆漏洞"和"过度记忆"。

我们首先来看以下现象。

【现象一】

警惕！这也许不是马虎的问题。

让你翻译一句话"这个老师每天看电视"，你很容易不加思考地写出"The teacher watch TV every day."。你满心喜悦，因为你觉得你肯定对了。但是当卷子发下来，你看到一把鲜红的"钢叉"之后，幡然醒悟，原来主谓不一致，"watch"应该用"三单"。于是你给自己做出如下评判：马虎。你觉得这个知识点你是懂得的，只是一时疏忽，忘了加"三单"。于是乎，你反复提醒自己，一定要改掉粗心的毛病。有些时候，老师让你分析英语试卷，你甚至都觉得没什么可分析的，看到"钢叉"之后就几乎明白了所有的东西，而这些都是你懂得的。

【现象二】

考场上死磕不出，交卷以后瞬间清朗。

绝大多数学生都有这种经验：考场上的某个题似曾相识，但始终不得解法。冥思苦想好一阵，感觉思路呼之欲出，但就是只差最后那薄薄的一层纸未被捅破！等无可奈何地交了卷子之后，思路又像调皮的精灵似的，一下子"蹿"进了你的脑海，瞬间天朗气清，豁然开朗。

【现象三】

课堂顺顺畅畅，做题磕磕绊绊。

有时候，你在课堂上的感觉极好，老师每提一个问题，你都能够在下面应声附和，大有一种全盘尽在掌握之中之势！但是，一旦你独自做题、听写的时候，就开始磕磕绊绊，原形毕现！

这些现象到底是怎么回事呢？

这就不得不谈到另外一个记忆的秘密——记忆漏洞！

为什么会有"记忆漏洞"呢？这是重复的次数不够多造成的。单词明明是"silly"，却少写一个"l"，写成了"sily"；或是把"continue"写成"continu"，少写了一个"e"；"terrorist"更是记不住，好些同学只能写出一个大概"terst"……

那该怎么办呢？

这就需要"过度记忆"！那什么又是"过度记忆"呢？

例如，要重复 6 遍才能全部记住 30 个英文单词，假设我们在重复 6 遍之后记忆效果为 100%。如果我们再抽出时间来重复第 7 遍或是第 8 遍，让这 30 个单词烂熟于胸，那么我们就把超出 6 遍的那些强化记忆过程叫作"过度记忆"。一般来说，为了牢牢地记住学习的内容，任何学习都应该过度学习，过度的程度在 50% 左右（因人而异），学习效果最好。

接下来，我带领你来一起分析一下刚才提到的三个现象。

【现象一诊疗】

这涉及知识敏感度的问题！

比方说，你想写出"want to come"的敏感度基准为 3，但是你只有 2，那么你就有可能做得对，有可能做不对。如果在你状态好，或是考试时间充足的情况下，你就可能一下子注意到该注意的问题。倘使你在状态不佳或是时间匆忙或是知识点杂糅在一起的情况之下，你就很可能写错。但要是你的敏感度为 5，远远高出了3的基准，那么你会在任何场合都能做对这道题。这就是班上那些厉害的角色总是考高分的原因，因为他们对这些知识点的敏感度早都高于了这个基准。而你自己并不是对每个知识点的敏感度都那么高，所以你可能做对一部分题，做错一部分题。所以要想写对"He wants to come here."这么简单的一句话，你就必须对"三单""want to do"和"here"三个知识点的敏感度都很高才行。否则，你就会顾此失彼。

【现象二诊疗】

这也是未能"过度记忆"造成的！

殷老师经常提到这句话："学习是一门技术活，考试更是一门技术活。"考试容易引发心理的焦虑，焦虑的情绪会影响发挥，阻碍记忆的"提取"。所以，即便是你曾经学过的东西，在紧张的状态之下，也是不容易提取出来的。这个过程就好比你知识的小精灵被"紧张"的绳子五花大绑了，挣脱不出来。你紧张的绳子一旦松绑，小精灵们就一下子齐刷刷地蹿出来了。但如果你知识的小精灵的"力量"很强大，它们其实是可以挣脱出来的！那如何增强它们的力量呢？这不就需要过度记忆吗？

【现象三诊疗】

你要知道，课堂是一群人的"狂欢"，考试则是一个人的"战斗"！课堂上，老师提出来的问题，好似你都能够应声附和，自信满满，好像全都能学懂。其实，这里面也深藏"暗礁"，隐藏"陷阱"！因为你的"顺畅感""丝滑感"在很大程度上是因为某个同学的一个声音，"勾"出了你整条思维链，你当然轻松加愉快了。无论是同学们的声音、老师的暗示，还是偶尔"瞄"一眼笔记，这些信息都好像一个"鱼钩子"，帮助你"勾"起了你的回忆！考试的时候，没有人暗示你，没有人给你提示，课桌上也没有摆放着你翻开的笔记本，我想请问，你用什么当作回忆的"触发器"呢？就好比你的身上蕴藏了原子弹一样的威力，没有"点火"的那个"线头"，请问是不是也没办法爆发呢？你只能成为"废柴"！

所以，这封信写到这里，我相信你能够明白殷老师的意思了。最后我做个总结。

第一，有一种马虎，其实质是"未掌握"，根本原因是"敏感度"不够。

第二，凡是不被"过度记忆"的东西都容易导致"记忆漏洞"。"差不多先生"更不用说了，对于知识的敏感度很低，就是属于没有掌握。

第三，带着觉察，观察自己对知识的熟练掌握程度。你在心里把熟练程度划分刻度，满分 10 分。背诵记忆需要掌握到多少分呢？6 分吗？不行！6 分不是及格线，掌握到 6 分熟练的程度就等于考场上的 0 分。为啥？因为在考场上，你只有 6 分熟练的知识很容易受到心灵的波动而"忽明忽暗"，你很有可能写得出来，也很有可能写不出来，完全看状态。10 分吗？及格！掌握到 10 分熟练的程度，就算及格啦！你可能会疑惑，啊？10 分都已经顶天了，还不够？对，不够。真正需要的是到 12 分熟，这才能够加强你的知识小精灵们的力量！

10 记忆的马车（3）——记忆的抑制现象

亲爱的同学：

今天我们来讲记忆力的第三驾马车——记忆的抑制现象。

殷老师多次要求同学们在背诵的时候要把重要的内容放在最初记或是最后记，不要总是从第一段开始读背，为什么呢？这其实涉及一个记忆现象，叫作抑制。

心理学中有这样的实验：编出毫无意义的字词15个，定出顺序来，按此顺序复述几次，每次都把记下来的字词打上"√"，没能记住的打上"×"。实验结果表明，中间第七或第八个字词的"×"号较多。（摘自《儿童复述记忆的方法有哪些》）

原因在于，按照顺序反复记忆之后，后面的字词受到前面字词的干扰，回想的脑部活动将被抑制，这就是"前摄抑制"；前面的字受到后面字词的干扰，发生"后摄抑制"，引起较难记忆的现象；位于顺序中央的字词，由于受到前后两方的抑制，更不容易记住。

而且，我们总喜欢从第一段或是最开始去复述文本内容，最开始的内容重复的次数自然比较多，印象较为深刻。中间的内容因某种原因中断的次数往往也比较多，所以重复次数较少，印象相对浅表。

基于以上原因，殷老师再给大家支支招：

第一，最重要的东西最先记！

记忆误区：均匀用力！

第二，"拆解文段"！记忆大篇幅的材料的时候，可以采取分段记忆法，这样每段都有开头和结尾，就人为地制造了很多"开头"和"结尾"。

记忆误区：每次重复的时候都从第一段开始！

第三，"文理间插"！合理地安排学习材料，尽量是前后相邻的学科性质不一样，防止抑制作用的发生。因为"同质化"的信息干扰性较大。比如，如果学了 1 个小时政治，不宜马上去学习历史或语文，最好是安排理科，这也是为了避开"前摄抑制"和"后摄抑制"。

记忆误区：切莫长时间在一个学科上面耗时！如果你已经觉察在某个学科上倾注了大量时间和精力，而且已经略感疲惫，就要果断切换学科。

第四，找准你的黄金时间。很多人都说过早晨和睡觉之前是学习的黄金时间。因为经过一夜休息的大脑空空的，没有"前摄抑制"的影响。晚上学习过后就睡觉，则不受"后摄抑制"的影响。

经过反反复复的验证我发现，这些所谓的"黄金时间"也并不完全适用。也有可能早上起来没醒过神来，昏昏欲睡等。我总结出来，凡是经过切换大脑活动之后的那段时间都是黄金时间。比如，上了一下午的课之后，吃完晚饭到晚自习的半个小时，记忆效果也非常好。

记忆误区：浪费黄金记忆时间！

11 记忆的马车（4）——"存储强度"和"提取强度"

亲爱的同学：

今天我们来讲一下记忆的第四驾马车——"存储强度"和"提取强度"。

首先，我们来看看生活中的两个常见现象。

现象一：

如果你有一个小学同学，毕业之后20年没有见过一次面，让你回想他的音容笑貌，估计这个过程就有点困难。但是说不定哪一天你们在某个城市的某个餐厅见到了，两人一聊天，当初的种种面貌、种种故事，一下子就全部都回来了。

现象二：

一说起背书，某同学马上翻开书，叽里呱啦地就读了起来，一页一页地，一遍一遍地开始读起来了。但到最后听写、默写、抽背的时候，还是很难想起来。他就纳闷啦，已经"努力"地背过啦，为什么到最后还是想不起、写不出？

这到底是怎么回事呢？

被我们"记"过的东西到底跑哪儿去了呢？

这就涉及记忆的另外两个维度——"存储强度"和"提取强度"。

我们首先来说说"存储强度"。

科学研究表明，"存储强度"不会随着时间的推移而减弱。你在学习过程中接收大量的知识和信息，但凡是你主动去记住的东西，比如一个单词、一个语法知识、一个物理公式，一个数学推理……，一旦进入了你存储的黑匣子，就永远停留在里面了。下次再见到它，它在你大脑里的存储强度会增强，哪怕你再也不见它了，它的存储强度也不会减弱。存储强度只增不减。

那为什么你会"想"不起来呢？

这是因为"提取强度"出现了问题。提取强度，顾名思义，提取知识和信息的强度。记住的东西永远都会在那里，这种存储强度只增不减。但是如果你不经常从存储的黑匣子中"提取"信息，你就会发现你在想用到它的时候，很难把它顺利地找出来。心理学家说，提取强度是越用越增加的。每一次提取记忆，提取强度都会增加。提取记忆时，因为这个记忆在你的脑子里面过了一遍，所以储存强度也增加了。下面我主要拿英语和数学学科的知识点来举个例子。

知识点	存储强度	提取强度
I/be/have/take/make ...	高	高
others/the other/other ...	高 （老师讲授的次数多）	低 （主动提取的次数少）
数学新学的公式和定理	低	高 （做题的时候，费力回忆和运用的场景多）
skirt in purple	低（讲得少，复习得少）	低（用的时候也少）

所以，回过头来，我们再用这个原理去解释一下之前的两个现象，也就不难发现问题的根源了。现象一当中，老同学的故事永远是在记忆的"黑匣子"当中，没有消减，只是平常的日子中，各自都在自己生活的"围城"中突围，没有去专门"提取"过这些过往故事，于是，就只能有淡淡的印象。但是偶然碰面之后的攀谈，就是主动"提取"记忆的过程，这才发现往事依旧历历在目啊！现象二中，学生一遍又一遍地读和看，仅仅是在增加"存储强度"，然而他从来没有主动提取过信息，那记忆的"提取强度"就很弱。这就好比"存储"和"提取"是两条路，一遍又一遍地重复，你只是把"存储"的那一条路改造成了宽阔无比的高速公路，然而"提取"

那一条路却是无比狭窄的乡村羊肠小道。

了解到这个原理之后，我们再来想一下，我们平常学习中有哪些坏习惯是不利于增强"提取强度"的呢？

坏习惯一：只"学"不"习"

"学"是存储知识，"习"是温习知识。前者是存储，后者是提取。然而绝大多数学生只"学"不"习"。而且普遍而言，"学"的心理感受要远远好过"习"。为什么呢？这就要从人类进化史谈起。我们远古祖先在面临复杂生存环境的时候，需要应对和解决大量的现实问题。如果头脑中解决问题的"资源"不够，人类就会产生焦虑的情感。人类天然地想逃离"焦虑"，于是就很希望往大脑中放入新的"知识"。如果大脑感觉到有新的知识在增加，人就感觉很开心，因为大脑在传递着信号——我在进步！这样就容易解决人类对资源不够的焦虑感。短短几千年，人类面临的环境已经发生了根本性的变化。但几千年对于植入在基因里面的"程序"而言，时间还太短，这些基因程序还没有发生改变。于是，人类还是不断地喜欢往大脑里面"装"东西，而不愿意停下来去复习。因为停下来复习，就感觉在浪费时间，就感觉没什么"新"的知识进入大脑，人就厌恶这种感觉。这就是同学们"喜新厌旧"的原因，它是有着强大的生理机能支撑的。

所以，人类在进化过程中早就不知不觉地喜欢"学习新的"，"厌恶旧的"。学习新知识的时候，能够有一种"获得感"，而"复习旧知识"似乎就没有那种"满足感"。

但是，现在人类的知识获取渠道丰富多元，知识信息量也近乎爆炸式地增长，学过的东西也需要反复"消化"才能最终被"内化"，才能最终变成属于你的知识！

坏习惯二：只"记"不"忆"

我看到有些学生背单词很低效，他们与其说是背单词，还不如说是念单词，每每拿到每个单元的单词，都是从头到尾地反反复复念。这个过程只是增强了"存储强度"，因为没有提取动作，所以每到合上书需要你正式听写或者默写的时候，就漏洞百出。

坏习惯三：边"翻"笔记，边"做"题

大部分学生每次做作业的时候都有一个坏毛病，一边翻书、翻笔记，一边完成作业。

但老师的要求是，大家每次在做作业的时候都要像"考试"一样，合上书和笔记本，强迫自己回忆。实在做不来、想不到的题才需要做上标记，等统一完成了作业之后才去翻阅笔记，填补正确答案。你可能会说，老师，犯得着这么麻烦吗？两种情况都是完成作业，而且一边翻阅笔记一边完成作业，还感觉充实点，踏实一些呢。那你再想想考试。其实，考试就是最好的复习。因为每次考试的过程就是合上书强制性地提取知识点的过程。提取的困难越大，对今后的记忆效果的帮助也就越大。考试、默写、听写是最好的记忆手段，因为它们都在运用"提取"动作。考试不是天天有，但是作业是天天有的。所以，这才有我给同学们提出的要求——平常作业考试化。这样，正式考试才能平常化！遗憾的是很多同学其实都愿意待在"记忆的舒适区"，经常都是一边翻书一边写作业。这个过程其实就是自我放水的过程。殷老师深知，提取知识的过程让你感觉很不舒适，但学习效果却是十分喜人的。

第二章　学业赋能：

注重细节，为掌握而学

迷恋细节——把作业打造成精品

亲爱的同学：

我先问你几个问题：

① 你为什么喜欢穿耐克、阿迪而不是街边的地摊货？

② 身边的妈妈们为什么喜欢背好的包包呢？

③ 为什么奢侈品从一问世的时候就能够甩别的物品几条街呢？

④ 是什么决定它们被叫作"优品"还是"次品"，甚至"劣品"？

如果你善于思考和发现，最后你一定能得出结论。

答案是："细节"。

你可能会反驳我，很多人穿戴奢侈品无非就是为了有面子啊。

对，那就进一步思考，为什么有些东西能够成为奢侈品而有些东西不能？

无论你怎么思考，到最后都应该不会反驳我以下观点：

"精品"的细节好于"优品"；

"优品"的细节好于"良品"；

"良品"的细节又好于"次品"；

"次品"的细节又好于"劣品"。

所以，如果做一个等量替换的话，我们或者可以说，细节从一开始就把人和物分成了三六九品。迷恋细节，才能造就精品。

为什么要迷恋细节？为什么人迷恋细节？又是为什么一些注意细节的人总是这么迷人？

这背后有着深层次的科学依据。脑神经科学研究表明，神经元的突触天然喜欢和"点"状的东西结合。我们的大脑天然就喜欢和细节"联姻"！了解了大脑神经的深层机制，那么刚才的三个问题你就有了答案了！记住殷老师的话：

迷恋细节的人也容易使人迷恋！

殷老师曾经读过一本书——《细节：如何轻松影响他人》。

该书的核心观点如下：

其实，生活中那些微小的发现与细节的改变所产生的巨大影响力往往能够超乎人们的想象。在如今这个信息量超载的时代，要想方设法用最小的细节改变结果，并成功影响他人。

书中用了近 100 个经典案例告诉我们，一些成功人士是如何运用"四两拨千斤"的细节做杠杆的支点，去撬动成功这个庞然大物的。

那请你反观自己，如果自己不注重细节，会有哪些危害呢？我初步想了想，觉得至少应该有以下三个方面的危害。

首先，马虎和粗心常相随！

同学们要知道，引起马虎的原因之一是什么？就是感知粗略。比方说看错题是一种常见的"粗心"方式。例如，把"9"写成"6"，把"＋"看成"－"；也有的学生会出现漏抄，把"10000"抄成"1000"。部分粗心学生的悲哀可能就在于，真正的计算过程尚未开始，他们的错误就已经发生了。感知粗略的"粗"和细节的"细"是反义词。与此同时，造成马虎的原因还有另外三个：注意力失调、心智游移、定式思维。这些问题很大程度上都可以通过迷恋细节的"迷"去克服！

其次，"差不多先生"也铁定会成为你的精神伴侣！

写作业和穿衣服的过程也是一样的，如果仅仅胡乱地在身上一套，不分色彩搭配，不分款式搭配，不分衣服合身……，这样走出来的人是什么样的人？明显就是生活中的神经质嘛！

稍微有所讲究，但不注重细节，又是什么人呢？就是生活中的"糙人"！粗糙之人！如果你写作业都是"糙人"，却告诉我，你在生活中是一个很有品的人，那么我对你的话不是将信将疑，而是毫不相信！

最后，不打磨、不注重细节还有可能折射出你玩世不恭的态度！

世界是心的倒影，你外在呈现出来的所有细节都是你内心的"倒影"。心理学还有一个重要的技术叫"投射技术"，基本的意思就是通过外在的书写、语言、绘画推断一个人的心理。说到书写，还有一个有趣的小技术叫作"笔迹心理学"。有空，我可以给你解读解读，甚至可以教教你，你一定会觉得特别神奇。倘若，你总是粗心大意，总是大而化之，总是不注重细节，那么无论是在现今的学习中，还是在未来的工作中，你都很难取得别人的信任。随便你怎么夸夸其谈，但是路遥知马力，日久见人心，每个老板到最后都会知道你咋咋呼呼马马虎虎的行事风格。试问，谁还敢对你委以重任呢？

那么作业如何打磨细节？

第一，意象想象！每当你做作业的时候，你都需要把自己想象成为一个匠人，你正在以"瑞士精工"的精神，打造"精品"。当你手里握着笔的时候，都要想象一下，你上交的不仅仅是作业，更是一份态度，更是一份人品，让人信任的人品！

第二，体现思维痕迹！什么是思维痕迹呢？就是在你的作业上做重点且有价值的勾画，随时让你"内隐"的思考轨迹"外化"出来。例如，在做英语单项选择的时候，我都会让学生顺带勾出这道题的考点；做数学题的时候，在题干上标出每个题的条件，简要写出条件间的逻辑关系。这就是展现出"思维痕迹"！这是让你的作业瞬间提升"细节质感"的好方法。随时让你"内隐"的思考轨迹"外化"出来，让你的老师们能够随时捕捉到。这是增加老师们对你信任度的最好方式！

第三，慢工出细活！这倒不是让你磨洋工，在作业上面磨磨唧唧，毫无效率。我的意思是，你需要监控你的状态，别为了图一时之快，腾挪更多的时间打游戏看电视而让自己的作业质量得不到保证。总体而言，是让你改变浮躁狂奔的心态，驾驭你狂躁不安的情绪，成为你自己的主人！

第四，再次检查！很多错误是由思维定式、心智游移造成的。这个时候放上一块思维的"刹车片"——再次检查一下，更有利于你打造"细节质感"哟。

愿你的作业成为精品。愿你成为一个注重细节、有质感的男孩、女孩！

你的期许，终将实现。起点是：狠抓作业的细节！

第一成长好习惯——坚持写《暮省》

亲爱的同学：

《暮省》是我们班坚持写了三年的东西，我把它介绍给你。能不能说服你去做暂且放一边，但至少让你多了一份在管理自己的工具方面的选择。

《暮省》是什么？顾名思义，其实就是日暮之时对一天的反省。需要同学们在专门的本子上，执笔写下每天值得记录的有意义的事、学习中的问题等。

我告诉同学们：每天再忙，都需要一点安静的时光，来理解周围发生的所有事情，漫长的一生更需要这样的时刻。

"为什么要写《暮省》？这么浪费时间还要写？老师不批改还要写？有这么多作业还要写？对于学习成绩的提升也没什么明显的帮助，为什么还要写？其他班都没写，为什么我们还要写？真不知道殷老师到底是怎么想的？"可能有些同学会有这种种疑问。

那今天我就来讲讲为什么要写《暮省》以及怎么写《暮省》。

第一，觉察是改变的开始。

一个人对自己的状况习以为常，是觉察的死角，久而久之就形成病症。同样的，错误通常是一种自动化的习惯，在本人充分觉察到之前，即使有人告知了他，改变也不太可能发生。我们要注意到，告知并不能产生改变，觉察才是改变的开始。

我举一个例子。一个烟民、酒鬼他一定是知道过度抽烟和喝酒是有害身体健康的，但是知道仅仅归于知道，知道仅仅是认知层面的，因为他习以为常了，所以他并不觉得有什么严重的，哪怕身边的人再怎么苦口婆心地劝诫，他都一定是无动于衷的。恰恰有那么一天，他的身体突然间发出了严肃的警报，亮起了红灯，比如说肺部有阴影，发现是一颗肿瘤……。当他觉察到问题的时候，不用周围人劝一句，他接下来的行为大家也都能够猜到了。这是觉察的力量，"告知"并没有让他发生改变，"觉察"让他发生了改变。

你在中学阶段，会有很多问题的死角，你不一定觉察得到，就好比上面故事中的烟民。你也一定会有很多已经被告知了的问题，比如懒，字写得不好，比较冲动，情绪的奴隶……，但这些问题从来都没有真正进入过你的心灵，都是父母或是周围人给你贴上的标签。于是，你带着这些习以为常、司空见惯的"标签"走进中学，你不会真正地撕下标签直到你觉察到了。而"暮省"中的"省"就是一种"觉知""觉察"。你不断地记录的时候，就容易把这些问题从认知的层面纳入理解认同的层面，这就是你行为改变的开始。

同学，佛家有言："佛者，觉也！"意思是，什么人能够称佛？觉察的人。所以，写《暮省》也是让你成"佛"成"仙"的过程。

就拿我自己来说，现在我的脾气已经好了很多，我以前的学生很吃亏，因为我长时间控制不住火气。但这些年我不断地反思与觉察，现在呈现在你面前的我就是一个更好的自我。

你想遇见一个更好的自己吗？那就带着"觉察"的剃刀去剔除自己身上的毛病吧。

第二，坚持写《暮省》就是坚持一种道德长跑。

我喜欢魏书生老师的一个比喻，他把坚持写日记比喻成一种"道德长跑"。

写《暮省》更有利于你认识自己。中学阶段学习生活节奏紧张，无暇认识自我，只是思考分析，不如形成文字对自我认识得更清楚更透彻。人只有正确地分析、认识、评价自我，才能有效地更新、改造自我。

写《暮省》能磨炼人的毅力。写一篇《暮省》容易，坚持下来很难。特别是时间紧、任务重的时候，再坚持写就更难。而一旦坚持住了，便产生了心理惯性，日久天长，便磨炼出"不管千难万险，也要坚持到底"的毅力。

第三，《暮省》也是师生心灵的直通车。

同学们到了中学阶段，会遇到很多学习之外的事情。其中，人际关系就是最大的问题。生活中遇到不顺心的事情，有了烦闷，宣泄出来，烦闷会减轻，头脑会清醒。在学校宣泄和在家里宣泄都免不了使别人不愉快，较好的宣泄方式是写《暮省》，当你把烦闷一股脑儿全部抒发出来的时候，其实你就好受一些了。与此同时，老师也会看你的《暮省》册，这样也能够在第一时间看到你最迫切要解决的心理问题。你要相信，老师的几句话、几句批注就会勾销你内心的疑云，为你注入满满的心灵能量。如果问题比较大，老师还会走到你的身边亲自为你排忧解难。《暮省》绝对是我们师生之间的心灵直通车。

说了这么多，你也意识到写《暮省》的重要性了吧。

那以后怎么写《暮省》呢？为了杜绝小儿科、无病呻吟、漫无目的、无主题、心情吐槽等问题，切实提高《暮省》的实效性，我们有如下规定。

《暮省》内容：

自主型：问题＋措施；现象＋反思。

问题＋措施：即你身上存在的或是周围存在的，被大家忽视却被你觉察的问题，针对这个问题，提出你的改进措施。

现象＋反思：即你意识到身边的现象，并由此产生一些反思。

命题型：由班主任给定题目，写自己的反思和观点。

《暮省》基调：

为了培养同学们的积极乐观心态，我们以正气、正向、正能量即"三正"为《暮省》内容基调，具体归纳为如下三句话。

①　绝望中寻找希望。

即，这件事虽然很让人沮丧绝望，但我依然要在绝望之山中辟出希望之石。

②　问题中寻找转机。

即，这个问题虽然很棘手，很让人有危机感，但我依然要在危机中寻找转机。

③　消极中激发积极。

即，我虽然心情郁闷，这件事也很让人消极，但我依然要从中看到让人积极的一面。

最后，亲爱的同学，请记住：每天再忙，都需要一点安静的时光，来理解周围发生的所有事情，漫长的一生更需要这样的时刻。

愿写《暮省》能陪伴你三年，勤反思陪伴你一生！

还在抱着手学？——落在笔头的 5 个好处

亲爱的同学：

大家好！今天这封信的主题是四个字——"落在笔头"。

开宗明义，我希望你无论是做题、看书、思考，还是写《预册》和《暮省》，都要随时握着笔，随时做笔录，一切学习讲究"落在笔头"上。

一切没有握着笔的学习，我认为都是无效勤奋的姿势。

为什么？

第一，写下即思考。

写下的时候可以帮助我们思考。下笔的时候，我们对头脑中正在思考的问题和内容要进行挖掘和澄清。通过写作，我们发现自己在思考什么问题、自己思考中还存在着什么漏洞、自己思想上的困惑等。比如，我要求我的学生每天晚上编辑一条短信，向我汇报一下当日的完成事宜，并且给自己打一个分数。"打分数"这个动作看似简单，但是，当你静下来梳理自己当日的学习日程的时候，你就开始不自觉地进入一种反思的状态——哪些地方我今天做得很好？哪些地方还存在着漏洞？哪些地方明天还可以稍微改进？今天在一道题上耗了很久？还是看书进入不了状态之中？如此种种，你就开始启动大脑中的"监控器"和"调节器"（心理学上叫作"元认知"），监控并调整自己的学习行为了。

第二，写下即整理。

每一次"落在笔头"的过程都是一个思考过程，帮助我们把混沌的生活厘清。

而且在这个过程中，可能产生原来没有预料到的结果。比如，你可能会疑惑：为什么老师非要让我写《预册》？我在脑子里想好了今天要干什么不就好了吗？我想清楚了的东西，还有必要再一次呈现出来吗？这不是"大白天掌灯，多此一举"吗？

你可别这么说，因为：

"想过"并不代表"想清楚"；

"想清楚"更不代表"想周到"；

"想周到"还不代表"做得到"。

同学，这就是"落在笔头"上的好处：一方面，帮你梳理清楚在头脑中的一团糨糊；另一方面，你也能够收获很多非期待中的结果。记住一条殷老师语录：

我写，是因为我想知道在写之前我不知道的事情。

第三，写作即注意。

即便是在看书、复习笔记的时候，我都主张手里要握着一支笔，绝对不可以抱着手"闲看"。我观察过，很多学生在看书复习的时候，经常都是两只手放在衣服兜里，慢慢悠悠。更有甚者，直接趴在桌子上，就像一只哈巴狗一样。

我是不太主张这种状态的，我也把它称为无效勤奋的姿势。首先，这种看书的状态容易走神。正如我之前提到的那样，我们的大脑是一个灵敏的时间旅行大师。其次，这种消极的读书状态时常是低效无用的，书是一页一页地翻过了，但留在脑子里面的东西却少之又少。然而，我们却在心理上容易满足——我已经看完书了。积极的状态应该是，手握笔，坐端正，目光如炬，边读边勾画重点难点，筛选关键词，提炼出一个单元或章节的脉络图。

落在笔头上的东西可以有很多：

可以是一闪而过的灵感，它如流星一般，稍纵即逝，需要抓住；

可以是难以名状的联想，它像桥梁一样，和之前的某个东西能有效联接；

可以是苦思冥想的问题，它好似喝一口苦药，虽苦却有益，需要咬紧牙关，攻坚克难；

……

落在笔头，思想就是有线轴的风筝，一头在自由飞翔，一头在有效控制。

写作即注意，还有另外一层意义。

不知道你有没有发现一个问题，就是在阅读一本书的时候，前面 20 分钟，很不容易进入状态。这是因为人在进入全神贯注的状态之前，还有一个注意力预热的过程。如果仅仅是抱着书假模假式地读，那么前面一段时间很不容易进入状态。但你有没有发现，在做数学练习的时候，就会非常容易进入状态。原因非常简单，做数学练习落在了笔头上。所以，你可以采用的常用策略是，在阅读之前，先做几个不难的题目，等到已经进入一种"心流"状态的时候，再拿起笔记或阅读的书。

第四，写作即记忆。

光是用眼睛看，记忆效果肯定是不那么好的。一些文字你需要记下来，一些文字你需要圈画出来。这样，在记录的过程中不仅深化记忆，还在二次阅读时迅速触发记忆。大脑在同一时间内只能定格一个场景，这点不同于图纸。

第五，写作还是呼唤。

就拿我们班上的学生坚持的习惯——写《暮省》而言，如果你坚持"我手写我心"，如果你能够真诚坦言，那你就会发现，你其实是在呼唤读者，你就成功地呼唤起老师对你的理解和共鸣。

这里又要谈到我们班写《暮省》的习惯了。为什么我总是奉劝我的学生们要写《暮省》呢？因为写《暮省》有利于改变自己，改造自己。人一般都在日记中规劝自己，鼓励自己，要宽厚，要助人，要积极，要勤奋。这发自内心的劝说鼓励同来自外界的劝说鼓励相比，作用更大。魏书生老师曾经说，坚持写日记也叫作道德长跑。为什么叫道德长跑呢？就好比那些春夏秋冬年复一年地坚持长跑的人，都变得身体健康，强壮有力。能不能有那么一种锻炼方式，倘若长年坚持不懈，就能使人心灵健康、强壮、开阔呢？我觉得写日记就有这种作用。绝大部分人写日记时都说心里话，说真话，这便起到了教人求真的作用。人写日记一般都劝自己上进向善，劝自己助人改过，针砭丑恶，赞扬美善，歌颂心灵美的人，歌颂美好的事物，这便起到了教人向善爱美的作用。从这个层面来说，写日记也是呼唤一个更美好的自我的过程。

无论怎样，你手握笔、眉头紧锁的时候，就是有效勤奋的时候。

错题本的 5 个误区，你中招了吗？

亲爱的同学：

想必自打你入学以来，对"错题本"这个概念就已经不陌生了吧？老师们一定在你耳旁三令五申叮嘱，爸爸妈妈也在耳提面命地唠叨。今天我们就着重谈谈错题本的几大误区。

【误区一】长期被搁置

错题本难的地方不在于整理错题，而在于复习错题。我在班上做过调查，90% 以上的学生都宣称自己有错题本，但只有不到 10% 的学生会定期复习错题。绝大多数的学生只有在考试前才把错题拿出来复习。

为什么会出现这样的情况呢？

第一，成就感不同。做新题让你更有成就感和收获感，然而复习错题，就没有这种感觉。做新题就好比盖房，盖一层就看到一层；复习错题就好比竹笋生长，前面好几年必须是往地里面钻，地面上根本看不到任何变动的痕迹。但后期的变化是完全不一样的。盖房的速度依旧，但竹笋拔节的速度却是惊人的。很多学生没有意识到重复复习错题所带来的巨大收益。

第二，心理暗示的作用。有些同学误认为把错题整理到错题本上就算掌握这个错题了。然而，事实并非如此，随着时间的流逝，记忆的效果就会大打折扣。而且新知识和庞杂的信息不断摄入，一定会冲淡大脑中原有的记忆，造成记忆的抑制现象。所以多复习才是王道。

【对策】

第一，定期复习错题。一般而言，错题需要复习 3—5 次，因为复习次数越多，才越能够挽回记忆的流散。记住之后还需要复习，因为需要"过度记忆"，才能弥补"记忆漏洞"。把错题复习 5 遍，才能做到错过的题不会再错。

第二，不盲目买参考资料。最强的学习者，手里所有的资料都是极为简约的。一般而言，就是老师们推荐且长时间使用的一本练习册和平常周考、月考、模拟考的试卷。节省下来的时间只需要复习之前的错题。

你要记住：

刷新题能够使你感觉有进步有收获，但没法真正进步。重复消化错题，才是你进步的终南捷径。

【误区二】过分强调整理的美观

我观察班上学生，很多人花费了大量时间把错题工工整整地抄上去，又把答案完完全全地抄写在错题下面，而且有时候还要用多色笔进行区分，花花绿绿，看着特别漂亮。但是大家记住，错题本是给自己使用的，而不是给别人欣赏选美用的。花太多时间在形式上，只会耗费大量时间和精力。到后期完成作业的时间紧张，你就更不愿意去整理错题了。

【对策】

整理错题，只要是自己能够看懂，那就怎么省时间怎么来。

① 能剪切的就不手抄。

② 不能剪切的就概括性地照抄。

③ 阅读理解只需要写明出处即可。

④ 答案只需要写出关键步骤和出错点、易错点。

⑤ 适当加几句反思、总结、提醒、联想、引申这类的话。

你要记住：

只有把整理错题的效率和复习的效率提升上来，整理错题的习惯才不会死于襁褓。

【误区三】答案抄写，大而不当

通常很多同学在整理错题的时候，都是把正确答案整个抄写下来。但同学们很多时候做错一道题，很有可能只是其中一个环节、一个步骤出错了，或者只是思维没有切换过来。

【对策】

提炼一个点；总结一种"思维"。即，只需要记录下一个"点"，记录下一种"思维模式"。这样，你在整理错题的时候就会非常快。同样，在复习错题的时候也可以很快把握重点，复习速度也会特别快。原本需要 10 分钟才复习完的错题，用这种提炼的方法可能 1 分钟就复习完了。

【误区四】散兵游勇，零散无序

我还观察到部分同学会把一次考试或者是作业上的所有错题按照顺序抄写在错题本上，并没有进行错题的分类和归纳。如果不把错题本做归类处理的话，你会觉得错题好像是无限的，看不到边，而且不停地在增加。但如果把错题考查的知识点提取一下，把相同的知识点放在一起，你会发现：第一，错题是有规律的；第二，难点和易错点是有限的。通过提取和分类，集中复习，你可以获得举一反三的能力。这样的好处就是，看到考题就能够轻易地"联想"，联想到出题人的考查意图、哪些地方容易挖坑、相类似的"姊妹题"……

一定有很多同学会问：错题本本来就容易零散，不可能还专门拿出时间把所有的错题分门别类吧？

【对策】

只需要在错题旁边加上"联想"和"引申"字样即可。

就是你在总结此题时，自然而然联想到其他相类似的错误或知识点，你就写下："联想到……。"比如，可以在错题旁写一句话："联想到××练习册第 12 页的第 5 道单选题，这两题是同一知识系统的不同呈现形式。"

这样，错题本上就好比插入了一个"超链接"，以后你在复习错题的时候，自动点入，就会以点带面。这个过程，心理学叫作"给记忆打结"，记忆的"结"越打越多，就会形成知识的网络。

请你记住：

错题只有分类归纳，才不会成为知识原野上的孤魂野鬼。

【误区五】只做"加法"，不做"减法"

什么意思呢？就是错题本上的错题不断增加，错题本越来越厚，复习所需要的时间越来越多，导致复习错题本之前的心理成本非常大，也即产生所谓"畏难心理"。要记住：错题本不复习和没有错题本一样，甚至更糟。

【对策】

频繁复习错题本。

对于非常熟悉的错题，就及时从错题本当中删掉或者撕掉。这个过程就好比清扫房间一样。错题本中的错题就像身体的造血干细胞，常换常新。

亲爱的同学，如果这几大误区非要让我说出最严重的一个，我认为是第一个。即对错题复习的时间分配严重不足。

很多学生通常花了大量时间做题，大量时间整理错题，就是不肯花时间去复习错题。其实，考试的时候，你丢分的通常是老师反反复复强调的、错题本里也已经有的题。恰恰是对错题的复习不够，才导致一道题反复地错。

请你务必记住：

做再多的题，我们收获的永远只有错题！只有把错题消化吸收，我们收获的才能叫作"进步"。

⑤ 如何走出早读无效的困境

亲爱的同学：

这封信，我们就来谈谈如何走出早读无效的困境。据我观察，有些同学早读的时候容易出现以下五大怪象。我们先来剖析一下原因、危害，再来提出改进的措施。

【现象一】漫无目的，拿着书就读

常常 30 分钟的早读之后，没有任何实质性的收获，这实属无效勤奋。

危害：如果你不知道你要到哪儿去，通常你哪儿也去不了。

【改进措施】

在早读发声之前，殷老师建议你先用"三定法"来指导自己。哪"三定"？定向、定量和定时。

定向就是要问问自己，今天早自习要完成什么样的目标。比如，是要复习古诗词 10 首，重点看清楚错别字，还是要背诵一篇文言文？是背诵英语课文的某一段落，还是要复习 30 个重点短语？

定量就是要把所有的目标给量化。

定时就是要进行有效的时间分配。

我常常告诫我的学生：如果你手里有 10 分钟，那其中 2 分钟应该用来想一想目标。所有学生必须杜绝漫无目的地读书！

【现象二】均衡用力

均衡用力，其实就是没有用力！就好比每个都重要就相当于每个都不重要一样！

危害：常常被无关细节冲淡重点，导致"记忆漏洞"！

【改进措施】

同学们的早读时间往往是 30 分钟，建议先用 10 分钟来复习昨天所学，如笔记、错题、短语等，这个过程是"温故"；接下来的 20 分钟就是"知新"，就需要重点攻坚一个或者几个知识的"堡垒"。

所以，我也跟我的学生强调：一切没有重点的早读都是对读书"耍流氓"！

【现象三】没有声音，闷着看

有一些同学早读的时候闷不作声，喜欢闷声看。其实，这种做法不是早读，是"早看"！造成"早看"的原因就一个字——懒，懒得张嘴！

危害：极容易走神！你可知道我们人的大脑是一个灵敏的时间旅行大师？你看着看着就容易上天入地，神游九州啦。

【改进措施】

放声读！唤起身上沉睡的诵读因子！施加积极暗示！这一步很重要，边读边向世界宣言——我很努力！我越读我越幸运。

【现象四】不讲方法，和自己死磕

注意力水平是一个倒 U 型的走势，前面 10 分钟是注意力预热的过程，中间 10 多分钟是注意力达到高潮的时间，效果最好，越到后面就越是下降趋势了，记忆的效果也就没那么好了。

人脑有一个"坏毛病"，天然地就喜欢"完型"，讨厌"残缺"。什么意思呢？就好比，你背课文只背到了七八分熟，你不会轻易罢手，相反，你更容易和自己死磕，一直期待背到十分熟才善罢甘休！

危害：导致大量时间被耗散，效率低下！

【改进措施】

觉察！当你觉察到自己注意力开始涣散了，请止步！

放手！背到七八分熟的东西，放在潜意识区，让潜意识进一步加工！

勤复习！遵循少量多次的原则！

【现象五】过嘴不过心，过眼不入脑

嘴里咿呀，像和尚念经似的；读书停留在"文字"上，叫作"read the line"。整个过程消极被动，书都把你那张脸认熟了，你还不认识书。悲哀呀！

危害：无效或低效！越学越无趣，越学越没有成就感，久而久之容易放弃！爸妈看不惯，造成家庭氛围不和谐！

【改进措施】

意识监控！当你意识到问题时，你就已经成功了一半，你更容易自发调整和改进。

鲶鱼效应！什么是鲶鱼效应呢？就是指鲶鱼在搅动小鱼生存环境的同时，也激活了小鱼的求生能力。想象一下，你就是那一只害怕被鲶鱼吃掉的小鱼，如果有人能够监督抽背，你过不了关就要被"收拾"，那是不是一下子就来劲儿了？所有的神经齐刷刷地绷起来，宛如受到威胁的小猫竖起警觉的毛，严阵以待！那谁是你身边的鲶鱼呢？留5分钟，让他们检查一下吧！

做作业的 5 个不良习惯，你有吗？

亲爱的同学：

很多同学根本没有搞清楚作业的目的是什么，部分同学更是把作业当成一种"硬性任务"，只图做完了事。其实老师布置作业的目的无非就是以下两个方面：第一，为了检测学生学习效果；第二，为了让新知识在做作业的过程中得以巩固。这一封信不用赘述那么多作业的重要性，我就把平常观察到的一些不良习惯罗列一下，浅谈其危害，看能不能让你有所共鸣。

【习惯一】边翻笔记，边做作业

这类学生一般是处于中上游的学生。他们一方面有一种通过作业"展现"的欲望，另一方面知识的掌握还没有完全到位。

危害及原因：

第一，不能充分开动脑筋，没有充分打开记忆的闸门。第二，作业在"一片大好"之下潜藏着巨大危机。

边做边翻笔记，说明你此时此刻的思维处于或是倾向于一种"惰性的被动"，而不是主动调动记忆。在笔记的帮助下做完的题，十有八九都是正确的。表面上一看，作业本上都是"钩钩"，其实你对自己掌握的情况根本不清楚。

危害指数：★★★★★

建议：你不应该为完成作业而完成作业，而应该先把当天的课程内容复习一遍，然后再带着"自我检测"的意识去做作业。

【习惯二】没有标识作业

做作业一般可以分为四种情况：第一，毫无阻力可言，轻松动笔；第二，有一定难度，但是花时间仔细琢磨可以做出来；第三，很有难度，知识点淡忘；第四，根本做不出来。既然有这四种情况，那就应该分门别类地来对待。但是很多同学基本上无一例外地都是一种对待方式——平面化对待。

危害及原因：

第一，在复习的时候没有针对性，要么全盘复习，要么都不复习，此二者皆为极端。第二，意识淡化。第四种情况会引起学生的重视，因为很直观。但是第二、第三种情况就会引起意识淡化的现象。因为在花费大量时间即无原则地消磨时间之后做出来的题，同学们也以为自己会做，在翻看笔记之后才得知答案的题，同学们也以为自己会做，为此就开始麻痹自己"有意注意"的那根神经。在以后复习的时候，同学们潜意识认为自己会做，不必去看。殊不知，如果把第二类情况的题放进卷子当中，予以时间限定，你可能就捉襟见肘了。

危害指数：★★★★

建议：在不同类型的题前面做好不同的标识，区别对待，立体化地管理自己的作业。比如，在第一种毫无阻力而言的题目前面可以顺势画个"○"。对第二、第三种情况，就可以顺势画一个"△"。在第四种情况之下就直接画一个"×"。

【习惯三】边做作业，边做其他（拖拉）

这类同学的成绩基本上处于班级中下游。他们一般情况下会做一会儿作业玩一会儿手机，或者做一会儿作业就会去看看厨房，或是做一会儿作业就要吃点零食……。这类同学的行为其实就是在培养"注意力涣散"那根神经，而注意力涣散是中学阶段的大忌。

危害及原因：

边做作业边做其他会让注意力分散，一来没有效率，二来作业质量不高。

危害指数：★★★★

建议：第一，采用"三定法"，即定向、定量、定时。在做作业之前就把要做的作业简单地罗列一下，大致有什么内容，需要花费多少时间。一旦时间确定，就在那一段时间里心无旁骛地去做。第二，外界监督。把自己的安排向周围的人汇报一下，希望得到监督。

【习惯四】和同学对照答案

这类现象广泛存在，一般情况下，同学们会觉得这是一件没什么大不了的事儿，既没有"作弊"的尴尬和内心的不安，又会提升正确率。而"我自己做了的"永远是同学们坚持这个行为的心灵安慰剂，"我只是想做得更完美"是他们予以回击的有力武器。

危害及原因：

第一，麻痹意识。跟习惯一有相似之处，通过对答案打造出来一个正确答案，让自己疏于对错题的重视，久而久之就会让自己觉得"自己本来就会"。第二，误导师长。老师在批改作业的时候，不能够有效采集数据，不能够把握学生出错的方向，老师一旦被麻痹，说不定就会疏于对一个关键性知识点的再强调，而一旦强调度不够，学生的敏感度就会下降，从而形成一个"作业做得好—考试考不好—作业做得好—考试考不好"的恶性循环。父母也会大大疑惑——我的孩子作业都是"天下太平"，怎么一到考试就"满城风雨"了呢？

危害指数：★★★

建议：第一，可以建议你的学科老师在班上倡导一种"诚信，本我，不虚伪"的良好学风。第二，班级里可以组织一支监察队伍，在一段时间内加大对这种现象的监察力度。

【习惯五】只做"硬性作业"

这类同学基本上是班级的中等生。他们认为老师布置的才算是作业，更有甚者，认为只有需要上交的、动笔的才算是作业，背书、练字这些就不算。

危害及原因：

中学阶段，课程增加，课业繁重，每个同学的学习问题肯定是不一而足的。老师布置的"硬性作业"是一种标准化、程式化的任务，不一定能够满足每个同学的求知需求。在此基础上，只有自主去完成适合自己的"软性作业"，才有可能查漏补缺。

危害指数：★★★★

建议：和你的学科老师一起共商一些属于自己能力范围内的"软性作业"。

作业的重要性不言而喻，你可以根据总结出来的以上几个现象逐一对照排查，真正让作业服务于自我。

⑦ 六"心"备考，不当瞎忙族

亲爱的同学：

每逢大考之前，很多同学都迅速进入了学习的状态，可谓"忙完春种忙秋收，学习学习再学习"。有部分同学为了节约时间，直接啃面包喝牛奶，有的甚至直接从家里带饭到教室，加热就吃，表面上看真的很忙呀。

但我就告诉你，"忙"也不一定有效果。

为什么？

第一，瞎忙，无计划，无目标。

第二，盲目做"加法"，质量得不到保证。

心情急迫的同学终于意识到复习内容之多了，要想彻底搞好，必须倾注大量时间。除了老师布置的"刚性"任务之外，还有很多备用的"软性"练习，于是日程表上满满地塞进了很多任务。手中做着 A，心里想着 B，待到正儿八经地做着 B 了，心里又挂牵着C，真希望不偏不倚，"雨露均沾"啊！造成的结果就是，没有关注当下，手里做的事情没有质量保证。

最直接的体现就是每天固定 10 分钟的英语听写。从部分同学的书写当中，我都能够嗅出"赶"的味道；从听写的质量来看，总有那么一些同学，在各方面的细节上丢分，要知道呀，这些错误都是翻来覆去地犯，犯了快三年了！如果总是在同样的地方跌倒，那请问考来考去又有什么意义呢？

那应该怎么备考，才能避免"瞎忙"，才能避免"忙而无序"的状态呢？

第一，稳住心态是第一步。暗示自己，忙也不一定出成绩，相反，慢也不一定全然是坏事。有些人只顾速度效率，不顾质量，这其实是舍本逐末。有些人只追求今天都做了啥，却不问问自己每一件事情是不是都保质保量了。要有自己的复习"心法"，才会有自己的复习"章法"。有了"章法"才会有"节奏"，跟随自己的"节奏"，才能弹奏出最美的复习和弦。

第二，做题人要有评卷人的心态。每次在做题的时候，你就把自己想象成评卷的老师，然后问问自己，是不是对手上的东西都满意了呢？如果不满意，又是在哪些地方不满意，然后及时改正。

第三，要有出题人的心态。站在出题人的视角，去审视题目，其实就已经把很多同学甩在后面了。尤其是理科，每做一道题，都要想想，出题人的意图为何？这类题型最容易在什么地方有"套路"？最容易在哪个地方丢分？长此以往地进行这种心态训练，必定能成高手。

第四，要有收复失地的心态。如何判定自己每一次小测验是不是有进步？最直接的判定方法就是，以前经常犯的低级错误现在是否不再犯了，或者是否已经犯得少了。进入总复习阶段，理想卷面的错误应该只是"理解的盲区"和"记忆的漏洞"造成的。"理解的盲区"和"记忆的漏洞"可以看成"暂未收复的失地"，考试和做题只是为了帮助我们检测这些地方到底在"哪里"，而绝对不是每次都在相类似的地方犯相类似的错误。

第五，要有限定时间的紧迫心态。一个人在什么情况下效率最高呢？研究表明，就是快接近截止日期的时候。于是，我就教学生在执行每一项任务的时候，都对照着时钟，评估和预算时间。比方说，这几道物理题，必须在分针指到9的时候做完；这20道英语单选题必须在5分钟之内做完。一旦抛出了"时间之锚"，你就会埋头就做，绝不分心。如果现实情况超出了预期，比方说，遇到了一道数学上的难题，已经超过了预计用时，那就没有必要死磕到底。原因很简单，打个比方说，你手里掌握的水总量是既定的，如果这科的田野被你的水滋润过度，那是不是其他学科的田野就只能干涸呢？死磕出来的题，也不证明你在考场上一定会做，因为考场上的时间也是既定的，心态也是变动的，思维也有可能是阻塞的。长时间学科分配时间不平衡只能成就"偏科党"，不会成为一个学霸。另外，不死磕而转战下一片"战区"的理由还有，我们的潜意识会继续加工"未完成"的事，说不定回过头的时候会有灵感乍现。

第六，要有习惯生成的心态。学科特点决定了习惯特点。比方说，理科重视思维，文科重视书写，你应该在学科切换时自然而然地切换习惯。有些理科一级棒的同学，打草稿、书写都很随心所欲，以为自己想得到、做得对、步骤清晰明确就可以了。当他们在做文科作业的时候，也把这种理科的"优越感"迁移到文科，轻描淡写，随心所欲，想改就改，想画叉就画叉，想涂一个黑疤就涂一个黑疤。请问，这是谁给你的优越感？再比方说，英语阅读需要勾画原文找答案，这就是一个好习惯。但凡原文简单或是心态浮躁的时候，有些同学就不愿意或者是"忘了"这么去做。我告诉这些同学："你丢失了一个习惯，其实也就丢失了一个严谨的心态。随心所欲，也许你能应付眼下这道题；但你一定应付不了所有的题。"

"勾画并标注条件"无论对于哪一个学科而言，都是很严谨的读题习惯。有些自以为是的同学常常花费很多时间解一道题，抓破脑袋不得法，而经别人一点拨，才发现居然少用了一个条件！

请问这样的"瞎忙"有何用？

杜绝一切形式主义的磨洋工和假努力

亲爱的同学：

今天这封信给你讲学习任务的饱和度问题。

什么是"学习任务的饱和度"？

举一个例子，往一杯水里面加盐，不断地加，盐溶于水，到最后达到"饱和"的状态时，再往里面加盐就没办法融到水里去了。

同样的道理，如果你每天在《预册》上安排的任务都是一成不变的，你会发现，到了某一天，你再也学不进去了。我给你讲一讲我的经验。前几天，我和大家一样非常自律，每天一起床就把北大教授陈向明的《质的研究》拿出来看，上午、下午各看两个小时，速度快，效率高。可惜，最近两天的效率就开始直线下降了。我发现我有点讨厌拿起这本书了，一如一连好多天都吃大鱼大肉，突然间就有一种腻味的感觉，很想吃几口青菜了。

即便我调动我的意志，"绑架"我的心灵继续"冲锋陷阵"，按照自己的计划翻到固定的章节，但是那种效果再也回不到前几天那样了。我开始觉察到，我的这个学习任务已经"饱和"了。即使继续强迫自己，效果也已经不那么好了。

于是，我迅速调整学习的战场，把《中小学外语教学》杂志拿出来研读了。看这份杂志是我一直觉得"重要"但不"紧急"的事情，所以此番情境下，我又将此杂志摆上了案头。

好家伙，那种切换任务的感觉，就好比"久在樊笼里，复得返自然"的清新；就好比总是寄居在钢筋混凝土的大都市，有一天突然走到了一片田野上，尽情享受着旷野清风；就好比油腻腻火辣辣的火锅吃了一个月，突然喝上了一碗稀饭的感觉，肠胃都瞬间被滋润到了。

处处都是新事物，时时都有猎奇心。

于是，最近两天我的学习效率又高得出奇，每一期杂志的读书笔记平均都能写到 7000 字。

我想，你也一定遇到过殷老师这种情况。比方说，你天天听写单词，刚开始效率也很高，但最近几天就尽显疲态。怎么办？是硬着头皮继续上，还是换一块"领地"？我的建议是后者。你可以告诉自己，最近可以不听写了，适当地刷几套题，并做好错题的记录和摘抄。再比如，你觉得数学是自己的劣势学科，每天都在按照进度刷题，最近突然不想刷了，那就证明你对该项任务已经达到"饱和"状态了，继续投入精力就会疲态尽显。此时，你就可以切换到"复习错题"的任务上去了。

这封信写到这里，肯定对你有所启示了，就让殷老师最后给你总结几句话吧。

第一，每日《预册》上的任务需要达到"饱和"状态。比如，你觉得数学是劣势学科，假期是难得的独自一个人思考的机会，那你就给学数学多安排一些时间，做到极致，做到"饱和"，不要浅尝辄止，不要刚刚进入状态的时候，又忙于切换任务。如果你在做某一项任务的时候，是一种非常"入定"的状态，是一种非常专注的状态，几乎都忘了周围的时空，而且伴随着心灵上的满足感和获得感，那证明你已经达到了"心流"的状态。心流状态难能可贵，一定要珍惜。所有之前计划的内容都可以让步。

第二，你又要警惕"饱和"状态。这种情况就是，突然某天你的大脑开始排斥某个学科、某本书、某个任务，那就大胆地用另外一项任务去取代它，但最好是同一学科的。

什么意思？

比如，我最近一直以"研究"为寒假学习的主题。之前看的那本书是"理论性"的研究，现在看的是"实践性"的研究。我并没有切换去看小说，即便我知道看小说感觉更爽。

同理，你不愿意听写单词了，并不代表你要放弃学习英语，而是你的大脑在呼唤你"磨刀霍霍向猪羊"——用你记住的单词去"实战"演练一下。

第三，同质化的学习任务容易让学习"饱和"。

什么意思？

就是一上午的语文学习很有可能到后面是浪费时间的。所以，语文和数学应该交叉间杂，因为语文和数学学科性质是异质的。

第四，"饱和"之后的学习，多半是低效的。

除了切换任务，你还可以让自己"动"起来，出去放松，适当做一做运动。

第五，防止"饱和"的方法，还有可能是尽量让自己的学习任务紧凑一点、丰富一点，不要总是在单项任务上"死磕"。

好了，不管怎么样，一切的安排都应该是以"高效学习"为根本目的。希望你时常觉察自己，杜绝一切形式主义的磨洋工和假努力。

⑨ 做一个问问题的小达人

亲爱的同学：

今天聚焦的主题是"问问题"。我相信读完殷老师的故事之后，你很多埋藏在心里的问题都会得到解答。

我初中的时候在数学学习方面是一个"瘟猪子"，老是不开窍，但是我勤奋好学，我特别喜欢去问问题。最重要的原因是我们数学老师徐胖子亲切可人，宽头大脸的他，笑起来的时候，眼睛总是眯成一条线，脸上堆肉，就像一尊弥勒佛，给人一种安全感。

但是他的嗓门特别大，他上课的时候，胸腔腹腔充分打开，从嗓子眼里吼出的声音，经过"两腔"气流的共振之后足足放大了几倍。他在底楼教室上课，顶楼的学生都能够听到。

每每去问问题的时候，我的心情都是非常奇怪的。一方面，看到他很可爱，想故意去"逗"他，甚至有时候想在他脸上捏一把肉；另一方面，他的声音实在很大，又有点怕他。但是，久而久之，就知道他这种人是"雷声大雨点小"。

因为我在数学问题上不怎么开窍，所以总是喜欢问"为啥子耶"。每次问了"为啥子耶"，都要用可怜巴巴的小眼神去偷偷瞄一下徐胖子的表情，生怕把他惹急了。

有时候，我问的题是老师在课堂上反反复复重点强调过的，他就会对我说："你这个猪，这个不是上课讲了的嘛，啷个还不会？"

我就学着在他面前撒娇："哎呀，老师，我知道你讲过，但是我还是没听懂，你再讲一遍好不？"

当他觉得我问的是一个很低级的问题时，在讲题之前都忍不住讽刺我一通："我看你这个榆木脑壳根本不适合学数学，你上课到底听讲没有？老子反反复复讲，你就反反复复错！错了还要来问我为啥子，我真的很怀疑我在讲课的时候，你是不是'抓梦脚'（土话：打瞌睡）去了？"

我有时候被他吼得一愣一愣的，内心也有点委屈，站在他面前一言不发，深深地埋着头。徐胖子估计是觉得自己"过分"了，想弥补我一下，于是又把我拉到身边，耐心地给我梳理一下思路。

有时候，徐胖子心情好，我去问他问题，他还问我几句题外话："最近你老爹老妈生意如何？"（我爸妈以前在广东做生意。每次回乡，都会买点小礼品去探望我的各位老师。这一点我是知道的）

有时也会得到他的表扬：

"你最近很有进步嘛。"

"这次考试进了前5哟。"

……

我反而有些不好意思地站在他面前，说："徐老师，你不骂我几句，我心头还不舒服呢！"

"你有受虐倾向……"徐胖子回复我。

有时候，与其说我是去问题的，不如说我是想去得到他"表扬"的。因为我手里拿着的练习册是自己额外给自己增加的任务，我希望徐老师能够知道，他的学生——我，在私底下悄悄努力呢！他要是用手翻一翻练习册的"封面"，我都会很开心，说明他知道我在努力了。他要是若无其事地坐在老态龙钟的藤椅上，指手画脚地给我随便讲一讲，我就有点生气，我甚至还会主动汇报给他——徐老师，我最近还在额外地……

不管如何，我初中时候的数学能力就是在不断地和徐老师的互动中得以提升的。我特别喜欢问问题，几乎每天都会拿着一些题去徐老师办公室，先探头看看他在不在办公室。有时候，他不在办公室，我还觉得有点失落呢。初中毕业的时候，我特别舍不得我的各位老师，我悄悄地哭了很多次。现在给你们写信，又勾起了我部分温馨的回忆，一阵暖流从身体流过。我好怀念我的徐胖子老师啊！

亲爱的同学，根据我丰富的问问题经验，我想跟你分享一些独家心得。

第一，老师内心真的特别喜欢问问题的孩子。

你问问题的举动，就是在传递一种信号，你是一个主动学习的学生。任何一个老师都不会讨厌一个主动问问题的孩子，哪怕他表面上显得很不耐烦，但内心一定是愿意接受甚至是乐意接受的。他表面上的一切"不耐烦"，他嘴巴里吐出来的一切"不愿意"，你都权且看成是恨铁不成钢的忸怩作态吧。有时，你提的问题确实是老师反复强调的东西，老师很害怕你上课总是走神，肯定要说你几句。你也别放在心上，老师的出发点是好的。你最好是问老师问题，而尽量不要去问同学问题。我的理由是，同学给你讲题的时候，通常只是就题论题，而老师讲题的时候，犹如医生号脉诊断一般，能够知道你的问题的来龙去脉，能够一眼就洞察出你问题的症结所在，"讲题，但不止于题"。他是在扮演一个"修补匠"的角色，希望把你脑中"断链"的地方拼接上。

第二，丢开你的思想包袱。

你千万不要觉得自己问的问题很蠢，很没质量，会让老师小瞧你。不会。原因很简单，你平常学习的实际情况，老师是门儿清的。你千万不要为了苦心经营一个良好的"人设"，就把你的问题藏着掖着，"犹抱琵琶半遮面"，千呼万唤不出来。这样反而会自取其辱。老师非常清楚你的状态，也许你苦心经营的"人设"，在老师心目中不是这样的呢。

你看我之前的故事，我当时给自己的定位就是，"我很慢，但我很勤学好问"。于是，我的所作所为就特别符合我的"人设"，也就没有那么多思想负担了。

你的问题一定是从自己实际出发提出的问题，哪怕再简单也没关系。你千万不要随大流，别人提的问题都是那几个，于是你也提那几个。这样"躲"在人流里面，既没有负担，又确实提了问题，老师总该对自己没意见了吧。同学，你要搞清楚，你的一切问题，哪怕小到对一个词、一句话的理解，那也是你的问题。只有发自你内心的问题，才是有价值的问题。

有一次，英语学习群里答疑解惑完了，还有个同学私信问我：殷老师，什么情况用"三单"？随后她发了几道做错了的题，我一看，就知道她的问题了。

一个是"Tom is good at writing"，她把"writing"写成了"三单""writes"，因为他觉得"Tom"是"三单"；另外一个是"He loves to join in dancing club"，她把"dancing"写成了"dances"。我瞬间就明白了，她是两个点没有搞清楚：一是没搞清楚介词后面都应该接动词的 ing 形式，二是没弄明白"三单"使用的具体情境。

我三言两语迅速勾销了她心中久拂不去的疑云，她瞬间通透了。

如果她不提出这个问题，我是怎么也想不到一个我认为还比较优秀的同学会有这种问题。

第三，准备一个简简单单的疑问本。

这个本子就放在你随手可触及的地方，随时记录哪怕只有一丁点儿的困惑。随时记录，随时提问，随时解决，直至通透！你会发现，当你的疑问本上记录的大大小小的疑问多了起来，你也就有了问问题的冲动。当你主动问老师，解除了这些困惑，别忘了在后面随便写上几句话，把之前卡壳的地方梳理清楚。

总之，当消除了积藏已久的困惑时，你会得到一种久违的醋畅感，就好比一个便秘的人，憋了好些日子，突然得到良药一方，终于能够顺利排泄时候的顺畅，你会不由自主地仰天长啸一声——哇！通透了！好爽！

殷老师希望你成为一个勤学好问的人！

10 把学习任务"大卸八块"

亲爱的同学：

　　先跟你分享我的一点心路历程。有段时间，我一直感觉很颓废，常常瘫在床上看闲书，总是想待会儿再去学习。一提到学习，我就想到要跳出舒适区，去面对一些很枯燥的书，没完没了做一些不中用的题。就好比一个丑媳妇，遮遮掩掩，不愿意面对公婆似的，我也不愿面对学习。一提到学习，第一个感受是累，第二个感受就是抗拒。又累又抗拒，但又是必须要做的，于是我就压力山大！有压力，人就要去找刺激，找安慰。我就会去刷视频，刷抖音，打游戏……。一边打，一边刷，一边不断自责：

　　"你忘了你的梦想了吗？你不对你的目标负责了吗？"

　　一自责，就又出现了压力，大脑就又过来安慰我，我就继续刷抖音，而且越刷越快，必须寻找更高维度的刺激养料、更为爆笑的东西才能充当安慰剂！不由自主地，我发现我关注了很多搞笑类抖音号！……

　　恶性循环无穷尽，拖沓时光惹人恼！

　　再这么下去不行了！

　　于是，我从第一个环节入手，把任务拆解成细到不能再细的具体行为，然后在脑子里和这些行为提前"见面"。比如，我没有再粗放地在脑子里想"我待会儿要学习一个早上"，而是老老实实规规矩矩地拿出《预册》，把每个时段要做的事情全部捋一遍！

　　早上起来，8点到9点半，我要为学生批改作业！

　　9点半到10点半，我要刷一个小时的英语题！

　　能不能再细一点？能！

　　我要刷2015年中国科技大学的考博英语测试题。能再细一点吗？能！如果考虑到核对答案和查找生词，1 小时大约只能够做完 5 篇阅读理解。10 点半到 11 点半，我要把某导师近年来的论文浏览一遍。

……

细到这种程度，我就没有之前的那种抵触心理了。因为之前大脑关联的是"学习"两个字的整体印象，而学习给我的感觉往往是不舒服的。现在我提前在《预册》里把学习"大卸八块"，留在脑中的，就是可具体操作的动作，更便于执行！后来我恢复了学习状态，没有太多之前的焦虑。我才发现，唯独行动才是解决"焦虑"的良药！我一天到晚耳提面命、苦口婆心要求学生做的简简单单的事情——写《预册》，却因为麻痹大意，自己忽略了使用，导致了好长一段时间的颓废。

这里我就要提到另外两个"名词"了，一个是"钟"，一个是"云"。

"钟"和"云"的意象是哲学大师卡尔·波普尔在华盛顿大学做演讲时提出的，用来讨论这个世界中确定性和不确定性的问题。利用"钟"和"云"这两个常见物象来比喻不同思想的极端，是非常恰当的。我对这两个意象情有独钟，也经常用来给学生做时间规划方面的指导。

"钟"喻示着世界的一些基本原则，应该遵循精确性、确定性。所以我指导学生在计划管理方面一定要遵循可视化、可量化、可操作、可评价、有截止日期五大基本原则，不能仅仅是停留在脑子里面的朦胧的一团"云"。

"云"象征着混沌，状态不定，边界感朦胧不清。计划如果只是一团"云"，那执行起来多半就惨了！因为学生只会有一个大方向。然而计划在面对各种意外、人性懒惰以及红尘诱惑的时候，脆弱得如同春日的薄冰，一点就碎。

我跟学生经常说的一句话，也恰恰印证着这一点：

你能掌控你所看见的东西，你看不见的东西往往掌控了你。

今天我着笔的目的还是希望你能够养成写下任务的好习惯。

学习有一个非常重要的原则，就是要把抽象的东西具体化，使之成为可以看见的图像、实体、数字等，使之看得见摸得着。记住：你能掌控你所看见的东西，你看不见的东西往往掌控了你。

举个例子，人类文明很大程度上是由"电"这个东西来奠定基石的。但人类早期能够看清楚"电"这个东西吗？看不清楚的。虽然很早人就从雷电当中发现了"电"的现象，但是人类根本没有办法有效地掌控它。直到人类通过建立一系列的知识体系来使之"可视化"，比如电压表、电流表……，才使这样一些看不见摸不着的东西能够被人类掌控。

同样的道理，你能够看到一个一个的具体化的知识，一个一个的知识能够被你所掌控，比如"What about doing sth"，介词后要跟动词的 ing 形式。但是你往往看不到一个学科的知识体系，而恰恰就是这些"体系""脉络""出题人视角"……，就牢牢地"掌控"了你。

再比如背诵问题。一篇长长的英语课文摆在你的面前，如果你埋头就背，不动一点脑子，那你一定就被某种"看不见"的东西"掌控"了。但在背诵之前，你稍加分析，把线性逻辑的东西勾勒出来，某种隐藏着的、原本看不见的东西就瞬间俯首称臣，变成一种"看得见"的东西了。顺着那些"线性逻辑""印象图片"等具象化的东西，你就迅速搭上了背诵的快车。

我的学生在写《暮省》的时候，我就对他们说，凡是泛泛而谈"问题""梦想""努力""计划"都是对自己耍流氓。

所有的"大词汇"必须要"细化""具体化""可视化"，必须"大"而"化"之。

比方说，学生写道：

"感觉我最近遇到的学习问题真的太多了……，心情突然紧张起来。"

这句话就没多大意思，除了增加一些焦虑的情绪以外，没有任何帮助。同学们必须把"学习问题"具体到是"数学问题"，还是"背诵问题"，还是"时间管理问题"等。

"数学问题"又必须细化到是三元一次方程的解法问题还是建立方程问题等。

又比方说，学生写道：

"听了老师的话，我突然觉得我自己需要改变了。"

这句话也是没什么实际意义的话。

因为"改变"只是一个口号，没人知道他到底有没有改变。

我必须看到他为"改变"一词做出的"改变"。

比方说，我必须在时间管理上做出改变。从明天开始，我将有效地利用好"自由支配时间"：6点30—7点30要完成……；7点30—7点45休息；7点45—8点20要完成……；……

只有具体化出来的东西才能被自己所掌控。

我还经常跟学生说一句话：

问题出现了并不可怕，只要把问题摆到桌面上来，找出问题的表象和根源，从容面对，一切问题都是纸老虎！

接下来老师给你讲个故事：

在2003年以前，英国自行车车队是历史上最失败的车队。因为在过去的110年里，英国车队没有在环法自行车赛中拿过一块奖牌。

他们业绩烂到制造商都不愿意出售自行车给他们，怕英国车手让自己的品牌蒙羞。

但2008年，也就是北京奥运会上，英国车手卷走了60%的金牌；2014年的伦敦奥运会上，英国自行车车队在自家门口打破了9个奥运会纪录、7个世界纪录；在2012—2017年年间，英国车手在6年里居然拿到了5次"环法"冠军，要知道那可是"环法"啊！

而2008—2017年期间，到底发生了什么，可以让一支车队脱胎换骨？答案在这个人身上——天空车队总经理戴夫·布雷斯福德

（Dave Brailsford）。

请你猜一猜：如果你是总经理戴夫，你要怎么做？

我来给大家揭示一下答案吧。

戴夫在 2003 年跳槽到了英国国家自行车车队担任教练，提出了著名的"边际增益理论"。

"我们遵循这样一条原则：把骑自行车有关的环节进行拆解，把每个分解出来的部分都改进 1%，汇总起来之后，整体就会得到显著提高。"

比如，他们会用酒精擦轮胎，以获得更好的抓地力；他们给每个队员配备专门的枕头和床垫，让队员在出差的酒店里可以快速入睡；他们甚至把卡车内涂抹成白色，说是便于发现灰尘，这些灰尘会降低调教过的自行车性能……

1% 的改进毫不起眼，但是几百个 1% 加起来的能量是巨大的。而 10 年里每天改进 1%，量变就会引发质变。而且有意思的是，这种改变不是渐进式的，而是跳跃式的。

这种跳跃式的改变，就是长期主义者会享受的最大红利，因为只有努力的时间足够长，你才能得到最大的那块蛋糕。

这个故事告诉我们：长期主义不是坚持重复一件正确的大事，而是坚持改进一件件小事，改进细节。

起初很长一段时间，你将看不到任何变化，但一旦累积的时间开始发酵，你就会收获一个奇迹。

以下这些算式，相信你很熟悉了。

1.01 的 365 次方 $=37.78343433289>1$

1.01 代表每天进步一点。"1.01 的 365 次方"也就是说，你每天进步一点点，一年以后，你将进步很大，远远大于"1"。

1 的 365 次方 $=1$

1 代表原地踏步，一年以后你还是原地踏步，还是那个"1"。

0.99 的 365 次方 $=0.02551796445229<1$

0.99$=$1-0.01，也就是说你每天退步一点点，你将在一年以后远远小于"1"，远远被人抛在后面，将会是"1"事无成。

同学，这三个公式很能解释问题了。

1的365次方＝1，代表着你每天按照既定的轨迹，不做出任何改变地学习。像这样的努力和坚持，365天之后依然没什么进步。

1.01的365次方＝37.78343433289>1，这才代表着真正有进步！这才代表着真正有效的勤奋、有效的坚持！

我们学习也需要有戴夫经理的思维——把学习有关的环节进行拆解，把每个分解出来的部分都改进1%，汇总起来之后，整体就会得到显著提高。

接下来的时间，请你自制下面这张表格，让我们点亮心灯，重新发现自己学习过程中不完美的地方。这些地方很有可能是：

①　你自己已经觉察出来的问题；

②　你的科任老师不断在提到的问题；

③　总是导致你失分的某些习惯；

④　和优秀同学对照之后，很想改变的某些点；

……

学习也可以拆分成很多环节，如时间管理、课堂听课、课后作业、额外复习等。

把学习大卸八块计划——只为 1% 的改变				
我存在的明显问题			改进措施	
语文	课堂		改进策略	
	作业			
	其他			
科任老师指点				

把学习大卸八块计划——只为 1% 的改变				
数学	课堂		改进策略	
	作业			
	其他			
科任老师指点				
英语	课堂		改进策略	
	作业			
	其他			
科任老师指点				
物理	课堂		改进策略	
	作业			
	其他			
科任老师指点				
政治	课堂		改进策略	
	作业			
	其他			
科任老师指点				
历史	课堂		改进策略	
	作业			
	其他			
科任老师指点				
体育	课堂		改进策略	
	作业			
	其他			
科任老师指点				

11 如何提升你的"考试力"？

亲爱的同学：

以下困惑或问题你有过吗？

① 总感觉分数提不上去。

② 感觉自己努力了很久，分数还是不见上涨。

③ 总把成绩不好扣分太多归结为马虎失误，然后在想努力进步的时候，又在知识点上下功夫。

首先，你得搞清楚一个铁的事实：学习是一门技术活，考试更是一门技术活。学得懂和考得好之间有相关性，但没有因果联系！

学得努力，并不一定能考好！

我曾经做过一个调查，发现同学们考试失分的原因大致有以下几类：

第一是习惯性失误，包括读题（理解错、条件漏、想法偏离、计算错误）和格式。

第二是公式运用不熟悉（背错、记串、忘记公式形式）。

第三就是很多人都体验过的、离成功只差一步的思考，过一个看似简单的槛，下一步就直接得出答案。

第四就是焦虑引起的"无厘头"过失性丢分。

分数是一种考试能力的体现。

那如何提升考试能力，提高得分率呢？

秘诀就是，平常作业考试化，考试才能平常化。

把你的每次作业限定一个时间，这个时间最好按照考试要求来。例如，我要求：英语单项选择题一般 5 分钟要完成 10 道左右；阅读理解一般 10 分钟要完成一篇。

作业可以很好地反馈出同学们看到问题、解决问题的能力，然而这期间出现的"失误"经常被我们想当然地认为只要考试的时候小心一点就会避免了。就是我们在作业中包容这样的"失误"，它们在考试中给我们的反馈才会让我们格外痛心。

那具体应该怎么做呢？

第一步，给作业赋予相应的考试分值。比如，英语完形填空，一空 1.5 分；阅读理解一题 2 分。数学选择题、填空题每题 4 分，解答题平均每题 10 分。

第二步，给自己规定一个合理的完成时间且略微紧缩。

以下是我以前的学生为了训练自己拟定的标准。

数 学

一、填空题和选择题平均每分钟答一题，大约花 15 至 20 分钟。因为填空题和选择题大多数是考基础知识，每题考的知识点基本单一，所以比较容易做。

二、作图题难度也不大，一般花 3 至 5 分钟即可。

三、解答题分两部分，前一半比较容易一些，大约花 20 分钟（每题花 3 至 5 分钟），后一半是综合题，难度稍大，大约花 40 至 50 分钟（每题花 8 至 10 分钟）。

语 文

题号	题型	分值	答题时间分配
第一大题	基础（1—5题）	24 分	大约 12 分钟
第二大题	课内文言文阅读（6—8题）	10 分	大约 10 分钟
第三大题	课外文言文阅读（9—11题）	9 分	大约 10 分钟
第四大题	实用类文本阅读（12—14题）	10 分	大约 8 分钟
第五大题	文学类文本阅读（15—18题）	17 分	大约 15 分钟
第六大题	写作（19题）	50 分	大约 50 分钟
第七大题	名著阅读	10 分	大约 10 分钟

英语

单选题：5分钟10道左右。

完形填空：10分钟一篇。

阅读理解：8—10分钟一篇。

短文填空：15分钟一篇。

……

第三步，紧绷神经，模拟考试！

比如数学作业，坚持做一个小时，期间不能停顿，完全自我模拟考试状态，最后审视自己的失误率。通过每天的经验积累，慢慢降低自己的失误率。只有在平时对自己要求高，才能在考试的时候有较好的发挥。要知道，考试没有谁能超常发挥，考试的成绩就是你学习能力的最直接体现。单纯地完善自己的知识结构是远远不够的，从得分率上提升自己才是高效的学习手段，这也是一种能力的体现。

第四步，放松神经，纠正错题，监控得分率。

接下来，我要给大家介绍一个计算得分率的公式。在我介绍之前，你来告诉我，得分率是怎么计算的？我相信绝大多数同学知道的和我想介绍的肯定不一样！假设一张数学卷子满分100分，你得了70分，是不是你的得分率就是70%呀？

好像是的！

传统得分率＝（实际得分÷总分）×100%

殷老师介绍的得分率＝（实际得分÷纠正得分）×100%

什么意思呢？比方说，一张数学卷子虽然满分是100分，但如果有一道题10分，它超出了你的认知范围、能力范围，哪怕你再花上10—20分钟也没办法做出来，这10分就不属于"纠正得分"。假设你实际得分为70分，在不失误的情况下能得90分，那么你的得分率是（70÷90）×100%=77%

我这里有一个标准，你可以参照一下：

我做过一个统计，班上前十名的学生普遍得分率在93%—

95%，中游的学生普遍得分率在 80%—85%。

第五步，汇报失误，总结原因！

有老师说，你所做过的题铺就了你的成功之路！

但我不完全认同，我认为，是你做过的"错题"铺就了你的成功之路！

什么意思呢？从严格意义上说，你做对的题对你而言，没有什么太大意义！但是，那些做错的题，就好比高山中的"石缝"，才是阳光照进来的地方！

所以，每天再忙，你都要强行把自己和"书山题海"剥离出一段小小的距离，让你的灵魂跳出来"监控"一下每天干的那些事。

这个时候，你一定要在《暮省》里面，汇报语、数、英三科出现的各种"失误"！长此以往，你必得以提升！

亲爱的同学，这封信写到这里，有三点必须再次强调一下：

第一，学习是一门技术活，考试更是一门技术活。学得懂和考得好之间有相关性，但没有因果联系！

第二，突破分数瓶颈，快速提高成绩，树立考试信心是关键。这就需要你"平常作业考试化"！

第三，不是你做过的题成就了你，而是你做过的"错题"成就了你！

困境想象法——考前焦虑怎么办？

亲爱的同学：

众所周知："学得好，不如考得好。""考场如战场。""善考者也善攻心。""善打心理战的人有可能超常发挥。"……

你经过三年的学习与积累，虽说知识与技能的大局已成，但考场角逐的乾坤仍然未定，因为心理调节确实在"考场发挥"的过程中起着极为关键的作用。

那么，父母与老师平常都在说的"心理战"应该如何打呢？今天的这封信先从一个实验说起。

1999年，有研究人员在美国加州大学做了一个实验。在期中考试之前，研究人员把学生分成了三组：

第一组，他们每天花几分钟，幻想自己取得优秀成绩的积极结果。

第二组，每天要花几分钟去想一下，自己面临的考试有哪些困难之处，自己需要解决哪些难题。

第三组是对照组，他们不需要刻意做什么事情，像平时一样就好了。

（实验摘自《为什么越厉害的人，越会设定目标？》）

亲爱的你可以猜一猜，到底哪一组测试的结果最好呢？

先闭上眼睛想一想。

答案是：

研究人员发现第二组的成绩最好，成绩最差的就是只幻想积极结果的第一组。

这是不是和大家猜测的截然相反呢？长辈们不都是说"乐观是一种好的品质，能够帮助我们战胜困难"吗？那么，这个实验结果却有违我们的常识，到底哪里出了错？

其实，背后的机理是这样的：乐观确实是优良品质，但它在真实世界里并非战无不胜，尤其是当人们把乐观精神单纯地理解为对好结果的想象时。这种情形下，你越沉浸在对未来成绩的美好想象里，就越会忽视真实世界需要付出什么样的努力。所以，别执迷于所谓的乐观了，可能你越乐观想象达成目标后的美好情景，你离真实的目标就会越远。

那么我们应该怎么办呢？

我们应该做的是"想象困境"，就像上面的实验中，考试之前想象一下自己可能会遇到的各种问题。"困境想象法"的学术名称又叫"心理对照"，是由著名心理学家加布里埃尔提出的。

接下来，我讲讲我的经历。我曾用"困境想象法"经历了各种"模拟考试"，最后逆袭高考，成为黑马。

我在求学阶段，最怕数学了。因为总是无法入门，数学长期处在及格的边缘。早在高一高二的时候，仅仅数学一个学科，我就被学霸轻轻松松甩开 40 分左右的差距。后来通过长期坚持不懈的努力，我终于成功跨过了数学的"门槛"，到了高三的时候，我终于能够考到 110—120 分了，也缩小了和其他同学的差距。

因为是后期恶补而赶上来的，基础总会出现这样或那样的漏洞。再加之我的性格是那种毛里毛躁的类型，所以经常出现算错的情况。更糟糕的情况是，辛辛苦苦想了半天的题，依然不得解，以为是难题，等到老师评讲的时候，才发现自己少用了一个条件。

不管怎么样，我的数学成绩一直起起伏伏，波动性极大。数学成绩连起来的曲线图，就好比那种阴晴未卜的情绪图，高高低低，难以捉摸。

由于这个原因，我一直被老师们视为"临线生"。什么意思呢？就是临近重点本科线的那批学生。背后的逻辑就是，该生曾在无数次的模拟考中，有过越过重点线的经历，这给了老师们无数的幻想和希望；也曾经在无数次的模拟考中，被压制在重点线以下，这也牵动着老师们敏感的神经，引发了老师们的焦虑。

我想，成绩这么大幅度波动，对高考是非常不利的，鬼知道高考那次考试是不是埋葬我梦想的时候呢。于是，我决定要做一点点习惯的改变。

在最后不到100天的时间里，我培养了一个习惯，就是写日记，日记的主题就是"考试模拟"系列。

不管每天的作业有多少，不管每天的心情如何，也不管是不是完成了当日计划，反正每天雷打不动的就是"幻想"，晚自习结束后的30分钟一定是我的"幻想"时刻。"幻想"就是"模拟心态"。

因为我最怕数学，所以我把数学考场在日记本上模拟了无数遍。

我会模拟我在考场上的状态，我写道：

……考场上，我临阵不慌，从容淡定。一小纸杯纯净水放在考桌上，每顺利攻坚完一道题以后，我就总会细呷一口，不慌不忙地展开双手，慵懒地伸一个懒腰，眼光四顾之后，马上定睛细看卷子上的试题。每道题，都要厘清思路，明白考点，回想易错点，勾画并标注条件，不可遗漏……

我当初没学过心理学，回头再看看这些文字，却发现很多地方都遵循着心理学的规律。每次做完一道题，就一定要喝口水，其实就是给"快思维"放一块"刹车片"，有利于理性的舒张。伸懒腰，眼光四顾，就是要"笑看浮生忙碌""忙里偷闲，自带节奏"。

我会模拟万一遇到极有难度、极无缘分、极不顺手那种卷子时的状态：

超难型试卷

……此时，已经过了30分钟，我还徘徊在选择题的6—7题，并且已经"卡壳"了，后面的选择题又基本都有一定的难度。怎么办？即便是神仙，岂有不慌之理……

我告诫自己：

于是，我想平静心态，自我暗示——有啥事？大家都一样，就看运气了，我向来运气不错，瞎蒙的准确性还可以，我肯定是有利的。哼!

……于是,我又花了 15 分钟,连猜带蒙,稍微带着一点科学论证的味道,完成了选择题其余的几个题,并顺便把试题做了一个简单的分类——完全不会的(×);可能会的(半√);会,但算出没有答案与之符合(√)。接着,转攻下一题型:填空题。会做的至少有两道,一道似懂非懂,一道下不了手(此刻,我更加不慌了,因为我已经明确了该套题的难度),即便是班上最厉害的陈、李、魏、肖等同学,也不过仅有 120 分罢了。我只需要保证做过的题全对即可……

当然,有时候我也会模拟一般性难度的考试,如:6/2/2 或是6/3/1 考试模拟。

何为"6/2/2""6/3/1"?即基础题为大部分,中档题居中,难题极少的常规试卷。

那么又应该如何应对这类试卷呢?

通观全卷,迅速在心中记下题型,并初步把它们分成:

① 会做的,或是以前经常做的。

② 虽不是经常做,但凭借能力能够解决的。

③ 从来没见过或是题型复杂的。

接着,我便进入了答题阶段。前面的几道题在较短的时间内能够完成,也比较简单。但是由于自身有缺点,所以对此要多留一个心眼,检查一下是否有误选的情况。可能会在 5—8 题中的任意一题卡住,这时,千万不要慌张,我也许不会做那类题,但说不定下面那些题却十分对胃口,因为不同的人会有不同的情况。告诫自己,难易搭配不一定是一成不变的。

够了吗?远远不够!我还会把解答每一道题的具体时间算出来,绝对不允许考场上因为出现突发情况而顾此失彼,浪费大量不必要的时间。比如:

超难型试卷

选择题 + 填空题 = 1 小时(45 + 8 = 53 分),17 题(10 分钟,

12分全拿下），18题（10分钟，解决一个问题，6分），19/20题（30分钟，拿下16分），21题（12分钟，6分），22题（只做对一个问题，4分）。

"模拟考试"中，我还会顺带把我之前那种痛心的经验一并梳理一下：

今后每日训练的时候，多步骤，多心眼，多联想，少受定式思维的影响，少用脑壳去运算，一定要在草稿纸上一步一步地体现。

当然还有弱爆了的低级错误，千万不要再出现。

顺便说一句，那个失误是 $60 \div 15 = 6$！哎！

不止于此，我还对文综这些学科进行了总结：

……我曾经试过，由于地理过难，而又抱着一种不愿意放弃的思想去解答，结果花了半个多小时，仍旧做错了，大抵是思维还未预热的缘故……

……构思是相当重要的一环。虽然占的时间不多，但体现了组织答案的缜密程度。构思答案的来源、要点、所写每句的关键词……

现在回过头来再思考：

"模拟考试"之所以有效，是因为把注意力放在了真实的困难上。实现目标的路上，最怕什么？当然是困难。克服困难，目标达成率自然就会很高。

而且，每当我用困境想象法去关注困难的时候，我对困难会有一个基本的心理预期，以及基本的应对方法。我不会因为困难的出现而完全蒙圈，也不会一蹶不振。毕竟，我早已做好了心理准备。这样，在实现目标的路上，如果出现困难，你只需要如实地告诉自己，发生了什么事情，需要采用什么方法，而不会否定自己，批判自己的无能。

正如柳一一所说："困境想象法，能让我们真正脚踏实地。而脚踏实地，是仰望星空的前提条件。"（《超一流的高手，都懂得如何设定目标！》）

13 5个小妙招，帮你减少考场过失性丢分

亲爱的同学：

上一封信谈到应对考前焦虑之策，接下来，我来谈谈考场上如何通过使用一些小妙招来避免过失性丢分。

拆分试卷——"插小红旗策略"

对于偏科党来说，题量大就容易造成过度心理焦虑。我曾经做过实验，把英语较弱的学生分成两组，就单单是以阅读理解作为训练题目，第一组实验组一次性发放5篇阅读理解，规定在35分钟之内完成。对照组分时段一次发放一篇，一篇7分钟的阅读时间。实验结果表明对照组成绩明显高于实验组。事后的访谈之中，我也得出了一些共性结论："题量过大，做到后面就有自暴自弃倾向"，"有点担心做不完"，"有点心慌，就遗漏了关键信息"。

鉴于此，我建议你在考试之前，对每一个学科都做一个总体规划，在适当的地方插上一面心理"小红旗"。全神贯注地攻克当下题目，在"小红旗"处稍做心理调适，然后继续攻克后面的题目。如英语学科，可以把听力和单项选择归在一块儿，在完形填空之前插"小红旗"。"插小红旗策略"也是受日本马拉松名将山本田一的启示而创造的。

自我微调适，积极心理暗示

认知心理学认为，之前学习过的材料对保持和回忆以后学习的材料有干扰作用，叫作"前摄抑制"。做题的时候难免有这样的干扰，当题量过大，并且伴随拿不准或是做不出的题目过多的情况，这个时候焦虑之感便油然而生，并常常伴随着面红耳赤、心跳加

速、手生冷汗等生理反应。针对这种情况，我给同学们如下对策。在划定目标过后，每每完成一小题，你就进行自我调节，告诉自己不要受之前情况的影响，要有"截断两头的修行"，在心里对自己说"不和别人比，和自己比""做不出没关系，只要拿下该拿的那些分数"，等等。实验表明，积极的心理暗示有助于缓解考场焦虑感。

在放松专注中提取信息

考场上，我们有时会出现这样的情况：有一个问题无论怎么想也想不出来，但是我们明明是知道的。我们越是集中精力去想答案，答案在我们大脑中就"隐藏"得越深。直到我们"放松"了自己的大脑，然后不费吹灰之力，答案自己就冒出来了。科学家现在已知道，大脑若是处于紧张的状态，就会产生错误的化学物质，阻碍有效回忆。东尼·博赞就说："放松是检索和创造信息数据的关键。"所以，我提醒你，遇到此类型的题目，就暂时放一放，默认为自己会做的题目，不要当成负担。继续往下做，让"潜意识"帮我们加工处理，说不定做着做着头脑里就突然冒出了答案或是思路。不要因为苦思冥想过久而打乱了做题节奏。节奏一乱，焦虑顿生，接下来各种过失性失误就会接踵而至。

呷一口温水，做一下深呼吸

大脑也需要粮食，而大脑的粮食就是"氧气"。考试专注度过高，考场也较为封闭，脑部氧气的供应量就会有所降低。因此我要求我的学生们即便是在考场中也要注意张弛有度，适时呷一口水，做一下深呼吸，让自己有种精神充盈之感。有些同学会疑惑，题都做不完，哪有你那闲情逸致？我让学生记住图2-1中的那个同心圆，一个人情绪的影响因素，从内到外，分别是潜意识、认知与逻辑、行为。言下之意，行为改变能够调适情绪。情绪稍做舒张，自然有利于减少过失性丢分。

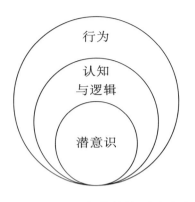

图 2-1　一个人的情绪影响因素

培养筛选关键信息能力

一般来说，大脑在接受 5—7 个无关信息之后便开始感到压力。筛选关键信息，对于考试尤为重要。有一段时间，我训练我的学生英语阅读的重点策略就是培养他们筛选关键信息的能力。理科方面，条件就是关键信息，每一届带班，我都着重培养学生的审题习惯，指导学生尽量用笔把所给的条件"点亮"，然后把条件都标上序号，让条件之间建立联系，尽量避免漏掉条件之类的失误发生。

"看两道题呗？！"——克服"瘸科"畏难情绪

亲爱的同学：

你学习上有没有"瘸科"呢？如果有，你会怎么对待它们呢？接下来的故事可能会给你一些战略上的启示。

我们先来看三个情景。你想想，如果你是他的老师，你会怎么做？

【情景一】

读中学的时候，我有一段时间寄宿在数学老师家里。

我的数学成绩中等偏上，但相比其他科目，数学明显是短板。

享受不到由擅长带来的掌控感，又屡屡得不到正反馈，导致我对数学兴致寥寥，甚至偶尔扫一眼数学书的封面头都疼，恨不得将其埋掉。

可越不接触越生疏，越生疏越得不到正反馈，就越不想接触。久而久之，我的数学成绩也越来越惨不忍睹。把我从这个恶性循环里拽出来的，是数学老师。

如果你是这位数学老师，你应该怎么做？在我曾经的课堂上，我也问过同样的问题，当时同学们的答案是：

生1：让他刷题呀。

生2：给他补习。

生3：鞭策他好好学习，给他足够的鼓励。

……

当时的学生们有没有猜中答案呢？同学，让我们看看这位优秀老师的做法吧。

他并没用什么奇特方法，也不曾鞭策我挑灯夜战，只是在茶余饭后，将下巴往家中小黑板的方向摆一摆，并以轻松的口吻对我说：来呗，看两道题呗。

顺着方向望去，题目早已抄在黑板上。他并不要求我上去写，只需坐在原位与他谈谈自己对这两道题的想法，一道题说个三五句即可，全程下来用不上十分钟。

日复一日，一日两道题，一个学期过去，我的数学成绩上升到年级第一。多年后每每回想起这段经历，我都会由衷感叹我的数学老师的高妙。

同学，再思考一下，为什么这个同学会说老师的方法高妙呢？你可能会说，这是因为老师没有给他造成心理负担。你也可能会说，这个老师有单独关注到这个学生。

下面我们来听听这个同学的心声吧。

每天听到他的一声唤"来呗，看两道题呗"，我都丝毫没有抵触情绪——不用去拿书，也说好了是看看就行，那就看呗。

两道题又不多，看完以后又不用写，只需说说自己的思路想法，那就说呗。

再没有努力前的踌躇满志和相伴而生的沉重感与抵触情绪，毕竟我需要做的，只是看两道题而已。过程中不觉得什么奇特，事后对比一番才发现老师帮我摘掉了很多东西。

看见书就头疼的条件反射没有了。

翻书时心想"要学数学了"的沉重感也没有了。

他直抵本质，甩掉了整个"努力流水线"上的大半环节，将所有过程简化为"看两道题—思考一下—日积月累，取得好成绩"的公式。在这个公式里，我连生发反感的缝隙都没有，甚至从未觉察过自己在努力。

接下来，我要给大家讲的另外一个故事，主人公是万腾飞同学。他是我带的第一届学生。

【情景二】

万腾飞同学一开始就对英语没有兴趣，"小学英语基础很差"成了他一直以来在课堂上得过且过的最好的开脱理由。即便从初一开始，一切都是从 ABC 起步，但是他终究还是输给了自己的"意志"。课上一副懒洋洋的样子，课下一副对作业爱答不理、爱做不做的样子。拖久了，背的账多了以后，畏难情绪又出来了，他干脆一点作业都不做了，理由是做不来。

有一次，万腾飞实在忍不住了，找到了英语老师，说了如下的话：

"殷老师，其实，我一直挺喜欢你的，但是英语成绩不好，所以我也不敢怎么表露出来。我现在就是想提高我的英语成绩，为了你，也努力学习。但是我现在看到英语书就头疼，更别说做英语作业了。这可怎么办呢？"

请问，如果你是万腾飞的老师，你会怎么看，怎么办，怎么跟他说呢？

基于刚才的例子，我猜你已经明白了精髓和要义，你可能会说："我会让他从单词入手，每天记 5 个左右。"你可能也会说："我可能会每天留他 10 分钟，让他做点题。"不管怎么样，我猜你已经触摸到问题的内核了。

我的做法是：

"要不这样，腾飞，英语作业不想做也就不做。你每天回家以后，只需要把英语书打开，随随便便翻翻看看，乱翻，漫无目的地翻，翻 15 分钟就可以了。"

"为什么？毫无意义啊。又不能对成绩有什么实质性的帮助。"

"没关系，你就坚持乱翻书 15 分钟得了，随便翻一个星期得了。"

你来猜猜，一周以后，发生了什么？

万腾飞同学居然开始不安分于每天随便乱翻书的作业，主动地来找我领取"新作业"了。我依然是按照分步走的策略，不给他造成心理负担。我要求他每天随随便便抄写 15 分钟，随便抄什么都可以，抄单词也可以，抄笔记也可以，抄课文也可以……，总之，他想怎么抄就怎么抄，想抄什么就抄什么。每天只需要抄写 15 分钟就可以了，坚持一周即算任务完成。

事情就是这么美妙。怎么美妙呢？

万腾飞同学有一天突然跑过来对我说："殷老师，我每天听课也可以只听 15 分钟吗？"

我说好呀，只要是你在我敲黑板划重点的地方开始坚持认真听 15 分钟，课堂上其他时间，只要你不影响别人，你想怎么样就怎么样，想睡，想看课外书都随你。

我把时空的自由都还给了他，他却把高度的自律奉献给了我。

同学，万腾飞同学开始追求进步了，他想要开始腾飞了。我开始无数次地逮着他的进步在班上反反复复表扬他。最后他中考以 138 分收尾，着实让我大吃一惊。后来，他还回到我的一个班上给学弟学妹们做报告，题目就是"神奇的 15 分钟"。

接下来，我再给大家讲一个故事。

【情景三】

我高中时背英语单词，只能将一些简单的词汇记到烂熟，稍微复杂点的词怎么也记不住。

老师建议我：把那些记不下来的词抄写下来，贴到自己能常看见的地方。

我对这番老生常谈抱有怀疑，心说那词放在书上都记不下来，怎么，抄在纸上就记得住了？还四处贴，明显是自欺欺人的形式主义。

不过病急乱投医，我还是照做了：我将所有记不牢的单词抄满了七八张大白纸，贴到了寝室床位旁的墙上和上铺的床板上，可谓翻身即单词，睁眼即单词。大约两三个月下来，一天我让同学考一考我，我发现以前那些久攻不下的艰难词汇，被我记下了十之七八。我特地问英语老师这算什么道理，她笑答：很简单啊，记单词就是要提高见到它们的频率。我说，那何必非要抄下来糊墙上呢，常看单词书不也一回事么？

老师先点头，再反问："关键是，你会常翻单词书吗？"

我坦言："并不会。"

如果你是老师，你会如何解释？

我的老师解释道：

就在这个细节上啊。表面上看，你把单词抄在纸上和你翻书相比，花的力气差不多，但它帮你省下的，是心理的力气。

你一看单词书就会感到心累，觉得自己在逆着劲儿下功夫，但把单词贴在随处可见的地方，你打眼一看，就相当于直接进入了记忆环节，不需要做心理建设，不需告诉自己要记单词啦，如何如何，你都来不及有这些反应。

三个情景看完了，我想表达的东西也非常明确了：

第一，把"努力""学习""自律"的执念破除。

啊？奇怪了。老师，你不是很强调自律吗？而且还说出了"不自律就不是人"这种话，这里又要让我们破除这个执念。这不矛盾吗？其实，并不矛盾！要求你自律，是总目标，是夜空中的星。这里谈到的破除执念，是希望你不要总把这个词挂在嘴边。要想达到自律的境地，反而需要一种迂回的策略。因为"我要努力""我要学习""自律"这样空洞的词汇，本身就是一种思想负担。这种执念越是强烈，放手的欲望就会越大！人的说话方式会极大地影响思考方式，所有同学都知道要提升，要进步，要努力，关键在于你如何把这些指令下达给自己。

正确的做法就是对自己说，去阳光下翻翻闲书，翻翻笔记和《暮省》，抑或是随处走一走！这样一来，休息和学习之间的隔阂就会被抹平，最终也就无所谓什么坚持或是放弃了。因为在我们眼中，学习只不过是一个个动作的切换而已！你对自己说"我数学差，我要学数学"，就不如说"来，看两道题"。你让自己意识到自己正在或即将要恶补英语，就不如让自己连这个意识都没有，直接把自己扔进去，以轻松的心态先看 15 分钟的书再说。

第二，从小处着手，干起来再说。所谓克服困难，提高行动力，就是从你没有心理负担的小动作入手，天天坚持，样样落实，日积月累，形成习惯。比形式上更奏效的是心理；那些养成习惯的人，在内心只把写《暮省》《预册》当作一种与自己畅聊一番的机会。

一个同学说："完了，完了，我要恶补我的数学了。"

另外一个同学说："要不，今晚先对照着答案看几道题再说。"

两相对比，判若云泥，以不同的态度作为起点，就有不同的结局作为终点。

第三章　心灵的力量：

增强信心，提升效能

"装出优秀"——让你优秀起来的 N 个细节

亲爱的同学：

对，这个题目你没有看错！就是"装出优秀"！

啊？老师，优秀还可以"装"啊？你有没有搞错呢？装出来的那能算是优秀吗？

这是我给学生讲过的最劲爆的观点之一，也是我曾经给学生上过的一节心育课。若干年以后，我的学生可能记不得那堂课我们上过了什么，但是他们一定记得这么一句话：

优秀的逻辑是：世界上并没有什么优秀，你装得多了，细节攒够了，显得优秀的次数多了，便真的优秀了。

美国社会学家戈夫曼提出过一个理论，叫"拟剧论"。简单说就是，人类的所有社会活动，本质上很像是在舞台上演戏。我们都在演戏吗？

好像也是！

比方说，你妈妈和你吵了架，此时，她正怒火中烧，说话没好气。突然间，一个电话打进来。一看，是班主任的，她的口气可能就缓和下来，一口一个"好的""感谢""谢谢""说得对"！整个过程笑脸相迎，刚才的怒色荡然无存了！

作为旁观者的你，可能觉得妈妈是个十足的"变色龙"，但你绝对不会觉得妈妈"演"得不得体，你也肯定不会说她是一个戏精。相反，你会觉得，妈妈的表现很得体。所谓"拟剧论"，就是说"世界是舞台，人人是演员，人人也是观众"。

什么是"装"？

我们通常以为，"装"就是"演"！

那什么是"演"呢？

通常我们这些外行以为，表演就是表现出特定的细节。

我们不妨做一个互动。

你可以表演一下"悲伤"吗？

你肯定觉得这个很简单，核心就是"想办法哭出来"；方法就是把自己曾经经历过的悲伤事件表现出来。

那你可以表演一下"愤怒"吗？你肯定觉得这个也很简单，要想表演一个愤怒的人，把自己的愤怒状态表现出来就可以了。那这些都很简单，殷老师知道难不倒你。但我出一个情景题，保管把你难住！

请你表演一个下雨天在公共汽车站等车的人。没有一句台词，也没有动作。

这个时候，我相信你肯定懵了。表演大喜大悲，你至少还可以把自己哭和笑的经历复现一遍，无非表演得好不好而已。但是一个既没有台词也没有动作的场景，怎么表演呢？很难，因为你找不到模仿对象了。专业的导演说，优秀的"演员"首先不是去模仿和表现细节，而是找到角色的总目标。

比方说，刚才的那个情景题：

优秀的演员可能会去设想，这个人刚下班，车老不来，天寒地冻，还要去接女朋友，最近女朋友家里人还催着买房子，现在囊中羞涩，实属无奈呀，悲楚之情油然而生。即使没有一句台词，没有一个动作，只要这个演员心里有这个角色的总目标，他的表情就到位了，表演的层次也就出来了。

所以，"演"的关键在于心中藏有一个总目标。

殷老师再给大家举个例子。比如，一个女孩第一次当母亲，所有那些照料孩子的方法，难道她天生就会吗？肯定什么也不会呀！她要么去观察别的妈妈是怎么做的，要么就去网上学习。虽然一切都在"装"（模仿），但是只要她内心的总目标是给予孩子母爱，她所有的模仿和套路，就都是她达成这个总目标的必要手段。她一定是一个优秀的妈妈。

回到开头殷老师提出的优秀的逻辑，同学们认同不认同呢？啊？殷老师，你该不是在说胡话吧？优秀怎么可以"装"呢？嘿嘿！你还别说，还真是这样！大量的心理学实验都已经证实：人脑处理不好假装——装着装着就成真的了！

我给大家看一个实验，这个实验来自《怪诞心理学》，实验如下：

让受试者单独在一个房间里做测验，答对多少题有奖。实验故意设计成让受试者有作弊的机会，而受试者不知道的是，所有作弊行为都逃不过研究者的眼睛。研究者关心的不是有多少人作弊，而是作弊的人对自己有什么评价。做完题，每位受试者都要填写一张自我调查表，评估自己的水平到底怎么样。

结果发现，那些作弊的人，对自己的评估都还很好，他们真的以为自己很厉害！难道他们不记得自己刚刚作弊了吗？！

研究发现，这是因为人脑处理不好"假装"。就好像演员一旦入了戏，自己都会被剧情感动一样。

人在一定程度上会以为自己假装的是真的。我们当老师的都有这样的经验：有时候自己明明不生气，但为了教训学生，故意在学生面前装出一副很生气的样子，想吓唬吓唬学生，结果装着装着就真的生气了。我们过去认为，心境影响行为，但大量的心理学实验表明，行为的改变也会引起心理的转变。

不管你听不听得懂，你都要记住一句话：

装着"优秀"；装着装着就成真的了！

既然优秀真的可以"装"出来，我希望你马上开始"装"起来！

但是，"装"也不是随便"装"，还是要有智慧和细节支撑的。

细节一：早起不贪睡。

理由：早起既是自律的象征，同时也人为地拉长了工作的时间。

细节二：晨读故意放大音量。

理由：驱睡醒神！改变周围空气！进入"角色"之后，你就进入了"勤奋"的套子。

细节三：做好《预册》。

理由：让任务与时间配对，用"截止日期法"提高效率，跟时间赛跑，为梦想追光！

细节四：监控注意力。

理由：你专注的样子真好看，尤其是进入"心流"的状态时，你就是这条街最靓的仔！

细节五：积极的心理暗示。

理由：日常的学习琐事会耗竭心灵的营养，你要自己成为自己的营养师。可以做"白日梦"，幻想未来因你努力而带来的各种美好！

细节六：野蛮体魄。

理由：研究表明，心理上积压的各种郁闷、烦恼、忧伤，绝大多数都可以通过出一身汗解除。

细节七：听妈妈的话。

理由：人际关系是影响我们学习效率的关键！很难想象，在和妈妈大吵一架之后，你还能安安稳稳地去看书。看着妈妈难受的表情，我不信，你还有学习的心情！

细节八：做事麻利，不拖拉。

理由：说了算，定了干，一不做二不休！雷厉风行的人往往被认为是"优秀"的人。装出"麻利"，你值得拥有！

细节九：写《暮省》。

理由：每一天再忙，都需要安静的时光来理解周围发生的一切。漫长的人生更需要这样的时刻。

细节十：睡前把知识像"放电影"一样过一遍。

理由：即便学过的东西，也经不起时间的冲刷！闭上眼睛，把一天学习的东西梳理一下，好比在荧幕上放一部电影。

接下来，你可以暗示自己：

勤奋一天，可得一日安眠；

勤奋一生，可得一世安眠！

我没有辜负自己！

亲爱的同学，我们打个赌——把这 10 个细节装 3 年，你不优秀，我赔你 10 万块！因为我深信优秀的逻辑，即世界上并没有什么优秀，你"装"得多了，细节攒够了，显得优秀的次数多了，便真的优秀了。

2 为什么这么努力却看不到回报？

亲爱的同学：

　　你是不是有时候觉得明明自己已经很努力了，就是看不到成绩呢？我的学生也曾经有过这样的疑惑。我和她有过如下对话。希望看信的你们，读完以后能够从中汲取养分。

　　"老师，最近好长一段时间我都在努力，为什么还是没有考好呢？我都感觉好对不起你……"一个学生沮丧地对我说。

　　"这哪能怪你呢？"我边改作业，边回复她。

　　"那这该怪谁呢？"她疑惑不解。

　　"时间。"

　　"啊？"她似乎不敢确定，"这是什么意思呢？"

　　我顺手抽出了一张纸，画出了第一张图，如下：

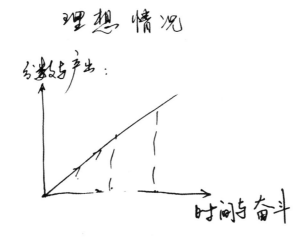

图 3-1　我画的第一张图

　　"孩子，我们理想的成长模式是这样的——付出了，努力了，奋斗了，就应该有相应的提高和产出。"

"难道实际不是吗？"

"不是。理想的状态在实际生活中是永远不存在的，是与事实违背的。真实的情况是这样的。"于是，我在大白纸上画出了第二张图，如下：

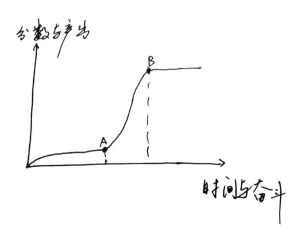

图 3-2　我画的第二张图

"关于付出和回报，真实的情况是这样的：很长一段时间的努力之后取得的效果都是微乎其微的，甚至只是让你感觉在原地踏步；你有时候甚至都开始怀疑自己努力的意义和价值了。直到你坚持走到 A 点处，当你继续往前走到 A 的拐点时，分数和产出才会以一种指数级的方式暴增。当你走到 B 点的时候，又会遇到一段时间的停滞，这就是我们常讲的'高原期'。"

学生听得很认真。我继续补充道：

"这才是努力与回报的真实面目。"

"我明白了，很多人走不到 A 点，就已经自动放弃了。"

"对！所以我担心的不是你目前能够考多少分，而是担心你能坚持多久。"

"我再给你讲一个人的故事。巴菲特年轻的时候，家境不错，手里有闲钱，也有心爱的女人。他对自己的女人说，你有两个选择：第一，我们可以拿着手里的钱买一个小房子作为婚房；第二，你也可以信任我，让我拿着这笔钱去投资，以后我给你买一套大房子。他的女人选择了信任他，于是两人也就开始租房子住了。投资的前几年，不景气，也有了女儿，巴菲特的经济条件捉襟见肘，但他没有就此放弃。直到第四年，他才成为投资公司的合伙人。而当他结婚 10 周年的时候，也就是 32 岁的时候，他赚到了人生的第一桶金，100 万美金。他没有选择把这笔钱拿去买大房子，而是选择继续投资。到了他 87 岁的时候，也就是 2017 年，他的净资产达到了 756 亿美元，在当年的福布斯全球富豪排行榜排名第 2。即便是股神这样的天才，也需要 10 年的发展时间才能基本走到 A 的拐点呢。"

"最后，我有三句话想送给你：第一，学习要讲究策略；'坚持'本身就是最好的策略。成功的路上并不拥挤，因为坚持的人不多。第二，努力了不一定成功，但以后如果你成功了，那一定是你努力了。第三，很多人不能坚持的原因在于他们太无知地认为付出就一定要马上看到收获。"

"嗯！对，老师，我相信你。"

学生像百灵鸟儿一样，欢快地飞出了办公室。

我想，她内心肯定又充满了能量，因为她看到了"付出和收获"的实质。

我想，你或许和她有着类似的心路历程，但不管怎样，我都真诚地希望你能够成为时间的长期主义者。

成为学霸的秘密——刻意练习

亲爱的同学：

这一封信，我想通过呈现一堂课，给你讲一个学习中的关键性概念——刻意练习。看完这堂课之后，你应该能比较深切地感觉到，要想成为一个领域的行家里手，光靠时间的堆砌、轻飘飘的努力是远远不够的。

（一）识精英

师：同学们，这些人你认识吗？他们都是各个行业的精英翘楚。老师问大家，怎么才有可能成为所在行业的精英翘楚呢？

（我展示的图片有球王梅西、NBA球星科比、广告大王奥格威、寿司之神小野二郎。以下是学生的回答）

生1：要有专业知识。

生2：要有贵人相助或是家人的支持。

生3：还需要一定的运气和机遇。

生4：还要对自己的事业有所规划。

生5：还要有坚持的品质，长时间专注于一件事情。

……

当时学生们分享了很多成功的必要因素。我随即回复，同学们说到的因素和一个人的成功都是高度相关的，但在众多提到的要素中，同学们觉得什么应该是最重要的品质？

可能是受了我平时特意的引导，绝大部分学生选择坚持。

为了回应学生，我给学生介绍了一个理论，叫作"1万小时定律"。

作家葛拉威尔在《异数》一书中指出：人们眼中的天才之所以

卓越非凡，并非天资超人一等，而是因为付出了持续不断的努力。只要经过 1 万小时的锤炼，任何人都能从平凡变成超凡。他将此称为"1 万小时定律"。

该书的核心观点，就是不管你做什么事情，只要坚持 1 万小时，基本上都可以成为该领域的专家。

那这 1 万个小时是怎么得来的呢？老师来给大家算一算。

要成为某个领域的专家，需要 1 万小时。按比例计算，如果每天工作 4 个小时，一周工作 5 天，那么成为一个领域的专家至少需要 10 年。这就是所谓的"1 万小时定律"。

看来坚持真的很重要呢！

（二）识问题

师：那问题来了！

① 是不是光是坚持了就能够成为学习领域的行家里手呢？

② 是不是仅仅是时间的堆砌就能够成就学习领域的优秀呢？

同学们有没有发现：

有的人工作 10 年仍然不是专家，而有的人 5 年时间就表现足够卓越？

或者，你会发现：

同样是小学 6 年，初中 3 年，大家都是同一个老师教，大家都是同样 9 年，有一些同学出类拔萃，而有一些同学就表现平平，甚至比较落后。这是为什么呢？

有学生抢答道：天赋有差异！

诚然，天赋确实是决定优秀程度的基石。但我想告诉大家的事实是：

天赋不能让你成为专家，经验也不能让你成为专家。（学生一脸狐疑，显然不明白其中道理）

同学们，你们知道吗？在国际象棋这样的"高脑力活动"中，研究发现，国际上一些排名靠前的大师，甚至在天生智力上低于普通人。

同学们，你们还知道吗？考上清华北大的优秀学长们，基本上也不是最聪明的，而是习惯最好的。同学们，你们也肯定熟悉王安石的《伤仲永》，仲永天赋异禀，但是到了最后依然落得个"泯然众人"的下场。世界上一定有比巴菲特、马云等天赋更高的人，但不一定有他们那么大的成就。篮球场上，麦迪的天赋就不亚于科比，但科比的成就和地位远远高出麦迪。所以，天赋显然不是最重要的因素。

师：那到底什么才是最重要的因素？

（三）刻意练习

决定伟大水平和一般水平的关键因素，既不是天赋，也不是经验，而是"刻意练习"的程度。

为了让你充分理解这个观念，老师举个例子吧。就好比踢球，一般足球爱好者、普通足球运动员、顶级足球运动员对"球"都很熟络，但他们有区别。

① 一般的足球爱好者：享受踢球的过程。

② 普通的足球运动员：例行公事似的训练和参加比赛。

③ 顶级足球运动员：不断地发现现有能力的不足，并且不断以自己不舒服的方式挑战并练习高难度的动作。

基于此，刚刚那个问题的答案其实已经很明确了。有的人有 10 年工作经验，但是大部分时间都在无意识地重复自己已经做过的事情，真正刻意练习的时间可能 10 小时都不到。有的人只有 5 年工作经验，但是每天花费大量额外的时间做刻意练习，不断挑战自己完成任务难度的极限，用于刻意练习的时间可能会有 1000 小时。

（四）如何刻意练习？

学习越轻松，效果越不一定好。那些看起来很勤奋的人，其实长时间按照自己喜欢的方式在做自己喜欢的事情。心理学家表示，人在面临挑战和任务的时候，会呈现三种心理状态——舒适区、学习区、恐慌区，而真正有效果的学习是逃离舒适区，进入一个具有挑战性的学习区。

我跟大家分享一些经验。

第一，逃离舒适区——此地不宜久留。

生活中，无效勤奋的姿势有很多。殷老师也有，比方说健身。

① 从大三开始涉足健身领域，至今已有7年健身史。

② 每天下午和同学们挥汗操场。

③ 平常尤为喜欢走路。

④ 工作这么忙，也要坚持每周去3次健身房锻炼。

就是"健身"，这肥肉还是"风雨不动安如山"。

原因是纯粹为了乐趣而健身，享受健身的过程，渴望的是下班后去健身房挥汗如雨、排解郁闷。停留在舒适区，按照自己熟悉的方式，做自己感到舒服的运动。专业健身者可不是这样，他们经常做自己不喜欢的运动；他们被教练要求增加训练量；突破肌肉记忆的极限；甚至还要严格控制热量的摄入。

接下来，我就让我的学生分享了一下他们"无效勤奋"的各种姿势。

有学生率先分享：就拿学习画画来说吧，以前没有接受专业培训的时候，我总觉得自己喜欢画画，上课也喜欢在课本上到处画我感兴趣的动漫。但是当我开始正式接受培训的时候，导师总是系统地培训我们每一个动作的专业性。我还记得，光是拿笔勾勒线条这个动作就练习了一周，太无趣了……。后来我们学习"透视"，不断地从几何学的角度去分析"光和影"……

班上一个体育尖子生分享道：就拿足球训练来说，足球运动员大多数时间做的事情和参加比赛毫无关系。比如一个球员可能整周都在做小腿力量的训练。

……

我也回应了学生：对了，同学们都分享得非常到位。刻意练习意味着逃离舒适区，意味着"不舒服"。所以，刻意练习的第一步可能就是要牺牲自己短期的利益。

第二，刻意练习还意味着大量重复性训练。

同学们，接下来哪些同学愿意挑战一下，在 10 秒之内，读对以下这些字的颜色？

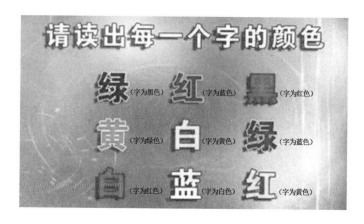

图 3-3 字的颜色与字义本身相左的示范

（每个挑战的学生都失败了很多次）

师：给同学们 3 分钟练习时间。预备，起！

（3 分钟之后）

师：哪些同学还愿意继续挑战？ 10 秒钟！

师（总结）：同学们，这一次挑战就容易多了，很多同学都能全对，这说明了——

生：需要大量重复性的训练。

师：前提是发现自己存在的不足，然后再进行大量重复性训练。

第三，刻意练习还意味着：自己找乐子——持续性地反馈。

师：研究表明，持续不断地接收到对当下工作的反馈，也是一个人"刻意练习"的重要渠道和维度。

但，同学们，问题又来了，我们不可能时时处处生活在别人的注意力之下。所以，我们要善于自己挑逗自己"好战"的神经。学习上，不可能每一个学科、每一个老师都能激发你的兴趣，你要学会把间接兴趣转化成直接兴趣。

那我们怎么才能持续不断地获得反馈呢？就要自己给自己找乐子。

比如说，奖励自己，认真听完一堂课，中午可以吃一顿小炒。

比如说，认真完成一次作业，就等于给爸妈节约一次 400 元的补课费。

比如说，考好一次，就有可能和自己的家人一起环游世界。

……

生活太无趣，但凡能坚持的人，都是自己给自己找乐子的人。

接下来，请同学们拿出一个本子，在本子上写出自己时常幻想的乐子，然后把这些乐子和你的工作任务挂钩，积极地发挥想象，并和你的好朋友分享。

以上简单地呈现了这堂课给你，我希望你能明白一个道理：单纯的时间堆砌是不能提高学习成绩的。我们同时学习了"刻意练习"，学习了"逃离舒适区"，"进入学习区"。接下来，请你自己好好反省一下，在你学习的过程中，哪些是属于无效勤奋的姿势。

我来分享以下几个，看你中招了吗？

现象一：偏科！

由着自己性子来，每次都最先学习和完成喜欢的科目，那些不喜欢的科目总是放到最后，或是偷工减料。

现象二：按部就班！

比如英语的学习，总是按照自己的学习节奏在学，明知道自己遇到了瓶颈期，可就是"讳疾忌医"，不愿意认真分析自己的问题，加大练习量。

现象三：缺少大量的练习！

尤其是理科方面，仅仅是停留在"懂"的层面，而没有达到"熟"的程度。我经常对我的学生讲："从你上课能听懂，到考试能够得分，中间隔着无数套卷子的刷题量。"

现象四：干事情没有常性！

可能就是因为缺乏及时的反馈吧，有时候就纵容了自己的心魔，以为偷工减料一次没什么，以为几天或者几次的中断也没什么。

现象五：数学定理定律不熟。

数学的知识结构很散，应该专门花时间去总结归纳，去记熟，去使用熟练。

总之，"懂"而不"熟"是学习的大忌，"熟"才能生"巧"。"懂"只是停留在了认知层面，只是学习的第一步，久而生疏，时间的碎片会砸出你知识的漏洞，你依然不会成为学习上的大咖。"熟"是在认知以后的升级，是操作层面的维度。考场上，时间卡死，每道题都有出题人预算的完成时间，容不得你细细推敲，推导，推理，容不得你在茫茫脑海中去找寻课堂上老师讲到的那个知识片段。这就需要我们"刻意练习"。

"巧"是在"熟"的基础之上水到渠成的结果。"熟"后知总结，方得巧法；"熟"后知捷径，方得巧时。"熟"后知道知识间的联系，知道平常练习容易犯错的地方，知道知识的归属和层级，自然而然就会有"巧"。

愿你能够找到自己的问题，对症下药，精进自我。

你需要有一份《学科关系修复计划》

亲爱的同学：

　　上一封信讲了要在每一个需要改进的环节做 1% 的努力和改变。这封信，我继续帮助你深化理解一下。

　　我认为任何一个学科学到一定的程度之后，都很有可能遇到瓶颈期。这是因为你按照既定的"行为路径"行事，惯于躲在自己的舒适区里面。面对这样的情况，你需要强行从自己身上剥离出一个小人（如同自己的分身），站在自己的肩膀上，时时刻刻监督自己的学习行为。

　　因为我是教英语学科的，所以我做了一张《英语关系修复计划》表格，以此为例帮助你重新梳理自己的学科学习情况。

　　这张表格之前有如下引导语。

亲爱的同学：

　　英语学科是你学习态度最好的试金石。英语成绩也是学习成绩最好的晴雨表，因为它既不像数、理、化一样，特意考查你的逻辑思维能力，又不过分介意你过去的功底。

　　无论你之前多么嫌弃她，置之不顾，打入情感冷宫，只要你任何时刻愿意捧起她，亲近她，她都会喜笑颜开。她依然愿意尽自己最大的努力，把你送上一个更高的平台。

　　但爱是相互的！如果你长期置之不理，她就会哀莫大于心死！表面上是你抛弃了她，但她也会无情地把你抛弃。你和她之间的关系真的就会到恩断义绝的地步！

　　既然是关系，除了谈到"火热"与"冰凉"，还要谈到的是"质量"。英语，这个朋友和你相伴两年了，你问问自己以下两个问题：

　　1. 你们的关系有突破吗？

2.你和她相处的方式，是一直维持不变，还是经常在调整？

找一个空闲之时，请你认真地再去靠近她，捧起她。重新修复你们的关系。让她滋养你，辅助你……

英语关系修复计划			
我现在的英语等级： 我理想的英语等级：			
		以前（used to be）	改进的措施（resolutions）
课堂上	我的注意力		
	我和老师配合的程度		
作业方面	认真程度		
听写方面	频率方面		
	订正方面		
背书方面	自觉程度 熟练程度		
笔记复习	态度与频率		
额外刷题			
亲爱的同学： 　　恭喜你！你已经做了最真诚的承诺了！正所谓"勤能补拙是良训，一分辛苦一分才"，你的每一分辛苦和痛苦，皆会因为你的成长而终有回报！加油！			

亲爱的小读者，任何一个学科学久了，你都需要做一个深度的复盘，重新审视一下你和这个学科的关系。觉得修复不好的，就改进需要改进的，每天有 1% 的改进，久而久之，持之以恒，你就是别人眼中的种子选手了。

⑤ 量体裁衣——给三类学生的学习建议

亲爱的同学：

这封信，我将针对基础优、良、差三个类型的同学，给出一些策略性的指引。

第一，对于基础薄弱的同学，我对你的"坚毅"提出明确的要求，你一定要不抛弃，不放弃。再难也只是开始的时候难，做上手了就不难了。

同时，还要对自己的学科学习有清楚的认识。你要特别重视基础，就英语而言，你要把单词和短语来来回回地听写，课文一定要会背诵和默写。看清楚我的用词——"来来回回"听写，绝对不能听写一两遍应付了事。

试想，你单词、短语都记不住、写不出，怎么还好意思谈学英语？我曾经接手了一个非常后进的"蜗牛班"，英语非常薄弱，150分的题，只能考30—40分。有一个假期，家长问我："殷老师，我们家孩子英语该怎么办？需要去补习吗？"

我说："不用！这个假期，你只需要帮助孩子把单词和短语听写5个来回即可。如果你真这么做了，孩子成绩还搞不上来，那全部怪我。"

那个暑假，我们班学生没有做常规的"暑假作业"，也没有去校外补习，而是按图索骥般地把单词听写了5个来回，听写完一遍又一遍。开学之初，每个学生交上来的作业都是厚厚的一沓本子。我瞬间感动得泪流满面。结果，我们班英语成绩果真突飞猛进，在同类型班级中常常遥遥领先。

如果你的时间吃紧，练习册上的那些题不做也罢。前提是单词、短语、课文要非常熟悉，你做得到吗？

切莫什么都去摸一摸，什么都只是弄了一个皮毛，到最后弄得单词错一大半，短语似曾相识，课文背不熟，语法模棱两可……，每一块知识都掌握不好。

你一定要根据自己的实际情况，大胆取舍。别怕，只要你是在坚持进步，多做几道题、少做几道题又有什么关系？

我以前在求学的时候，就对自己的定位非常清楚——哪些事该做，哪些事不该做，我自己非常清楚。老师一旦责问起来，我就坦言我的初心。老师不信的话，我就当面给老师证明。老师发现我能够对自己坚持的事情做到最好，也就基本不会怪我了。老师只是怕我们不用功，不用心学。

第二，对于中等基础的同学，我对你的学习习惯和学习态度提出要求。你要对自己说：

燃起心中的斗志——我要证明自己，我一定不甘于平庸。

凭什么我就不是老师眼中的优秀学生？

凭什么我就一定要屈居人后？

又凭什么我只能成为班级里面默默无闻的一个？

每颗流星都有闪光和划过天际的权利，为什么我没有？

哼！我还就不信邪了！

谁看不起我，我就要证明给谁看。

谁说我不行，我就一定要证明谁是错的。

谁要是怀疑我，质疑我，我就算背着重重的壳，也要一步一步地往上爬。

只有你激起了雄心壮志，你才可以克服学习过程中的枯燥和乏味。

每当你想要懈怠的时候，都要警醒自己为自己最后的闪耀而全力以赴。

有网友曾说过一小段话，殷老师把它引用过来送给你：

人生要活出两种姿态，

一种是发光，

一种是不发光；

不发光的时候，

都在为发光做准备。

你要坚定不移地贯彻学科老师们在学科学习上的具体要求。就班主任的要求而言，早上不要偷懒，早点起床早读，早读的时候，有聚焦，有目标，争取每天的半个小时早读都能把一篇文章背得七八分熟。还要坚持在做事情之前写《预册》，用比较严格的时间标准来约束自己，时间一到，不要拖拉，立即舍弃，果敢一点，有时候你表面上的"坚持"是没什么效率的。到晚上的时候还要写《暮省》。请你这样坚持三年，三年后你一定会得到令人欣喜的成果。

就数学而言，一定要反复复习你之前有疑问的地方，要为零散的知识找一个"家"，用"框架"去统摄凌乱的知识。英语和语文需要落在笔头，多复习多总结。

我希望你储蓄能量，坚持下去，不要打折扣。

切莫有弱势学科。如果你哪一科"瘸"，就一定要抓紧完成其他科目的任务，把大量的精力投入弱势学科。对于弱势学科的学习，我希望你思考清楚你要做些什么事。想清楚了再行动，切莫傻乎乎地埋头就去刷题。虽然会有很多策略，但你要先行动起来。

唯有行动才能解决我们的焦虑。

第三，如果你觉得你现在手里的资料学起来轻松且愉快，如果你觉得可以轻松应付平日里的各种考试，考试结果不坏，那么你就是厉害的学生。对于厉害一点的同学，我希望你要有忧患意识，要有"一骑绝尘"的魄力和追求；千万不要在"矮子"里充当"高人"，仅仅满足于现状。

我希望你不要骄傲，因为得意一时并不代表你可以得意一世。

具体到英语学科上面，我希望你能海量阅读，大量积累。如果能够背诵得多，脱口而出的东西很多，那就非常棒了。

阅读方面真的很不容易得到成就感。比方说，你费时费力地读完一本《书虫》，积累了很多词汇，发现考试没考，很悲摧，有时还不如一些中等同学通过多刷题来提高成绩有效。

但你相信我，你一定要坚持。要提高阅读和写作能力，一定要做时间的长期主义者，一定要经历"燕子衔泥"的辛勤，一定要有"众里寻他千百度""独上高楼，望尽天涯路"的过程。

这个过程就好比身处江湖，你在闭关修炼一门绝世武功，前期一直在练就深厚的"内力"。然而武林之中有很多投机分子，可能学到一招半式就开始招摇过市。但你会发现，最终大侠级别的人都是"守得云开见月明"的人，就像乔峰、杨过等。

我有一个同事，前几年我刚刚入职的时候，我常常看到她在看英语原著，如痴如醉。我当时心向往之，但又觉得这么修行很苦……。后来有一次上公开课，那个老师一开口，艳惊四座，绝对地道和流畅的口语征服了在场上千位的英语同仁。

如果你的英语还挺不错，千万不要和一些死知识纠缠，暂时放一放，没关系的。你一定要大量"霸占"阅读的高地，这对你终身有益。不信？我给你看看考博英语是怎么一回事。

一出场，就是长篇大论、令人望而生畏的阅读篇目。我算了一下，这么长一篇，读完加做题，你最多只能有 10 分钟。

亲爱的同学，我想，任何时候，只要你启动学习的发动机，只要你拥有一颗不甘平庸的心，只要你有一个精准的学科定位，只要你有想证明自己的冲动，你就能够学好。不分学习的场合和地点，世界会给有目标、有计划、有坚定意志的人让路。

举手引关注，发声增自信

亲爱的同学：

写这一封信的用意，在于我希望你能够上课多举手。

我发现随着年岁增长，班上敢于举手发声的同学越来越少了。来来回回就是那几个人。既然你不敢迈出步子，突破自我，那么我就需要在你的思想上打开一个口子。

我们首先来看看以下场景。

情景一：

学校缤纷艺术节，我们社团准备组织表演，剧本是白雪公主的故事，十几个女生叽叽喳喳地凑在一起商量角色分配。老师问：谁想演白雪公主？我想，恐怕没有人不想当公主吧，穿上漂漂亮亮的裙子，被众星拱月般地站到中间……。我很想举手，但我恰恰长得又黑又矮，社团好多女孩子的资质都比我好……。我要不要举手？好纠结！

亲爱的同学，如果面对以上情景，请问你会不会举手争取？为什么？

你可能会说，不会！怕羞，而且选不上多丢面子呀！

你也可能觉得，这个角色不适合自己。毕竟自己长得像煤炭似的，如果有一个"煤炭王子"的角色，自己可能会去争取一下。

其实，很多人都会选择"不会"。理由是不想把害怕受伤的心灵继续暴露在人面前，继续让人践踏一番。

不管你是怎么选择的，我们接下来看下面一个情景。

情景二：

班上要选出 5 名校级文明学生。小 A 很想自荐，觉得自己很适合，又害怕别人说她出风头……，内心有两个小人来回拉扯。一个告诉她应该去，"自信成就人生"；一个告诉她别去，"是金子总会发光的……，等好好表现，让老师来发现我，这样名正言顺，不是挺好的吗"。

觉察：为什么越来越不爱举手了？

同学，你有没有发觉一个现象，越长大就越不知不觉地成了"沉默的大多数"？小学的时候，老师抛出一个问题，全班同学积极举手；到了高年级，人数就少多了；到了中学阶段，反反复复看到的就只有那同样的几只手。小学的时候，生怕老师没有叫到自己；中学的时候，生怕老师叫到自己。是不是？

那我们是从什么时候开始变成了沉默的大多数呢？今天，我们就"举手"这个问题，深入剖析，一窥究竟。

就这个举手的问题，我曾经还专门在学生中做过调查。我把学生分成了两派：分别是经常举手的"举手派"；另一派是不举手的"沉默派"。我让他们都去觉察一下自己"举手"和"沉默"背后的原因。

以下是他们各自给出的理由，我相信也极具代表性，看你是不是其中之一呢？

"举手派"希望成绩好，而要想成绩好就需要老师关注自己，而引起老师关注自己的最好方式就是主动举手。

"举手派"还谈到"自信"。在众目睽睽之下举手回答问题首先就是训练"自信"的途径之一。其次，举手的时候，不容易走神。最后，举手回答问题，还可以训练自己的口才。我现在慢慢感觉到，想得很完整的东西，表达出来时往往千疮百孔。

总结起来，"举手派"的理由如下：

① 赢得稀缺的机会。

② 自信从容。

③ 赢得老师的好感。

④ 提升成绩。

⑤ 锻炼自己。

"沉默派"不敢举手的理由总结起来则如下：

① 自尊维护：害怕出错，怕被嘲笑。

② 印象管理：不希望给同学和老师留下不好的印象。

③ 不够自信：有自卑因子在影响抉择。

破局：一切心中的包袱都是虚妄

是否举手绝对不仅仅与你自身有关，还与老师上课的风格、提问的质量以及教室安全氛围等因素有关。但，同学，外在因素难以改变，改变自我才是王道。接下来，我们就来认真解除我们心中的那些包袱。

破除"聚光灯效应"——"我并不是世界的中心"。

心理学上有一个"聚光灯效应"，主要是指我们多数时候总是不经意间把自己的问题放到无限大，当我们出丑的时候总以为别人会注意到。其实并不是这样的。人家当时可能会注意到这个事，但事后马上就忘了。简单来说，就是我们自己太把自己当成一回事了，过分高估了别人对我们的关注。

这给我们什么启示？

每个人都在各自的生活围城里突围，都在觉察着自己情绪的起起伏伏，都感受着自己的悲欢离合，都面临着自己一地鸡毛的琐事。

我们并不处在别人注意力的中心，他自己才是。

擦拭："蒙尘的灯"——《绿野仙踪》启示录

你小时候读过《绿野仙踪》吗？书里面有三个非常有意思的隐喻：

稻草人：很善良，但是缺乏自信，他认为自己没有头脑。

狮子：一只威风凛凛却胆小怯懦的狮子，他想要寻找勇气和胆量。

铁皮人：没有心脏却有头脑，最后收获了心脏。

然而，老师就想问你了，你是真的没有勇气和自信吗？自信和勇气一直都在你的身上，潜伏在你身体里，蛰睡在你每个细胞里。它们并不是不存在，而是你未曾发掘过；它们并不是不存在，而是一盏"蒙尘的灯"。同学，你可以好好回忆一下，你曾经在课堂上突破自我的那些高光时刻。

殷老师这儿还想讲一下我一个学姐的故事。

静是我大学时的学姐，也是学生会副主席，做事雷厉风行，仿佛从小到大都一帆风顺，没受过什么挫折。但她跟我说，她也受过挫。初中就是班长的她，在高中入学时，很想继续做班干部，但担心直接自荐显得太出风头，于是便没有坦陈自己的意愿，而期待大家能慢慢发现她的能力。结果为期一个月的班干部试用期过去后，那些自荐的班干部干得越来越得心应手，同学们也纷纷将选票投给了试用班长而不是静。

她说，从那之后她想明白了，想要的荣誉，即使有再多人竞争也要去争取；想要参加的比赛，即使对手再强大也要报上自己的名字；想要实现的目标，即使过于遥远也要说出来。如果非得有一个人要拿到最好的，那为什么不能是自己呢？如果你拥有某种能力而没有表现出来，在他人看来，和没有能力是一样的。

你是什么样的人，很大程度上取决于你想成为什么样的人。伯乐不常有，所以与其幻想着有朝一日自己的才华被突然发现，一跃而至人生的巅峰，还不如自己为自己引荐，以赢取更多的机会。不要畏畏缩缩、思前想后，想做的事直接去做，即便一败涂地也好过从未开始。

所以，亲爱的同学，请记住以下这两句话。这是我经常跟我的学生提起的。

① 你是什么样的人，很大程度上取决于你想成为什么样的人。

② 你认为自己能做一件事，或者是认为自己不能做一件事，你都是对的。

诚如是，举手回答问题有很多的好处。我们也同时知道了，自己之前所担忧的，全部都是虚妄的心理障碍。知道了这些还不够，我们还需要从行动方面来加以改变。当你读到这封信的时候，我希望你暗自和自己较劲，为自己定一个举手的小目标。你可以专门拿出一周来，命名为"举手周"，用下面的表格激励自己；这一周，你将抛开自己的思想包袱，鲜衣怒马，野蛮生长。

举手引关注，发声增自信

我叫_____，从本周起，我决定，每天定量举手_____次；本周我决定一定要站起来_____次。
  我的勇气将是"纠结"的先锋，
  我的自信将是"自尊"的盾牌。
  我明白：成长会"出丑"；"出丑"才能成长。
  凡是成长过的人，凡是自我超越过的人到头来都会发现：
  原来的疲惫也叫充实；
  原来的坚持练就了厚度；
  原来的痛苦换来了精神承载力；
  原来的成长铸就了成功；
  原来播下的种，结出了丰硕的果。

从朱广权文化带货说起

亲爱的同学：

首先，我们来做一个现场互动。

场景设置：助力湖北武汉。

假设你是一个拥有千万粉丝的知名主播，你想助力深受疫情影响的湖北经济，想借助自己的影响力为他们的部分企业直播带货。

如何推销热干面？

如何推销藕？

如何推销小龙虾？

……

你可以合上书，好好地做一番思考。

人物一：朱广权

我们先来看看朱广权的文化带货。

直播首先是从李佳琦的直播间开始的。当晚李佳琦先线上介绍了一波湖北的美食：热干面、米酒、莲藕汤、绿豆糕……。像往常一样，也是用夸张的语气说着："OMG，买它买它买它。"

随后朱广权忽然出现，李佳琦开始正襟危坐，直播的高潮这才开始了。一上来，朱广权就来了一段震撼全场的"文艺带货rap"。

烟笼寒水月笼沙，不止东湖与樱花，门前风景雨来佳，还有莲藕鱼糕玉露茶，凤爪藕带热干面，米酒香菇小龙虾，守住金莲不自夸，赶紧下单买回家，买它买它就买它，热干面和小龙虾。

这段话不仅介绍了武汉的美景和美食，还引用了《泊秦淮》里的名句。

卖茶的时候：茶——人在草木间。

卖藕的时候：吃藕不容易变心，因为奇变偶不变，符号看象限。吃了藕海枯石烂心不变。

推销热干面：武汉是历史文化名城，楚文化发祥地，春秋战国以来一直都是中国南方的军事、商业重镇。来到武汉有很多地方值得去转，比如你可以漫步东湖之畔，黄鹤楼上俯瞰，荆楚文化让人赞叹，不吃热干面才是真的遗憾。

推销鱼糕：什么叫吃鱼不见鱼，这不仅仅是食品，还是大师级的艺术品。就像米开朗基罗在晚年的时候做出了"未完成的完成"的艺术品，是对自己艺术地位与风格的超越；多纳泰罗晚年的时候敢于做出丑的美；提香晚年创作出了黑暗的光明；贝多芬晚年作品有难听的好听。这不见鱼的鱼，同样是大师的意境，鱼糕，高啊！

推销荆州产的鸡爪：关羽大意失荆州，大家不要大意失鸡爪子了。

从38岁之前少有人知，到如今红遍网络，成为备受喜爱的"央视F4"其中一员。朱广权能够从人才济济的央视脱颖而出，正如康辉所说，他展示出来惊人的积累、知识储备，让人印象深刻，为他赢得了更好的机会。

网友说，朱广权的直播就是一个大型劝学现场，瞬间体会了"只会啊啊啊"和"落霞与孤鹜齐飞，秋水共长天一色"的区别。

同学，读书或许不能保证一个人绝对成功，但是却能决定一个人成功的上限。就连网红主播都需要文化素养作为持续成功的发动机呀。

我们再来看看企业家和演说家罗永浩、格力一姐董明珠、百度创始人李彦宏……，这些名人的文化带货。他们的带货都取得了非常不错的成绩。尤其值得说的是，董明珠带货更是了得。请问，如果没有用知识武装过大脑，没有组织行为学、管理学、经济学思维，没有个人的学识作为后盾，她能有这个魄力完成直播吗？

所以，我们不否认任何领域都有靠"运气"蹿红的人，但在网红、直播带货都需要知识助力的时代，社会依然崇拜知识的价值！

人物二：乌镇饭局大佬

读书无用，是这个世界上最大的谎言。说读书无用的人，最喜欢拿少数高学历的落魄者和更少数低学历的成功者来对比。其实，这是一种"幸存者偏差"，只看到个别人的特殊性，没看到大多数人的普遍性。接下来，老师要介绍一个著名的饭局——乌镇饭局。

饭局里聚集了一众大佬，身家响当当，学历更是响当当。

美团的王兴，毕业于清华大学；

快手的宿华，毕业于清华大学；

小米的雷军，毕业于武汉大学；

今日头条、抖音的张一鸣，毕业于南开大学；

……

能在一个行业做到顶级的，哪一个没有文化呢？

从这一点大家又能总结出什么道理呢？

大家可能会说：

学历是最好的敲门砖。你或许也能意识到，读书学习是实现阶层跨越的最好方式。你现在也可能开始提醒自己，不要被"幸存者偏差"所误导。

不管怎样，我觉得至少有两点大家必须承认：

第一，那一张看似轻飘飘的文凭背后，奠定的是你未来发展的竞争力；

第二，这个世界上最有可能成功的那些人，都有经过良好系统训练的大脑。

你赞同吗？

人物三：曾国藩

你可能会说，老师，这些人天生优秀，他们似乎一出生就被上帝亲吻过一样，什么都走在前面，我这种生性愚钝的人能行吗？

为了回答这个问题，我今天还请出了一位大佬。这位大佬最近也是在人群之中掀起了一股热潮啊！人人都在读他，似乎没读他的人都有点掉价一般。这个人是曾国藩，晚清第一名臣。

晚清众名臣名士里，李鸿章17岁中秀才，张之洞16岁中秀才，左宗棠14岁中秀才。曾国藩被认为是中国近代史上最后一位大儒，却考了七次才中秀才，还是倒数第二名。

曾国藩自己也常说"吾生平短于才"，"秉质愚柔"。读书做事，反应速度都很慢。他曾这样说自己：

"他人目下二三行，余或疾读不能终一行。他人顷刻立办者，余或沉吟数时不能了。"

什么意思呢？

看书，别人都看了好几行了，他一行还没看明白。办事，别人很快处理好了，他想半天也没想清楚。

他有多慢？有一个小故事可以说明。

少年时期，曾国藩在家里读书。其中有一段大概有300多字，需要背下来。可他读了很多遍，就是记不住。一直到夜深了，急得梁上的贼都受不了了。原本那贼是要等他读完睡觉，好偷点东西的，结果实在等不下去了，就跳到他面前，说："就你这么笨还读什么书？我听几遍就会背了！"

然后，贼人自己背了一遍，扬长而去。

这么笨的人，按理说，要泯然众人了；可他那一辈人里，偏偏是他成了最后一个大儒。

亲爱的同学，你觉得他凭的是什么？

答案显而易见了。对，就是勤奋读书。愚钝的曾国藩之所以开窍，靠的就是读书，且持之以恒地读书。他坚持做到了以下三点。

①　早起。

黎明即起，绝不恋床！

②　耐烦。

一句不懂，不看下句。今日不懂，明日再看。今日不精，明日再读。

③　持之以恒。

每日早起读书，从不间断，甚至在后来的行军打仗中也不例外。

他成了时间的朋友，成了时间的长期主义者，最后，他就成事了。

曾国藩曾说了这么一句话：

人之气质，由于天生，本难改变，惟读书则可变化气质。

读书，犹如站在巨人的肩膀上，俯视一切。读书多了，学得多了，气质谈吐自然改变。这种气质，是胸有成竹的自信从容，是一览众山后的不卑不亢。就像董明珠一样，不美也依然飘香，不美也魅力四射。学习，是人生成功路上唯一的捷径。吃不了学习的苦，就要吃生活的苦。

今天列举了三类人物，来对大家"劝学"。

朱广权告诉我们：任何领域都有靠"运气"蹿红的人，但在网红、直播带货都需要知识助力的时代，社会依然崇拜知识的价值！

乌镇饭局大佬告诉我们：这个世界上最有可能成功的那些人，都有经过良好系统训练的大脑。读书和学习绝对是实现阶层跨越的终南捷径。

曾国藩告诉我们：在学习方面，即便你"秉质愚柔"，也依然要坚持走在自己的节奏里，成为时间的朋友。

你必须知道你好在哪里，差在何处

亲爱的同学：

我先给你讲一件我曾经经历的事。

数学测试结果出来了，数学老师也把成绩单发给了我。有几个孩子的成绩异常亮眼，直接撩起了我兴奋的神经，宛如清晨喝下了一杯浓烈的咖啡，瞬间提劲！要知道，他们几个恰恰是我特别关注的孩子，也恰恰是一直在数学上面没有多少信心的那种孩子。"小荷才露尖尖角"，作为班主任的我，一定也要顺势表扬一番，可谓"好风凭借力，送我上青云"嘛。我就希望自己是学生的那股"力"。

于是，我在晚自习的时候依次找到了他们。

孩子 H 刚刚坐定在我的手边，我正欲开口表扬，像往常一样。但我突然打住了！我心想：这次要不换一个方式，我不直接表扬，我听听他们是怎么说的。

于是，我问："听说，你这次的数学考得非常不错？"

"嗯！挺好的。"

孩子 H 面露喜色，一定心想，原来殷老师也得知我的英雄事迹啦。

我接着说："你给殷老师说一说，相较于期中考试而言，这次你为什么考得这么成功？"

孩子 H 马上接过话茬："因为上面的题我都会做啊！期中时好多知识点我都没复习到位。"

很明显，孩子看到的只是表象，归因也极为外在。我很希望他能看到分数以外的更多东西。于是，我又说："这样，你先别说话，老师给你 3 分钟整理一下思路。和期中好好地做一个对比和总结，然后再条分缕析地给我分析一下。"

就如同好车不能光看提速器，也一定要看刹车片一样；思维快了，也不一定是好事，有时候需要放一块"刹车片"，使之慢下来。这就是"思考快与慢"的辨证关系。

"老师，我想好了。"孩子 H 打破了一小会儿的宁静。

"那你说。"

"首先，我觉得这次过失性丢分少了，而期中考试很多。其次，我感觉期中考试的时候，我心里很慌，这次是周考，心态不急……嗯……还有，就是……这一章节卷面上的很多题我都会做。"

孩子 H 说了很多，我也认真地倾听，尝试着采撷一些好果实来"酿"下一个话题。可惜，我耳朵紧紧跟踪了很久，依然没有在众多话语中找到有价值的"果实"。我很惊讶。

于是，我又找了另外一个同学，问了同样的问题。其实，情况也真的如出一辙！我心里为之一颤！

后来，我尝试着引导他们从最近一段时间听课的状态、作业质量、复习密度等方面做了对比，他们才慢慢地发现了自己最近成功的很多"迹象"。我鼓励他们要坚持下去。

这件事给了我很大的触动。

啊，孩子们原来并不是很清楚自己是怎么成功的。他们往往稀里糊涂地失败，又迷迷茫茫地成功。他们长着秋水般的澄明的双眸，实际上却像雾里看花，水中望月。

亲爱的同学，我们应该怎么看待自己大大小小的考试呢？说小了，这是学习；说大了，这是生活。我们不能不明不白地混混沌沌地过日子啊，更不能不知道自己是怎么成功和失败的啊！考好了，高兴的同时，要驻足而立，屏息凝气地思考——这次是怎么成功的？考差了，悲伤之余，更要看到一种"机会"。危机危机，危中含有一个"机"字，转换好了，自然就有机会。转换不好，空留惆怅和悲切，下一次成功与否，全靠赌！谱写命运之歌的人永远不是自己。

接下来，我尝试着教会你归因。

从宏观角度分析

学习态度

最近学科学习状态如何？

是懒懒散散、松松垮垮，犹如养鸡场没见过阳光的瘟鸡，还是奋进昂扬、越挫越勇、闻过则喜，恰如满山遍野中生气勃勃的矫兔？

如果是前者，就要进一步思考：

最近是有哪些凡尘俗事扰乱心绪？或者是生命周期自然过渡到了消沉的"那几天"？

如果有"三千烦恼丝"萦绕，自然需要理顺，建议你直接把生活中令你分神的事情处理妥了再上路。如果是自然周期，那么不妨切换注意力，干脆球场挥汗一下午，赛道快跑十来圈。

课堂效率

课堂绝对是主战场。

反观自己注意力是集中，还是处于昏昏欲睡的状态？

反观自己是积极思考，还是被拖着往前？

反观自己是否 Get 到了老师讲的重点难点？

如果你上课昏昏欲睡，那么你就要调整一下自己最近的睡眠了。

如果你是被拖着走，而不是积极思考，那你就要警觉，你的努力很表象，而且只是"就题论题"，如果题目稍加迁移，你就如入迷幻梦境，好似爱丽丝梦游仙境一般。依据我的经验，积极思考的状态是，老师说前一句（前一步），你能够回应下一句（下一步）或者后几句（后几步）。

如果你在写《暮省》的时候，能像放电影似的，把老师当天课堂上讲的重点难点捋出来，那当堂课的效率也是可以得到保障的。

课后作业

你需要思考，作业是做得潦潦草草，咋咋呼呼的，还是做时兢兢业业、细致入微呢？

你需要思考，你是把作业当作负担呢，还是当作检测自己的工具呢？

你需要思考，你是不是有效地控制了自己的"失分率"，提升了自己的考试力呢？

……

我打个不恰当的比方，"课后作业"与"考试"宛如亲生父子。课后作业都极为费劲，且质量不高的话，那你还有什么颜面、什么资格去面对他的"老子"呢？

从中观角度分析

从中观角度做以下因不会做而丢分的分析。

基础知识类：

① 是不是公式、概念没背熟，不熟悉？

② 是不是理解不够深入？

③ 是不是掌握不够全面？

能力题类：

① 是自己缺少思路，缺少方法？

② 是自己题型生疏，时间不够？

③ 是自己完全不能理解？

④ 是不是自己迁移能力差？

此外，再做以下过失性丢分分析。

① 是审题不认真？

② 是不是答题不规范？

③ 是自己算错和写错比较多？

④ 自己犯了很多无厘头的错误？

中观的角度，就是以学科知识体系为参照，去思考自己是哪些板块出了问题，如此才能对症下药。

如果是概念不熟，理解不深入，那多半是课堂听课环节出了问题，被动，被拖着走。

如果是自己迁移能力差，那证明你练习得根本不够！

如果是缺少思路，缺少方法，很有可能是因为没有对某些思想（如数形结合、化归思想）进行刻意的归类与总结。

如果是题型生疏，那很有可能是复习密度出了问题，做一点丢一点，学一章忘一章。

如果是过失性丢分，那也需要对症下药。

如果是审题不清，那就要遵循"慢审题，快作答"的原则。

如果是答题不规范，那就要听老师的话，杜绝傲慢自大！

如果是算错比较多，那是运算能力出了问题，今后需要限定时间刷题。

如果是出现很多无厘头的错误，那一定就要专注做题，杜绝东张西望、分散注意力的行为。

从微观角度分析

从微观角度分析，即你要分析清楚，你是如何考的！

①　做题的时候，情绪状态如何？是紧张还是从容？

②　做题的时候，有思维痕迹吗？有没有勾画出所有的条件和变量？

③　时间规划合理吗？有没有在容易、中等难度、偏难三档题型上有策略地分配时间？

……

亲爱的同学，高手通常能看到别人看不到的那些细分领域，就好比牛顿能用一块三棱镜把稀松平常的光，分解成这么多光谱一般。你也确实需要拿着一块三棱镜，去分解一次看似平淡无奇的成功或失败。

成功时，想想自己为什么成功了；失败了，就想想如何从一次"危机"中找到"转机"的方向。

一张奖状？ NO！——什么是属于你的高贵荣誉？

亲爱的同学：

　　这封信老师跟你谈谈"荣誉"的问题。

　　首先给你讲讲我从小学到现在对"荣誉"的感受，不知道你是不是有同感。我刚入小学的时候，特别在乎"荣誉"，老师们也用"小红花"和各种类似的东西来激励我们。每当老师宣布"一周一星"的时候，我都特别在乎，总希望老师能够念到我的名字。那时候，如果自己能够站在讲台前，从老师手里接过那朵薄纸剪成的小红花，那将是无比自豪的事，比吃了蜜还甜！每当颁奖的时候，每个同学都像嗷嗷待哺的小燕子一样，眼睛里散发着渴望的光，都希望老师能够把小红花发到自己手里。

　　每次，只要得了小红花，我都会喜滋滋急匆匆地跑回家，马上把这激动人心的事情告诉爸妈；有时候，我恨不得拿着高音喇叭，向全村的人宣告——我得小红花啦！"小红花"是属于我们那个时代的荣誉，是优秀的证据！

　　后来，随着生命年轮一圈圈增长，我发现自己并不那么在乎这类"小红花"了。如果初中老师还在发"棒棒糖"给我们，有些同学甚至会嗤之以鼻——啊？这么寒碜！高中的时候，我已经不再满足于班内"表扬"了，有时，我甚至想受到年级表彰！到了大学的时候，只有得到国家奖学金的那一刻，我才欢喜了一阵！到现在，单位发放的各种"证书""聘书"，更是随手翻一翻，就丢在抽屉里了，连发朋友圈的兴致都没有！那种喜悦感甚至不如小学得到一朵"小红花"来得那么热切！好像这个社会给我们发出的"证书"太多，但是真正的"荣誉"却太少，表扬多，荣誉少。可以说，现代社会"荣誉资源"很稀缺！

什么意思呢？前两天听逻辑思维罗胖（罗振宇）谈起与他们公司 CEO 脱不花（李天田）的一段闲聊，给了我一些启示。

民国时期，胡适、蔡元培等这样一些学界名流大咖拿到了名誉博士，那是了不得的，这是对一个人社会声望的加分。但今天呢？博士帽满天飞。

据说，拿到一个博士学位，大家已经不觉得怎么令人"惊艳"了。

为什么呢？

一方面是社会在圈层化，一个圈子觉得很珍贵的荣誉，另一个圈子完全无感，另一方面就是老师刚刚提到的，证书很多，但荣誉很少，证书稀释了真正的荣誉！

那问题就来了。还有什么荣誉是这个社会的"硬通货"，是无论在哪个圈子都普遍受到尊重的呢？

脱不花说，可能是这样东西，就是坚持。我深以为然！

你会发现，就算在这个时代，只要一个人用强大的意志力长期坚持做一件事，还是会得到尊重的。正如一位网友说的，这个时代常常令我们热泪盈眶的，已经不是那种简单的助人为乐的故事，而是一个人为了一个目标，能长期地约束自己做出别人做不到的事情，坚持在自己道路上的故事。

"坚持"是一种高贵且稀缺的"荣誉"！

回过头来看我们的学习，随着时间轴的拉长，随着你生命年轮的增长，终究有那么一天，你会对老师评选出来的"优秀作业"不那么敏感了；终究有那么一天，你会对老师发放的"奖学金"不那么渴求了；终究有那么一天，你也会对社会奖励给你的"荣誉证书"不那么看重了。但是，你依然会觉得"坚持"的姿态很美。

愿亲爱的你，在追梦的旅途上，把"坚持"书写成一种高贵的荣誉。

眉毛上的汗水，眉毛下的泪水

亲爱的同学：

如果此时的你正在经历着某种学习的煎熬，如果此时的你总是"学而不得""求而不能"，如果此时的你正准备打退堂鼓，有放弃的冲动，那么这一封信你要好好读完。我要讲述一下我的故事，说不定你看完之后能为之一振。

高中三年的生活，让我痛不欲生！

印象中，基本没有成功的体验，除了最后一锤定音那一次。

整个中学阶段，我传递的外在形象就是"默默无闻""严谨治学""勤奋有加"，但考出来的成绩却和外在的形象形成了强烈反差。各种错误层出不穷，宛如雨后春笋，势头强劲，按都按不住。

最要命的是数学！数学一直都是我不愿意提及的软肋，我对它一直处在似懂非懂的边缘。好在我执着，越是学不懂越往死里学，硬是凭借着专劲，把数学从垂死的边缘"抢救"了回来。但抢救回来的毕竟不如原生态的好，跟身体健康状态一样，总会出现这样那样的问题。这次立体几何得分了，概率统计又算错；下次概率题做对了，立体几何又出错；再下次，概率题和立体几何都做对了，函数的坐标系又看错……

我非常努力，而且我非常喜欢我的数学老师杨老师。他经常鼓励我，让我觉得我必须抓住一切机会，向他老人家证明，我没有辜负他。

但是，越是想证明，就越不能证明。

整个高中三年，如果数学有 100 次考试，那么起码 90 次都是很糟糕的分数。我的数学学习经历异常曲折。

我表面风平浪静，内心万马奔腾：

不应该呀，我明明这么努力！不应该呀，我明明这段时间做什么题都很上手！

不应该呀，学习态度也很端正，错题集之类的整理得工工整整，而且经常翻看笔记！

……

唉，又失去了证明自己的机会，杨老师会不会因此小看我了？杨老师会不会觉得我是烂泥巴扶不上墙？……

我经常会这么胡思乱想，总觉得老师会小瞧我。

最关键的是，一个长时间考不好的人有时都慢慢忘记成功的滋味是什么了。那段时间，我想考好已经想疯了，想证明自己已经想疯了，疯到什么程度呢？我有写日记的好习惯，我还在日记本上写下了"千古奇文"《我若为状元》。文中幻想着高考高中状元的各种场景，幻想各种春风得意，幻想各种和老师同学见面时的故作谦逊，幻想在接受媒体采访时的忸怩作态！

……

记得高三的一模考试，是每个老师、每个家长、每个学生都非常看重的一次考试，因为据说这次考试的难度系数和高考差不多，对于预测班级和学生个体情况很准。我也"磨刀霍霍向一模"，心想自己已经低迷这么长时间了，该爆发了！关键是我觉得我有满满的能量可以爆发！还是那句话，越是想证明自己，越是事与愿违。我居然忘记填涂机读卡了（那时候机读卡和卷子是连在一起的）！

又一次失败！恰恰也是数学！

二模来了，这次题很简单，据说这是要给大家提振信心的。我又考得很差！一个人踽踽独行在校园里面，看见谁都想躲，简直觉得没脸见人。

而这时恰巧遇到杨老师。

杨老师骑着摩托车，主动跟我打招呼："殷振洋，考得如何？"

我马上收起沮丧至极的脸，气定神闲地告诉他："没考好！"

"没关系，又不是高考。是不是要回家？来，骑上来，我送你。"

杨老师主动邀请，我也就爬上去了。

一路上，彼此都没说话，但我觉得我好对不起杨老师，我好想抱一下我亲爱的杨老师，但我天生腼腆害羞。

也是客客气气地道了别，我目送老师骑车走远。老师以为我也要回家，但是没有，我跑到几里地远的田坎上大哭起来，宣泄心中的沮丧懊恼。因为这一次我实在不想把坏情绪带回家了，我实在不想当着我妈妈的面在地上打滚了，我也实在不想骗我妈妈我的成绩上重点线了。

过后，我都不知道我是怎么熬过去的，反正很难过，但是没想过要去死。因为我还没谈过恋爱，心里面还有暗恋的对象，也没吃过很多好吃的，毕竟贪念这个花花世界嘛。高考，只有老天知道我会考第一名，反正我预先是不知道的；高考，只有老天知道我数学会考 132 分，反正我预先是不知道的；高考，只有老天知道我会成为我们镇上唯一一个上 600 分的，反正我预先是不知道的。就这么逆袭了。

后来我决定当老师，当班主任，我想跟和我相似的学生分享我的故事，并成为下一个杨老师一样的人吧。我过往的经历也让我极为关注那种具有奋斗精神且拥有打不死的"小强"精神的学生。

最后几句话，送给你：

①　不到最后，谁都不知道会发生什么。就像我，谁知道我会成为我们镇上的状元？（嘻嘻，范围有点小，但确实是）

②　老师不会因为你屡考屡败而看不起你，相反会鼓励你。

因为老师要是看不起自己的学生，那就证明老师膨胀了，这是危险的。

③　眉毛上的汗水和眉毛下的泪水，你选择哪一样？希望你选择两样，那眉毛下的泪水一定是幸福的泪水！

④　生活的艰难是一种磨难，在暗处滋养了我们。

这封信献给奋战在备考追梦路上的你。

11 多考几分，会不会改变人生？

亲爱的同学：

在你真正走上考场之前，我还想给你讲一番道理，但这番道理需要你自己参悟。

首先给大家讲几个实验，这几个实验都围绕着一个问题展开——多考几分，会不会改变人生？

我们先来看实验一。

实验背景：

国外一个叫耶尔马兹的少年，遗憾地差了两分没有被他梦寐以求的学校——纽约史岱文森高中录取。（备注：史岱文森高中，你可以想象成我们西南大学附中）这所学校的学生大多数能够考上全美排名前20的名牌大学。（你考上了西南大学附中的高中，也就相当于一只脚踏进了重点大学，因为附中的重点大学升学率为91%。就这一指标而言，重庆其他中学无出其右）。然而，能考上史岱文森高中的人只有约5%。

耶尔马兹当然永远没有办法回到那次重要的考试并且多拿两分，毕竟人生之路永远只是单程票，不可能再来走一次。

没有进入史岱文森高中，以后还能考上名牌大学吗？

经济学家们想出了实验办法。

实验一：

参研人员：来自麻省理工学院和杜克大学的研究团队。

研究对象：史岱文森高中某年录取分数线上下的学生数百人。

研究方式：对照实验。实验组为录取分数线上学生；参照组为因为几分而落榜的线下学生。

研究内容：考察他们大学预修课分数、学术能力评估测试分数、最终进入大学的排名。

研究结果：分数线上下的学生在以上几项指标上得分难分高下，最终就读的大学都是排名相当的名牌大学。

同学，这一个实验有没有让你好受一点呢？有没有给你吃下一颗定心丸呢？我们从这个实验中能够收获什么启示呢？我觉得至少可以得出以下两条结论：

① 好的中学也并不一定能够让我们最终考上更好的大学。

② 在哪儿读书似乎并不那么重要，重要的永远是自身的水准。

我们再来看实验二。

实验二：

研究对象：哈佛大学毕业生和宾夕法尼亚大学毕业生。（你可以想象成北京大学和四川大学的毕业生）

研究内容：毕业后10年的年薪收入。

研究方式：研究平均工资数据。

研究结果：哈佛大学毕业生平均年收入为12.3万美元；宾夕法尼亚大学毕业生平均年薪为8.78万美元。

从这一个实验，我们又能得到什么启示呢？

你可能会说，好的平台对我们的人生发展还是有影响的。

你也有理由认为，一个人的收入水平还是与个人能力发展相关的，毕竟当初他们被录取的时候，哈佛大学的分数线肯定高于宾夕法尼亚大学的分数线，从而也就甄别出了他们的能力水平。

我们最后再来看看实验三。

实验三：

参研人员：经济学家斯泰西·戴尔和艾伦·克鲁格。

研究对象：一群考过哈佛大学录取分数线的精英学子。

研究方式：对照实验。将这一群考过哈佛大学录取分数线的学子随机分成两组，一组进入哈佛大学，另外一组进入宾夕法尼亚大学。

研究内容：职业收入。

研究结果：？

大家可以猜一猜，两组学生哪一组的平均工资水平会更高？

你可能会猜，也许是上哈佛大学的那一组吧？

你也可能会说，也许都差不多吧？

答案是，就职业收入而言，他们难分伯仲。这又可以告诉我们什么道理呢？

同学，其实综合以上三个实验，我们可以得出以下结论：

第一，多考几分不会让你一飞冲天；少考几分也未必让你一败涂地。

第二，平台并非想象的那么重要；真正重要的，永远都是你所具备的学习能力和学习品质。

第三，学校教育就好比火车月台票，只是给我们进入月台的机会，但是去哪一个方向、在哪一站下车全靠个人。

在你求学的日子里，每个老师都叫你"全力以赴"，尽量考上一所好的中学和大学；现在临近考试了，老师们却叫你"顺其自然"。

原因非常简单，因为"全力以赴"是一种积极向上的人生态度，中学阶段种下这一颗人生积极向上的种子，将会在你未来的时光当中产生无穷无尽的威力，因为中学阶段培养出来的这种人生态度最容易"迁移"。所以，不管你是在重点高中还是在普通高中，也不管你是考上北京大学还是南京大学，你都会燃出绚烂火花。

俞敏洪曾打了一个比喻：文凭不过是一张火车票，清华的是软卧，本科的是硬卧，专科的是硬座，民办的是站票，成教的是在厕所挤着。火车到站，都下车找工作，才发现老板并不太关心你是怎么来的，只关心你会干什么。

任何老板都想用全力以赴的人。这一点，希望你明白。

而"顺其自然"也并不是两手一摊，无所作为，它是竭尽所能之后的不强求。毕竟你不能左右人生所有的"局"，你不一定能"破局"，但因为有了"全力以赴"的态度作为生命的底色，你终究是有

"格局"的。

所以，时至今日，回首中学三年，你未曾因虚度年华而悔恨，也未曾因为碌碌无为而羞愧，那么你方可大大方方、顺其自然地进入这个赛场，考好考差都似乎没那么重要了，我不希望你背负太多的负担和责任去考。

如果你确实曾经虚度年华和浪费时间，那你更没有负担了。考好了，应该感谢老天爷用金蛋砸中了你；没考好也自然是情理之中的事。也许，你需要经历一次刻骨铭心的失败之后，才能够明白"全力以赴"的价值。任何时候明白，且始终如一地践行，都能成才。

你的爸爸妈妈可能也是这么想的：从来不要把中高考当成是人生成败的赌注。老师和家长都只是想让你在足够年轻的时候体会一次"全力以赴"。

12　没有丧失战斗意志，就永远没有失败

亲爱的同学：

这封信我想给你讲我劝慰一个学生的故事，希望对你有所启发。

我曾有一个学生在《暮省》里写道：

"……在数学学习上，我真的很丧，感觉无数次地努力之后，又无数次地不尽如人意……"

看到后，我立马询问了数学老师该生的学习状况。

数学老师告诉我："这孩子状态其实很不错，而且很勤奋，感觉其实就差一口气。只要她能坚持下去，她一定会是班上第二个ZZY（一位很努力的学生的姓名代号）。"

"只差一口气。"

听后，我放心多了，只是一口气的问题，憋下去了则成；蔫下去了则败。在这个关键的时间节点，我一定要为孩子鼓鼓气，让快泄气的精神气球能重新饱满。于是，我在晚自习的时候，把学生找出来，问道："最近《暮省》里谈到的那个词'很丧'让殷老师都感觉不好了，是不是感觉很泄气，很失败，很无语，很无意义？"

孩子点点头，眼神有点"飘"，并不那么聚焦，似乎以为我要责怪她。

接着，我继续问："你告诉我，一个人什么时候才算真正的失败？"

"就是怎么努力都无法成功嘛。"

"哦?！那我问你，海明威笔下的圣地亚哥老人，几十天漂泊在海上，终于捕获了一条巨型大马林鱼，最后又被大马林鱼拉着在海上漂泊了两天两夜。这个时候，你觉得老人算是成功了还是失败了？"

由于语文课本里最近才讲了《老人与海》，所以，我简单地提到这个故事情节，孩子并不感到陌生。

"成功吧。"

"那最后因为血腥味，引来了大鲨鱼，又把老人的战利品吃掉了，只剩一副鱼骨架。老人拖着疲惫的身躯，筋疲力尽地回去了，一无所获。他白白浪费了这么多时间。这是成功了还是失败了？"

"还是成功吧。精神可嘉嘛。"

我大加赞美了老人的精神品质，也让孩子有了心里预设。她给了一个我想要的答案。

"哦，可见，你也觉得成功和失败似乎并不仅仅只是看'结果'，更要看重'过程'，对不？"

"嗯！"冰雪聪明的她肯定明白我的意思了。

但我还是忍不住继续讲了一下拳王阿里的故事。

"最后，殷老师给你讲一个关于坚持的故事，希望你听了以后好受一点。"

话说当年的拳王阿里有一个劲敌叫乔·弗雷泽，他们俩有三场著名的世纪大战。

前两场双方打成了平手。到第三场最后一个回合时，双方都已经打得筋疲力尽，他们心里想的都是"不打了，认输吧，再上场就真要被打死了"。

据说，当时阿里跟自己的教练说："我们把白毛巾扔出去吧。"在拳击比赛当中，扔白毛巾就代表投降。

教练就问阿里："你真不想再坚持一下了？"就在这个时候，对手乔·弗雷泽的教练先一秒钟把白毛巾扔进了场内。于是，阿里成了全美冠军拳王。

有一个经典的定义：战争什么时候结束？战争是以一方失去战斗意志结束的。

有时候，撑不下去的时候，想一想这两个故事，或许能让你更顽强坚韧地面对你的学习和挑战。

13 野百合也有春天——一个职教生给我的启发

亲爱的同学：

这封信我想给你讲一个职教生的故事，希望能给学习不理想的同学带来一些启发和信心。

我曾有一个学生，初中那会在一个后进班，后来因为成绩实在没法看，中考后去了一所职高。

在刚去职高那一阵，他念旧，常给我留言。开学初，他幸福地留下一句："老师，你知道吗？我'当官'了，你猜我当的什么？"

"这么兴高采烈地跟我汇报，肯定是当的大官，班长还是团支书？"我也好奇地打了一串字过去。

"不是，那些'大官'怎么是我们这些小角色能够触碰的？我当的是英语科代表！"我都能感觉到，在手机那头他溢出的喜悦之情。

"啊？这是我万万没想到的！……恭喜你！"震惊之余，我还是鼓励他好好干，成为老师的助手。

我心里面一咯噔：这种成绩也能当科代表？要知道他以前在班上考英语的时候，很难及格呀！他也似乎嗅出了我的疑惑，忙补一句："你可别小瞧我，我可是我们这个班英语最好的哟！这群同学在初中压根就是混过来的。我好歹还在你的督促之下记了好些单词和短语呀。"

我想也是。跟很多趴着睡觉、混日子、"专业陪跑"的人相比，他虽天资钝、反应慢，但好歹还是在学呀。

他"当官"这个事，我是压根没往心里去，也没做任何联想。岁月的喧嚣一压上来，就更没有时间去回味他这个职教生的留言了。

前段时间，我又收到这个学生的留言："老师，你知道我在干什么吗？"

此时，我正如厕，就跟他闲聊起来："我不知道，那你知道殷老师我在干什么吗？"

"哈哈，你还是这么幽默。我不知道你在干吗，但我想告诉你，我要去瑞士学习啦！我们这个专业呀，要在瑞士学习才有前途……。老师让我抓紧把英语提一提，我在背四六级词汇呢！"

一阵聊开去，我甚至都忘了双腿蹲麻了，因为我也开始兴奋了。

这孩子，当上了英语科代表以后，信心大振，基本上成了老师的门前客，时常跟老师打照面，帮老师打下手，也自然得了老师们的指点和提携。如此一来，他的专业成绩开始后来居上，英语成绩则一直保持优势，而且越学越好……

留学，恰恰需要遴选英语过硬且专业优秀的学生，他毫无悬念地被推选出来。

在问到他未来的打算和出路这方面时，他得意地留下一行字，简洁明了：

"留校吧！镀金回来，可能会往高职专科学校靠。"

收起手机，站起身，我才顿时感觉到两腿发麻，不得动弹。我扶着墙，尽量想回忆和他的过往——

遗憾！画面实在太少。我以前浮躁，到初三时，压根没把过多的心思放在这类不是"人头指标"的学生身上。以前，因为要求平均分好看，也顺带着把这类学生训了训，抓了抓！

我的思绪实在太多，需要捋顺一下：

信心实在太重要。

你能成为一个什么样的人，很大程度上取决于你想成为什么样的人！

你认为你能做什么，或者不能做什么，也许都是对的。

人生不设限。

纵然去职高，也可以高调。

谁能想象一个之前不入流的学生也能有自己的春天！

你所把握的当下，也许就是明日的资本。

你所吃过的苦，也许就是明日的甜。

老师对学生的影响有时候是一辈子的。

不同年龄段对"严"有不同的理解。

由内心而发的善意，无论以什么形式呈现，终有一日都会化为一股暖流为学生所铭记。

我把这个学生的故事告诉了班上的学生，学生听了也非常震撼，也似乎看到了希望。

我同时也做了如下总结：

"……同学们，英语和语文是学习态度的试金石，和勤奋密切相关！一个人能走多远与语文相关，一个人视野的宽度则与英语相关。

"我能为你做的事情就是帮你树立在英语学科方面的自信心。我有一个梦想——无论你以后走到哪里，都有自信的资本——'我英语还可以！'。

"任何时候，当你因为英语而骄傲时，我希望你能够想起我曾经做出的努力——那我就会露出满意的微笑了。"

学出一种精神——荐读《追梦笨小孩》

亲爱的同学：

　　你在学习中有没有一种打不死的"小强"精神呢？如果你拥有了这样一种精神，我觉得你在任何领域都有可能创造奇迹。这里，我要给你分享一个故事，叫作《追梦笨小孩》，作者是一名初中政治老师。

　　身为一名初中政治老师，每学年要上少则 4 个班、多则 6 个班的课，记不清学生名字很正常。可我偏偏记住了崔安然。

　　那是我新接手的一届初三。在重点班上课相对轻松愉快，学生机灵又认真，课堂气氛往往热情洋溢。偶有个别拖后腿的同学精神涣散，我也睁一只眼闭一只眼——临近中考，大势已定，每年总有十来个学生无缘高中的大门。

　　崔安然便是一名早早被"宣判"落败的学生。可她和那些同样跟不上的同学又不太一样：别人上课昏昏欲睡自我放弃，她眉头紧锁一脸严肃；别人下课撒欢儿，她不是逮着老师提问就是在去办公室问问题的路上……

　　第一次对她刮目相看，是我在某节课上讲国有经济，进而举例说了几家国企，并且随口建议道："大家周末可以去坐坐咱们西安的地铁，找找车型的简介，看看是哪个厂生产的。"一般这种"实践作业"，学生是不放在心上的，可没过几天，刚一上课，崔安然就主动跟我讲，她去坐了地铁，并且询问了工作人员，搞清楚了车型和生产单位。我当时愣了一下，回过神来立刻表扬了她："全班只有崔安然把我的话当回事儿吗？！你们是不是都忘了这项作业？！"

后来我发现，无论是听讲的专注程度还是写作业的认真程度，崔安然都是让人挑不出毛病的那个。然而，辛苦付出并没有换来满意的结果——背诵默写她总是磕磕绊绊，讲过的题目再做一遍还是错误连篇，每次大考小考，她永远破不了班级后五名的魔咒。

我百思不得其解，崔安然明明很努力了啊！终于，当我口干舌燥地帮她分析完又一张不及格的试卷后，回到办公室我便忍不住咆哮道："这个崔安然到底是什么路数？为啥费了半天劲儿成绩还是没有起色？"

一旁的历史老师接茬："上次清明小长假，我让大家整理近代史部分的笔记，别人都是两三张纸就搞定了，你知道崔安然写了多少页吗？"

我摇头。历史老师略显无奈地笑了："56 页……"

啥？！我一脸震惊。

数学老师干脆总结性补刀："崔安然啊……就是单纯的脑子笨。"

我记住了这个笨小孩。听隔壁班的学习委员王梦茹说，她俩是发小，上小学时崔安然在学习方面就认真而吃力。"哎，我有时都看不下去，老师，你不知道她有多用功。"王梦茹叹口气，满脸心酸。

终于，班主任见我为崔安然操心操得焦头烂额，替我解开了谜团："她小时候身体差，能学成这样已经不错了。她妈妈的意思是，只要她以后能自力更生、不给社会添麻烦就满足了，你也不要太着急。"

我开始格外关注崔安然：明明是瘦弱的小姑娘，身体里却像是有使不完的能量，居然可以在面对学习中大大小小的挫折时波澜不惊，一往无前地继续努力。换作是我，可能早就像班里其他几个成绩垫底的同学那样，佯装看破红尘、诗酒趁年华了——反正也考不上高中。

距离中考越来越近，很多基础较好的学生已经不愿意专心听讲，而是埋头苦攻自己手头的资料了，我上课也是以补充和答疑为主。一次讲到人民公社，看学生饶有兴致，我便故意留了悬念，让他们回家自己上网查资料，下次上课时给大家复述。毫无疑问，这项口头作业照旧没人放在心上，除了崔安然。

当然，并没有奇迹发生。她的口头表达能力和她的学习能力同样不佳，一个简单的概念，她组织了几遍语言都讲不清楚。眼看同学们就要丧失注意力和耐心，我及时救场替她收尾，并且挖空心思地肯定了她："崔安然找的资料很完整，你们都应该向她学习！"

太难了，真是太难了。我不知道那压力如山的一天又一天，崔安然究竟是怎么扛下来的。记忆中，她的神情始终淡定从容，偶有一丝焦虑掠过，也稍纵即逝。我经常会在走廊上捕捉到她抱着习题匆匆而过的身影——凌乱的小辫，额头上此消彼长的痘痘，单薄的肩膀……。这一切，都透着一股令人心疼的愚钝。

唯一一次见她忧心如焚，是她来办公室问我"如何提高学习效率"。当时距离中考仅剩两个星期了。我心想，这个问题难道不该两年前就解决了吗？而且影响她成绩的主要原因并不是效率啊！

我讲了几句类似"每年都有垫底的学生一鸣惊人"的话宽慰她，帮她扶一扶摇摇欲坠的信心。这孩子倒也好劝，稍微一鼓励，她就又能激情满满地奋斗去了，哪怕她的成绩依然徘徊在普高线上下，哪怕班里和她情况差不多的同学都纷纷另觅他途。

只有她，好像根本没有考虑过"上高中"之外的任何选择。

最后一次和崔安然单独交流，是中考前三天。她找了每一科老师分析押题卷，轮到我这儿时，同事们已经打卡下班了。

6月底的天气说变就变，黑压压的乌云笼罩上来，不一会儿窗外的雨便噼里啪啦越下越大。耐着性子给崔安然讲完卷子上的错题，我看雨势正凶，干脆提议："要不听首歌歇会儿吧，等几分钟再走。"

她很高兴，脸上写满了少有的期待与放松。我放了一首《追梦赤子心》，我特别喜欢的一首歌。

向前跑，迎着冷眼和嘲笑

生命的广阔不历经磨难怎能感到

命运它无法让我们跪地求饶

就算鲜血洒满了怀抱

继续跑，带着赤子的骄傲

生命的闪耀不坚持到底怎能看到

与其苟延残喘，不如纵情燃烧吧

为了心中的美好，不妥协直到变老

我问崔安然："你有梦想吗？"

她脱口而出："考高中呀！老师，我就想上高中。"

那个对很多学生而言稀松平常、按部就班就能达成的小目标，在她的世界里，就是唯一的、远大的、最值得追逐的美好梦想。

"我觉得你可以，一直都可以。"

我站起身拍拍她的肩膀。我俩一起往外走，我将她交给了她妈妈。目送她们在雨中渐行渐远的背影，我比任何时候都期望她有个好结果，别人不管，崔安然一定不能输。

同学们，听到这里，你猜猜看，崔安然有没有实现自己的理想？

"肯定有。"

8 月，中考成绩公布，各校开始录取。

"老师，我考上了！"崔安然刚好压线，被一所私立高中录取。

"太好了！高中继续努力，有任何困难都可以跟我讲。"

"我会珍惜的！谢谢老师。"

她没有食言。很快，新的学年开始，她上高中的第一个周末、第一个教师节、中秋节、国庆节……，我都能收到她发来的信息。有时是简单地汇报一下自己的学习状况、住宿生活的愉悦和烦恼，有时只是单纯的一句节日祝福，让我知道，她心里惦记我。

我这个"毕业班专业户"又开始面对新一届初三学子。一次在班里讲起崔安然的故事，有学生听完感叹道："她内心可真强大。"

是啊，在这复杂世界里，内心强大比什么都重要。就像15岁的崔安然，我坚信，她终将成为她想成为的样子。

这个故事讲完了。我还记得，我曾经也把这个故事带到班上，给班里的孩子分享过。当时，听完故事，全班爆发出热烈掌声，似乎崔安然就是自己班上的同学一般，为她的执着追梦点赞，也为内心的另一个自己点赞。

"同学们，如果你们是老师，你们会不会喜欢这类学生？喜欢的，请举手！"全班同学齐刷刷地举起了手。

"第二个问题，你认为这篇文章最好的题目是什么？"

"我认为是'追梦赤子心'，把'赤子心'改成'笨小孩'就可以了。"

"一字不差。"

第四章　心灵的合约：

　　觉察自我，自律生自由

① 被"限制"也能有自由？！

亲爱的同学：

初看这个题目，你也许会觉得矛盾。自由本身就是无拘无束，不被限制，被限制，哪来自由呢？也许在你脑中很难想象，一群被束缚了手脚的精灵能有真正的自由和创造力。

嘿嘿！同学，你还别说，真正的自由，或者说更高级别的自由从来都是有限制的。

什么是高级的自由

低层次的自由是可以"不做"什么的自由。比方说，你可以选择不去吃烧烤，不去学习，不去旅游。你什么都可以不去做，那你能去做什么呢？能去做什么的自由，才是高级的自由啊！

比方说，你想去表演弹奏吉他，可是你没有那个水平，那你就没有那个自由。想要拥有弹吉他的自由，你必须限制自己的行动，逼着自己在该练习的时候勤奋练习才行。选择不做的自由很容易，但是选择做的自由就很难！自由从来不是没有限制，而是选择正确的限制。

电脑键盘的启示

大家都知道电脑是人脑的外挂，键盘又是电脑的外挂，所以，你可以认为键盘就是人脑的外挂。曾经有一项有趣的调查，问哪一个键最受欢迎。你能猜到是哪个键吗？

答案是 Ctrl 键。

在很多简易操作的过程中，Ctrl 键发挥着重要的作用。比方说：

Ctrl+C——复制

Ctrl+X——剪切

Ctrl+V——粘贴

Ctrl+A——全选

Ctrl+Z——撤销

Ctrl+S——保存

你已经隐隐约约地发现了一个小秘密：要达到简易、快捷，都必须有一个东西参与，就是 Ctrl。Ctrl=Control，意思是控制、限制。

好莱坞自带"枷锁"——《海斯法典》

同学，关于"被限制"的自由，我还要给你讲一个故事。这个故事发生在一个拥有极大自由度的国度——美国，具体地说，是在大名鼎鼎的好莱坞。大家都知道，电影是 1895 年诞生的。

刚开始，观众发现，电影太刺激了。我们人类的视觉从来没有被这样刺激过。人们马上着了迷。

而早期的好莱坞就是抓住了这一点，花样百出地让观众"开眼界"。那什么东西最让观众开眼界呢？万变不离其宗，第一是色情，第二就是暴力。

为什么？

这两样东西是人性所需，在日常生活中是不容易看到的，最有商业价值。特别是电影进入有声片时代后，制造感官刺激的手段就更丰富了。这也导致拍电影的路子越来越野，所以电影也逐渐沦为最低俗的娱乐产品。

在这种情况下，当时的美国电影制作和发行协会就牵了个头，指派协会主席威尔·海斯和一位牧师给电影挑错。牧师是神职人员必然非常保守。他们共同起草了一份电影审查的法案，这就是一度臭名昭著的《海斯法典》。同学你想一想，一个神职人员来给电影"审查"，这是什么概念？基本上不就宣告了电影的死刑吗？一定是这也不行，那也不行。电影人的自由和创造力完全被束缚了呀！据说《海斯法典》总共有 12 条禁令，明文规定电影里不能亵渎神灵，不能有性暗示，不能直白地表现谋杀，禁止"怀孕、地狱、该死的、性感"这样的台词，等等。

同学，看到这些，如果你是导演或制片人，我相信你已经哭了。如果这些还能理解，下面则是一些更为过分的限制！比如禁止渲染"不纯洁"的爱情，不能让犯罪分子显得富于英雄气概和理直气壮，不能让观众对婚姻制度产生怀疑……

这就是天大的荒唐啊！

电影号称"第七艺术"，像人性的复杂、价值观的冲突、爱情和婚姻的矛盾纠结，这都是艺术表达的重要主题。如果这些都不让拍，电影还能"艺术"起来吗？如果你在当时的好莱坞，估计你早就溜之大吉了，早点跳槽早开心！

《海斯法典》在当时是不容违抗的，审查人员会像警犬一样，从每一句台词、每一个镜头里找违反禁令之处。一旦找到，电影就甭想上映。好莱坞的大制片厂都没了脾气，只能乖乖服从。

但是，真正有意思的地方就在这儿，真正有才华的导演从来都是在"限制"里创造"自由"的。据说家喻户晓的电影《卡萨布兰卡》，本来按经典叙事的套路，故事讲到最后，里克和伊尔莎应该双双远走高飞，有情人终成眷属。但按《海斯法典》的规定，这俩主角是婚外情，鼓励婚外情绝对不行。所以《卡萨布兰卡》的结局是，男主角放弃这段感情，发乎情止乎礼，相忘于江湖。没想到，就是这种永远的遗憾，成就了这部经典的爱情片。

当时还有一部电影《公民凯恩》，里面有一个桥段是男主人公和女主人公发生争执，最后导致婚姻破裂。如果按照传统的拍摄方法，无非就是叮咣吵架，女的甩男的一耳光，男的摔门而去，最后再上法庭打离婚官司。但是，这肯定违反了《海斯法典》里"不能让观众对婚姻制度产生怀疑"的规定。

这可怎么办呢？

如果你是导演，应该怎么从"限制"中找寻"自由"？

想一想，也许你有更妙的招式。

当时导演的做法是，通过一个壁炉中的火焰来暗示婚姻。在凯恩家的客厅里，有一个巨大的壁炉，当这对夫妇感情好的时候，壁炉里的火熊熊燃烧；而很多年后，只有妻子独自坐在壁炉前，火已经熄灭了。

你说妙不妙？

即便在那个《海斯法典》盛行的好莱坞，依然拍出了诸如《呼啸山庄》这类经典之作！

后来有人就说："《海斯法典》对我的保护，远比它对我的伤害要大。"

同学，读了殷老师这封信，希望你能认识到，被限制的"自由"才是真正的自由！自由和限制也许天生就是一对孪生兄弟。限制，不一定会给人的思维和创造力戴上手铐和脚镣。限制，有的时候会让有才能的人拥有更高等级的自由。

这不是噱头——不自律就不是"人"！

亲爱的同学：

今天我要讲的话题是"自律"。

正在读信的同学，请问你自律吗？自律给你自由。

殷老师今天提出一个命题：不自律就不是人。

你信不信？不信的话，那今天殷老师就带着你一步一步地证明一下。

贪吃本无"罪"？

如果我跟大家说，觉得自己是吃货的同学请举手。

我猜绝大多数同学可能都举起手了吧！

同样作为吃货的老师，一方面感觉贪吃很快乐，另一方面感觉很愧疚。

不知道你有没有这种感觉。

那我问问你，"贪吃"到底是不是我们人类的"罪"？

我上一届的学生曾经讨论过这个问题。他们有人说，存在即合理，美食的存在就是合理的，所以贪吃也一定是合理的。还有人说，"贪吃"有利于存储脂肪，抵御严寒。还有人反问我，试问世上哪种生物不贪吃？人类也是生物界的一员，所以，人类吃吧吃吧没有罪。

对！好像"贪吃"本无罪。"食与色"这些行为是写入了我们人类基因序列里的，为了生存和繁衍，人类肯定要吃，而且必定"贪吃"。为什么呢？你想呀，人类的祖先最开始以"采集狩猎"为生，在物资匮乏的年代，在短衣少食的情况之下，人类只有把打到的野猪全都吃下才是最佳的生存策略。因为只有存储在皮下的脂肪才能够面对未来各种不确定的情况，对吧？

贪吃也是"罪"？

但随着时代的发展和进步，吃货也有"罪"了。为什么？一方面，人类已经有足够的食物了，未来的不确定性降低。吃已经不是问题，因为"贪吃"而产生的各种疾病才是"问题"。

人类进入农耕文明以后，"游猎"就被"定耕"所取代，食物开始充盈，有上顿没下顿的日子一去不复返。但是，这里面就有一个深层次的悖论出现了，同学们发现了吗？

悖论就是"时代太快，进化太慢"。

什么意思呢？就是说，在短短的几千年时间里，人类创造物质的速度如车轮滚滚向前，然而基因的进化却慢如蜗牛。比方说，我们现在已经不需要过多的卡路里，但基因程序上"存储脂肪"的片段却依然存在，这个片段不断促使我们人类吃东西，以备不时之需。但这一基因片段不知道的是，我们已经不需要过多担心食物短缺的不确定因素了，我们已经有相当充沛的物资了。

所以，在这个时代，如果我们还在"贪吃"，那就会引发哪些疾病呢？糖尿病、脂肪肝、高血压、高血脂……

请问这些疾病在远古时代有没有？

答案很明显是否定的。这就是因为我们的基因进化的脚步还没有跟上时代的脚步。

"自律"是相信"延迟"后能"满足"

"贪吃"会影响身体健康，所以我们要管住嘴、迈开腿。

但你可能会质疑了：殷老师，您说得轻巧，这么容易就"管"住嘴了？殊不知，基因的力量可是如滔天骇浪一样，基因的驱使可是一股蛮荒洪流般的力量呀。

这就需要我们自律。

所谓"自律"，通俗地说，就是自己"管住"自己。"自律"这个词一定是随着时代的发展而衍生出来的，而且专属于人类。很难想象，吃不饱、穿不暖的猿人会谈"自律"，极端落后的时代也绝不可能奢谈"自律"。因为"快"就是一种策略，"满足当下""及时行乐"就当属那个时代的智慧。那我就要问大家两个问题了：

第一，为什么当下的人类要大谈特谈自律，且以自律为荣，以自律为生存的高级智慧？

第二，既然基因的驱使具有洪荒之力，那人类何以自律？凭什么能够自律？

你可以好好思考一下。

对于第一个问题，殷老师给出的答案是，因为不自律的人就容易放纵，放纵容易走向毁灭。比方说，美国上流社会对体型都非常看重，因为他们认为，不能够控制体型的人，自律性也一定不行。这可能也是因为社会价值观发生了变化吧。

第二个问题确实很难回答。那在回答这个问题之前，我们不妨来做一个活动。请你写下你最"自律"的一些事，并认真探寻一下你能这么自律的原因。

首先来看看殷老师自律的那些事和理由。

自律的事	理由
坚持锻炼身体	坚信生命还长，要有质量地生活，而不是苟且地生存
坚持定期存钱且理财	坚信前几年要有一定的财富积累，后面才可能不会迫于生计而做自己不愿意做的事
坚持读书和拿证	坚信对脖子以上的投资最有效益
……	……

接下来该轮到你了。这个时候，你最需要静下心来和自我来一场真诚的对话，打开意识的黑匣子，认真找找尘封的那点记忆——哪些事我引以为傲？我之所以默默地坚持了很长一段时间，是因为我坚信……

自律的事	理由
坚持	是因为我坚信……
坚持	是因为我坚信……
坚持	是因为我坚信……

我分享一下我以前的学生的一些回答，看对你有没有启发。

一个学生说："老师，我在画画方面特别自律，是因为我坚信我的人生价值可以在画画上面体现。"

我就问他："何以见得？"

"其实，我学习成绩不怎么好。恰恰在画室让我觉得特别有价值感，因为老师总表扬我。一开始我对画画没有特别感兴趣，现在越来越有强烈的动机了。"

还有一个学生说："我平板支撑可以做 4 分多钟。"

我又问他："能撑这么久，你肯定坚持了很久。"

"对，一年多了。"

"这么累，你也能自律，是怎么做到的？"

"是因为我坚信美丽的体型是一种骄傲的资本。"

还有一个学生说："我在玩手机方面很自律。因为我觉得别人在玩而我没玩，是一种不同寻常。而且我坚信我可以腾出更多的时间充实和丰富自己。"

同学，你有没有发现一个秘密？什么使我们能够"自律"？即"我们何以自律"？你能不能从自身出发，从众多同学的分享当中抽丝剥茧地总结一条规律？总结之后你会发现，我们能够牺牲当下的利益，我们能够克制当下的欲望，我们能够忍受当下的痛苦，而选择"背离基因"的一条路，选择一条少有人走的路，是因为我们坚信，在未来我们能够获得价值或好处，是因为我们坚信，我们的"延迟"在未来会获得双倍甚至多倍的"满足"。

不自律就不是"人"

做了这么多铺垫，如果老师抛出这个命题——"不自律就不是'人'"，想必你已经开始有点认同了。

我给出以下论证：

第一，只有畜生才是想吃就吃想睡就睡想耍就耍，是人还要干点人事。

第二，人与人之间的差别有时候比人和猪之间的差别还要大，人与人之间的区别就在于能不能够自律。从外在来看，都是行走在世界上的一张皮，无甚差别；但皮囊之下自律的品质才使人千差万别。

第三，自律把人类分成了三六九等。不自律的人是没有脱离低级趣味的人，不自律的人是任由基因驱使的人，不自律的人是受基因支配而不是自由意志支配的人。既然是"被支配"，那就可以看作是"低级趣味"和"基因"的"奴隶"，被纯粹欲望奴役的，往往是畜生。

我们必须承认一点，在这个时代，自律常常是界定"低级人"和"高级人"的内在标尺。

③ 灵感、纪律和习惯

亲爱的同学：

今天，我这封信的主题是灵感、纪律和习惯。

有人问英国小说家毛姆：写作是按照计划来写，还是灵感来了才写呢？

毛姆回答说，我只有在灵感来的时候才会动手写作。但是很幸运，这个灵感每天早上9点的时候会准时来。

初看这句话，真的觉得好俏皮。仔细一想，又发现很贴切，它道出了两层关系。

第一层是灵感和纪律之间的关系；第二层是习惯和灵感之间的关系。

有纪律才会有灵感，不要为了等灵感而去破坏纪律。

就像我，坚持写教育反思已经6年。经常有一些同行会赞叹："你的那些班会课思路很新奇，一般人想不到啊！""你的思维方式似乎和我们不一样，像神。""你怎么每次都有这么漂亮的灵感？"

其实，我知道，如果没有刚性的约束，我是不可能输出的。我强迫自己每周要给学生组织一堂像样的心育课，一定要是锚定班级问题、关注学生心灵的那种，切莫流于形式，走走过场，尽量走心。有了这种纪律之后，很多东西就似乎有了神助一般。

有无数次，离下一次心育课的时间仅有一两天了，脑子里除了一个主题之外什么都没有。我其实挺着急的，就连走路都还在思考如何组织素材和设计活动。但注意力浇灌的地方就总有神助，总是踩在临界的时间，上天给我送来无数的素材和思路——约翰·罗伯茨，美国首席大法官在儿子毕业典礼上的演讲《我祝你不幸并痛苦》辅助我上好了"反脆弱——提高逆商"一课；《自私的基因》

《人类简史》这些书给我送来了奇妙的思路，辅助我上好了"不自律就不是人"一课；就连刷抖音都刷出了 4 个小视频素材，串起来上了很给力的"开学第一课"……

其实，我知道，如果没有刚性的纪律作为约束，我不可能做到这些，也不可能做得这么好。当然也不是每一篇文章、每一次心育课都很好，但至少比没有纪律约束的情况下输出的好得多。

灵感一定依赖习惯。

这些年的写作经历，让我对这一点深信不疑：

从来没有突如其来的灵感、无缘无故的灵感，突破性的灵感总是偏爱"习惯性"的大脑。

面对信息滔滔、红尘滚滚，也只有"对特定信息的注意力"会使我们拥有神奇的能力，特定信息就是灵感的源泉，而这种对特定信息的注意也就是习惯性大脑偏好的选择。只有形成了雷打不动的好习惯，我们才能打开"第三只眼"去洞察那些特定信息。

灵感不是想出来的，而是像钱一样攒出来的。而攒钱绝对算是一种习惯。

灵感就像浇灌、酝酿了很久之后，那一瞬间突然绽放的铁树之花。

所以，毛姆的话可以理解为，灵感就是遵守纪律和习惯之后的必然结果。而很多人恰恰把灵感当作破坏习惯和纪律的理由。

亲爱的同学，希望你能够用刚性的"纪律"去约束自己，形成一个好习惯！

灵感是量变积累到质变之后那一刹那的火树银花！

4 关于手机的两个真相

亲爱的同学：

今天这封信是来揭秘关于手机的两个真相。看完以后，我相信一定能够对你有所启发。事先声明一下：这一封信中的实验和观点都不是殷老师的原创。其中第二个"真相"的揭秘者是严伯钧老师。

真相一：和手机共处一室，你就会变傻

有同学说："我把手机带过来，但根本没玩啊！我甚至都让手机处在关机模式，只有放学后我才打开……"我说："即便你没玩，只要你和手机共处一室，你就会变傻。"

开始学生还以为我说的只是一个噱头，直到我给他们看了下面这个实验。

得克萨斯大学的沃德博士招收了五百多名大学生作为实验参与者，并要求他们完成两个需要高度集中注意力的认知能力测验。在两个测验中，参与者的手机被分成三组放置：

第一组放在桌子上（室内视线范围内）；

第二组放包里（室内视线范围外）；

第三组放室外。

与此同时，第一个测验要求半数的参与者将手机调为静音，第二个测验则要求关机。

我就问学生：同学们，你们猜一猜，哪一组学生得分更高？

"第三组。"学生齐声答道。

"正确。"我展示出了答案。

实验结果显示：两个测验中，把手机放到室外的学生得分更

高。也就是说，只要手机跟你同处一室，就会影响你，不管你看不看得见，静不静音，关不关机。

实验还没完。研究人员事后对这些参与者进行访谈，得分高的参与者并没有把自己的好成绩归因于手机在室外，同样，得分低的参与者也不会觉得自己表现不好是因为手机而分心。但是事实证明，在没有觉察的情况下，手机确实悄悄地对人产生了影响。这个结果也得到了反复印证！

那为什么手机在人没有觉察的情况下依然悄悄地在对人产生影响呢？这就涉及心理学的一个概念——"脑力流失"效应。该实验的作者、决策心理学家沃德博士解释说，手机会在无意识的脑海中一遍一遍大声喊着你的名字，就会降低你的工作记忆力和解决问题的技能，也就是会拉低你的智商。他还进一步解释说，人们的认知资源是有限的，智能手机被设计出来时，它的理念就包含了无论什么时候，它都能在认知资源中占据优先地位。也就是说，只要手机在你身边，你的大脑就会先想到它。

所以，亲爱的同学，如果某一刻你准备开始认真学习了，就请对自己"狠"一点，老老实实地把手机交给一个监督人，最好是爸爸妈妈，别让它和你"同处一室"。

真相二：王者荣耀里，你没有真正的自由意志

在王者荣耀这款游戏里，你没有真正的自由意志。这也是我对学生揭露的第二个真相！你可能很疑惑："每一把游戏都是我亲自主宰，都是我在操作，输赢也是我自己的技能问题，怎么可能没有自由意志呢？"

"每次我在打游戏的时候，很认真，每次的越塔，每次的闪现，每一次百步穿杨，每一次干掉风暴龙王，都是我自己努力的结果呀！我觉得我是有自由意志的啊！"

严伯钧老师在抖音上的一期视频里对此做了一个非常深刻的解读。让我做一个大致摘录：

……从概率学上说，你在游戏里的输赢，全是被系统安排得妥妥的。不管你在什么段位，你都能遇到很强的对手、很强的队友。但关键在于，你也总够能够遇到特别菜、特别笨的猪队友。你可能会纳闷——我都是星耀级别了，咋还会遇到这么菜的人呢？

背后的道理是这样的：

王者荣耀的玩家人数足够庞大，也就是说，除非你是顶尖的职业选手，否则，系统想给你匹配什么样的对手和什么样的队友都是可以做到的。不信你看，每次你点完匹配，系统都要愣几秒。这是在干吗？很有可能就是在帮你匹配猪队友了。

王者荣耀中大部分的输赢，要么是对方老送人头，要么是己方一直有一个去送人头的。要打一局势均力敌、旗鼓相当、谁也不犯二，最后大家都感觉很公平、心服口服的游戏，这种情况是极为罕见的。言下之意就是，系统已经决定了输赢双方。系统想要你赢，就给对方安排一个或几个猪队友。想要你输，就给你安排类似的情况。

为啥系统要这么做呢？

道理很简单，要赚钱啊！游戏公司为了赚钱，就希望你能在游戏上停留的时间长。如何让你停留的时间更长呢？这就要利用"心理阈值曲线"的道理了。如果游戏赢得太容易，连胜100局，你就没啥兴趣了；相反，如果连输100局，你就会觉得侮辱性极强，怀疑人生，就删游戏，也不玩了。恰恰只有在输输赢赢中间，体会那上上下下的感受，才会让你欲罢不能。因为每个人的"心理阈值"不一样，所以系统会通过不断地捕捉你的行为特点，进行大数据比对，通过数学建模，观察你的活跃度、你的行为特点，为你调整出一套输赢方案。

比如说，你一个月没玩，系统判断出，你可能不开心了，所以你时隔久一点上来玩，系统大概率都会让你连胜。如果你总拿负方的MVP，技术挺好却老是输，那就再让你多输一点。你就要开始氪金了。并且如果你氪金了，你的输赢曲线也会不同，系统也会把你的氪金习惯作为参数纳入考虑，最后安排出一个输赢的规则让你去更多地氪金。

　　总而言之，如果你不是专业战队的顶级高手，你的行为是被牢牢地控制了的。你的段位和你的水平没什么太大的关系，只跟你玩得久不久有关系。什么段位都会遇到很菜的猪队友。所以，这款游戏是从根本上否定了自由意志。

　　同学，了解了其中的真相，你希望自己的人生被别人控制吗？

　　我劝你还是好好读书吧！那些系统背后操控的人员，从细节上让你有操控感，从宏观上又在用"大数定律"操控着你的人生。这么一解剖，你不觉得知识真的可以改变命运吗？

⑤ 服从，也许是通往优秀的必经之路

亲爱的同学：

你好！

我从教这些年，总能发现身边有些学生不怎么听话，总是认为自己有自己的一套，不肯按照老师和家长的要求行事，即便师长们提出的要求很合情合理。

如果有这种情况，那你一定要警觉了，因为你现在可能很危险。

不信？先听我讲一个故事。

一位行医经验丰富的老医生分享自己职业生涯中的治病经验，他说，职业生涯中遇到的最好的病人，就是有服从力、能听话的病人，这种人严格遵守医嘱，让吃药就吃药，让节食就节食，让锻炼就锻炼，特别有自制力。这样的人，医生最能够帮到他。

其次是那种没有什么知识的病人，虽然他理解力不强，自制力也不强，但是好在听话。最糟糕的病人，是那种学了一脑子通过搜索引擎得来的知识，医生说什么他都能有理有据地抬杠的人，医生说什么结论，他都表现出一个怀疑的神色。

同学你看，医生都帮不了的人，岂不就是这个时代最愚昧的人吗？

所以，达尔文才说了这么一句话，你好好理解一下：

"无知要比知识更容易让人产生自信。"

"服从"也许是天资不算聪颖的你通往优秀的必经之路。

就像小时候背乘法口诀表，该背就得背，没有什么可讨价还价的一样，就像做算术题，先做乘除再做加减，就得按照这个顺序，没有什么好创新的一样，你必须先"服从"。我们知道入伍当

军人更是要服从，即便是美国西点军校，在前三年也要学会凡事说"Yes，Sir！（是的，长官！）"。你心里再想当领导，也得先学会服从。服从，是在现代社会和他人协作的前提。

再回过头来看看我们的学习。你眼前的每一位老师都是在教育战线上摸爬滚打多年，潜心专注教育教学的人。他们的渡船上摆渡的学生成百上千，形形色色。他们经过无数次的验证和试错，不断地积累着经验和教法。到你这里的时候，他们可能是经验丰富的"船长"了。

所以，当老师苦口婆心地劝你要注意格式，你觉得这多麻烦呀，思维到了不就行了嘛，那你就错了。当语文老师反反复复提醒你书写要工整，卷面要好看，你觉得我就这样，爱看不看，那你就错了。如果你的英语老师强调做题要体现"思维痕迹"，你觉得这是一眼望穿的题，何苦形式大于内容，那你就错了。如果你的班主任让你安排好时间，每天再忙也要尝试着抽身出来审视自我的学习状况，写一写《暮省》，做一点调整，你觉得这纯属浪费时间，那你就错了。当你的老师让你每天把《注意力监控表格》《疑问手册》放在手边，远离手机，你偏不听，你觉得你能管控好自己，那你就错了。

其实，说你"错"，也不完全对，也许只有"利与弊"之别吧！

所有"老船长"们的要求，都是最大限度地让你得"利"驱"弊"！

希望你能够明白。

同学，如果你在自己的非专业领域，突然产生了某种自以为是的自信，甚至为这种略带"小聪明"的自信心沾沾自喜，那你就必须要警惕了，你很有可能正站在愚昧的悬崖边缘。

加油！

记住：服从也许是天资不算聪颖的你通往优秀的必经之路。

学习哪能没问题——和问题共处

亲爱的同学：

你好！

作为班主任，我相信每一个老师都和我有着同样的感觉：学生一丝一缕的情绪都会拨动自己的心弦。每当你们积极向上的时候，我们的心情也如和风丽日，跟着你们开心；相反，看到你们在吐槽各种问题的时候，我们的心情也瞬间蒙上了一层薄雾，隐隐有些郁闷或是担忧。

我们都不愿看到太多"问题"，但学习的过程中就会产生各种问题：

你可能今天效率糟糕透了，一天下来没干成什么事；

你可能今天时间安排不当，导致任务严重拖拉；

你可能今天情绪处在低谷，情商离线，动辄就想和父母吵架；

你可能今天怎么都提不起精神，好像瞬间丧失动力，仿佛跑车瞬间熄火一般；

······

一般而言，人在遭遇问题的时候，内心都是抗拒的，就好像问题本身是敌人，我们天然地要排斥他们一样。遭遇各种问题会让我们的自我认同度降低，从而脾气上来，见谁都不顺眼，轻轻一碰，就容易把你激怒，同时瞬间觉得自己面目可憎。严重的时候，甚至还要萎靡消沉好长一阵子。更糟糕的情况是容易让你破罐子破摔。

但是，问题，它不是"敌人"，而是"朋友"。

著名管理学家德鲁克曾经被问过这样一个问题：总被各种问题困扰怎么办？

快 90 岁的德鲁克回答说，等你到我这个年纪的时候，你的身体会到处都是问题，你要学会和问题共同生活，而不是把问题干掉。

我再举一个例子，你可能更容易理解。

人类最早治疗癌症的时候，是哪里有癌切哪里，切得越干净越好。姑且不说这给病人带来多大痛苦，就癌细胞本身来说，它是在积极地进化自己来适应这种"极端措施"。所以，那些杀不死、切不掉的癌细胞反而进化成为"超级个体"，演变得穷凶极恶，更加难以对付。

现在医学思想就进步了。我们不谈怎么根治癌症，而是谈怎么带癌生存。"带癌生存"的策略就是和问题共处的策略。

所以，亲爱的同学，即使你面临着很多问题，也不要苦恼，不要焦灼；你目力所及的任何人，无论多么优秀，都有着各自的问题和烦恼，只是他们没跟你说罢了。

问题永远都会在。优秀从来不是没有问题，而是知道如何应对问题。

学会和问题共处！但这并不是说，你就可以两手一摊，以顺其自然为借口，无所作为。

错！恰恰相反，你要更加积极地去解决当下的问题。

人一生的能力都是随着解决问题而提高的，解决小问题成就小能力，解决大问题成就大能力。正如尼采所说，那些杀不死你的，终将使你变得更强大！

7 机会到底是谁给的？

亲爱的同学：

请你试想如下几个情景。

【思考】为什么不是我？

① 如果班上要选拔一个"热心天使"去全校参加比赛，老师把机会给了 A。

② 如果班上也要向学校推荐一名"优秀学生"去接受表彰，老师把机会给了 B。

③ 如果班上只能推荐一名学生直升附中高中，老师把机会给了 C。

假如你是小 D，三次推荐都没轮到你身上。请问：

第一，你当时的心情会怎样？

第二，你会不会觉得老师不公平？都说机会面前人人平等，为什么老师就把机会给了他们而不是你？

第三，机会到底是谁给的？

第一，我知道你的心情肯定是低落的、无助的、郁闷的。因为在荣誉面前，鲜有人真正做到超凡脱俗，遗世独立，不近名利。

第二，我知道肯定有人也会很愤怒，愤怒老师不公平，愤怒老师偏袒，甚至怀疑老师暗箱操作！对不？

第三，你的答案很有可能是，机会肯定是老师给的呀，这还用问？老师把控着对你们"生杀予夺"的大权，要上要下，难道还不是他一个人说了算！

好了，今天我们要谈的主题是——机会到底是谁给的？

【读透】小伙子接盘大员外

古代有一位大员外，他有几千亩土地和几十进的大宅子。家大业大，人手却不够。有一次老母亲要过七十大寿，操办不过来。有人给他推荐了一个小伙子，小伙子很能干，就帮他打理这些事。这小伙子呢，也算精明能干，把大寿操办得漂漂亮亮的，员外很满意。

本来呢，大寿过完了，这小伙子的临时任务也完成了，该结钱走人了。但这小伙子眼里有活，一看马上到秋天了，就来找员外说："员外，你看，马上秋收了，咱们田产多，容易乱，要不我来组织一下吧。"员外觉得他能力不错，就把这事交给他办了。

事是永远做不完的，秋收完了是过年，年过完了要春种，等等。这小伙子大事小事都参与，不但在员外家住下来，还有了越来越大的决策权，成了大管家。结果，这大管家一来二去，就和员外女儿好上了，开始谈婚论嫁。员外本人也觉得小伙子不错，就把女儿嫁给他了。但是，嫁完女儿，晚上下榻的时候，员外就开始琢磨，发现这事不对："我原本就想找一帮忙的，怎么最后我的财产都归他了？"

同学，故事看到这里，你也许会觉得疑惑：小伙子原本只是一个临时工，最后却变成了员外家最重要、权力最大的人。在整个故事中有人犯错吗？没人犯错，每个人都是按照追求自己的利益的出发点行事的，可结果就是这么个结果。

问题就来了：请问小伙子最后掌权，机会是谁给的？

如果这个时候，你还认为机会是员外给的，那看来你还没有彻底打开你的思维。但我想部分同学已经明白了：机会不是员外给的，而是小伙子自己给的！

想必还是有同学不服气：要是没有员外点头，那小伙子有机会去他们家帮忙吗？要是没有员外允许，那小伙子最后能抱得美人归吗？怎么能说机会是小伙子自己给自己的呢？这天底下还有谁能自己拉着自己的头发升天不成？为了让你彻底明白这个道理，老师还要继续给你讲一些基本事理。

【分析】权力不是授予的

在组织管理学中，有一个词语叫"行政扩权"。什么意思呢？就是只要多干事，干具体的事，自身就在获取权力。干的事越多越具体，自身的权力就越大。

你会觉得这话说得好像很奇怪，权力不是被授予的吗？班主任让我当班长，当学习委员，当纪律委员，那我才有管理权力啊！其实，从某种意义上说，权力不是被授予的，而是因为组织对你有依赖性，不得不给你的。之所以会授权给你，只是对你已经获得的权力的一种追认。

可能还是有点烧脑子，那我再根据班级的实际情况给你讲解一下。

比方说，要选择"热心天使"，那老师很有可能就会把这份荣誉送给班上最热心班级事务的同学呀。这是因为他平常在各项班级事务中积极主动，不怕麻烦，勇挑重担！同学们嫌浪费时间的事情，总是他们几个留下来做；同学们嫌打扰学习的事情，总是他们几个留下来做；同学们嫌弃的脏活累活重活，也总是他们几个做……。班主任已经高度依赖他们了！推荐他们当"热心天使"只是在众多细小琐碎事件过后的一个"追认"而已！

又比如，选择"优秀班委"，那一定是推选班主任严重依赖的班委，这些班委眼里有活，心中有事，总是能够主动积极地完成老师布置的任务，甚至还能够帮老师看到很多老师自己没看到的事情。

再比如，如果要推荐一个学生成为优秀的"保送生"，如果没有一次测试的分数和名次作为参考依据，那你说老师会推荐谁？一定是推荐那些平常作业一丝不苟、各项习惯不打折扣、学习生活比较自律的学生呀。为什么？因为他们就像前面故事里谈到的那个小伙子一样，用他们踏踏实实的行为，践行着一件又一件的小事，向老师传递着一个信号——"我是值得被信任的人"！

其实，在任何一个组织内部，很多人都觉得自己怀才不遇，领导有眼无珠，上升通道被限制了。其实换一个视角，你可以问问那些当领导的人，他们的感受正好相反，是没人可用，优秀的人才实在太少啊！

任何组织要提拔一个人，这个人必须是已经具备了能力，并受到了周边人的支持的，这两个条件缺一个都不行。同样的道理，表面上是老师们提拔你，授权给你，但深层次的理由是你自己已经获得了权力和荣誉，机会已经非你莫属，老师只是宣布出来而已。

所以，看到这里，你就要明白这样一个道理：

机会也好，权力也罢，都是自己通过一件又一件的小事，存储在别人身上的信任感换来的。

【自查】哪些行为让我逐渐失去他人的信任？

同学，现在你都知道了，机会、荣誉和权力是你给别人充分信任感之后，别人对你的"授予"或是"追加"，是你通过每一件小事，不断往"信任账户"里储蓄的结果，这个东西比金子还宝贵！

与之相反，你的行为也很有可能在慢慢腐蚀着你"被信任"的大树，很有可能在透支你"被信任"的存折。这也一定是你人生的巨大浩劫和灾难！现在，我们来看看哪些行为在让你逐渐失去"机会"。

懒惰——我在逐渐传递一个信号：我是一个不能主动干事情的人！

不自律——我在逐渐传递一个信号：我是一个抵制不住诱惑的人，注定干不成大事！

不按要求——我在逐渐传递一个信号：我是一个不懂服从，自以为是的人！

不写《预册》——我在逐渐传递一个信号：我是一个不能坚持自我且管理不好时间的人！

不写《暮省》——我在逐渐传递一个信号：我是一个懒惰且不愿意跳出舒适区的人！

敷衍行事——我在逐渐传递一个信号：我是一个不值得信任的人！

马虎行事——我在逐渐传递一个信号：我是一个粗枝大叶、发挥很不稳定的人！

书写潦草——我在逐渐传递一个信号：我是一个火急火燎、心浮气躁的人！

最后，殷老师还想给你一个忠告：信任感的崩塌，机会存折的清零，绝对不是某一次突如其来的巨大事件所致，而是你长期一件一件的小事腐蚀所致！

愿你在成长的道路上，且行且珍惜！

要记住：此时你笔下书写的不仅仅是作业，更是信任！

你在学习生活中的每一次积极主动都是在创造机会！

你，才是你人生的主人！

⑧ 洞察力与《暮省》

亲爱的同学：

洞察力是什么？

字典上说，洞察力是人通过表面现象精确判断出背后本质的能力。 洞察力的英文是 insight，可以拆分成"in"（里面）和"sight"（视力，看见），就是指看得深入的能力。

这样讲起来，你可能还是体会不到"洞察力"，我还是来讲一些我自己的学习体会吧。

我喜欢毕淑敏的文字，因为她的文字温暖得像一个妈妈，不仅具有疗伤的功能，而且比喻也用得十分劲道。我给你摘抄一些她的《心理咨询手记》一书中的文字。

磨砺内心比油饰外表要难得多，犹如水晶与玻璃的区别。

爱是一个有机整体，怕分割。好似钢化玻璃，据说坦克轧上也不会碎。

只见司机狠踩油门，车就像被横刺了一刀的烈马，疯狂地弹射出去。

幸福像一粒粒缀在旧绸子上的红宝石，在凄凉中愈发熠熠夺目。

不宜的批评和表扬，如同太冷的冰水和太热的蒸汽，都会对我们的精神造成破坏。

我轻轻地托起紫色的女人，她轻得像一片灰烬……

我会在没有人的暗夜深深检讨自己的缺憾。但我不愿在众目睽睽之下，把自己像次品一般展览。

我也很喜欢钱钟书的文字，因为他的文字睿智得像一个老者，把一个个生僻难懂的概念瞬间打碎，给人豁然开朗的感觉。我也给大家摘抄一些《围城》中的句子。

婚姻像一座围城，城外的人想进来，城里的人想出去。

忠厚老实人的恶毒，像饭里的沙砾或者骨鱼片里未净的刺，会给人一种不期待的伤痛。

感觉出国这四年光阴，对家乡好像荷叶上泻过的水，留不下一点痕迹。

物价像吹断线的风筝，又像得道成仙，平地飞升。

我们可以发现，但凡一个洞察力强的人，都能够把一个生僻的概念和生活中的细节联系在一起，让人瞬间了悟。

再如：

世界上的事情，最忌讳的就是个十全十美，你看那天上的月亮，一旦圆满了，马上就要亏厌；树上的果子，一旦熟透了，马上就要坠落。凡事总要稍留欠缺，才能持恒。——《檀香刑》

每个人都不是一座孤岛，一个人必须是这世界上最坚固的岛屿，然后才能成为大陆的一部分。——《丧钟为谁而鸣》

回忆就像剥洋葱，每剥掉一层都会露出一些早已忘却的事情。层层剥落间，泪湿衣襟。——《剥洋葱》

生如夏花之绚烂，死如秋叶之静美。——《飞鸟集》

同学，请注意了，这不是表达能力的问题，这不是口才的问题，这就是洞察能力本身。只有对事物本质有了深刻理解，你才会联系一系列大家熟知的事物，打出精妙的比方，四两拨千斤地讲清楚事物背后的逻辑。什么是洞察力？能做出精妙的比喻，就是你有洞察力的表现。

同学，如果一个人在表达的时候总是用术语，他只能对熟人、对行业内的人才能把一件事讲清楚，那你就可以初步断定，这个人对这件事的理解还远远没有透彻，他只是在沿用别人的表达。当我们可以用一个八竿子打不着的事物来比喻当前事物的时候，我们就已经学会了和外行沟通。更重要的是，这件事已经穿过了你的身体，变成了你理解世界的方式，你真的就洞察到它了。

再说回我自己，我之前看的书也不少，但发现自己还是没什么提高。我相信很多人都有过我这种感觉。看了很多，但并没有实际的用处，用不出来。为什么？因为知识没有经过"缝合"，没有像"箭"一样穿过我的身体，所以那些东西只能是"身外之物"了。后来，我开始写教育教学反思，一动笔就是整整六年，积累了上百万字，键盘的好些键都已经"包浆"了。

也就是在某一天，我发现：我写的文字开始慢慢清丽起来，我的思维也开始缜密了，文章基本上是十次投稿七八次中。有一年，我发表的文章有近 20 篇。

不断地写，还让我开始慢慢变得柔和起来，因为我每次在写文章劝诫学生的时候，首先都是温暖了自己，这个过程就好像在坚持一次"幸福的长跑"和"道德的马拉松"。久而久之，我自己感觉越来越幸福，越来越温暖，越来越爱身边的人了。更重要的是，我身上就好比装了无数灵敏的窃听器、接收器，对同学们的各种学习问题都能够深入本质地分析，总是能够谈到大家的心坎上，这种能力就是一种可贵的"洞察力"。

再说到你的身上，我要求你写《暮省》，而且要坚持写三年，是希望你能培养出一种精妙的"洞察力"。因为人很容易陷入一种"忙而无序"的状态，人很容易被生活中的各种事务遮蔽心灵，渐渐就没有了智慧的光泽，就好比灯蒙上了灰尘，盐失去了味一样。

写《暮省》的时候，你要抱有一种虔诚而恭敬的心态，切莫把它当作一个任务。你要把它当成你的朋友：一个让你有机会练笔的朋友，一个愿意倾听你诉说的朋友，一个帮你纠查错误的朋友，一个有助于提升你洞察力的朋友，一个帮你擦除心灵灰尘的朋友……。当你写《暮省》的时候，我希望你能够享受这种状态，一如我享受给你们写信的状态一样。我希望你的灵魂突然"跳"出了你的身体，欣赏地看着伏案写反思的你，那种感觉一定美妙极了！

亲爱的同学，相信我，你所写下的每一个字，它们突然有一天会长出一双手，托起你全部的生命质量；它们突然间会长出无数的触角，在考场上联通，四通八达，助你智慧奔涌；它们突然间会变成一颗一颗闪耀的星星，在你生命的天空中，照亮你前行！

在四面思维的镜子中看见自己的不足

亲爱的同学：

以下四面镜子可以帮助你觉察自己的不足。

警惕那些让你感动、恐惧和紧张的事情

我们要警惕那些引起我们情绪波动的事情。有些情绪的变化，不只是生理的自然反应，还是你的身体在提醒你——在这些情况下，你很紧张，那接下来你就得有意识地锻炼这方面的能力。那件让你紧张或者恐惧的事情背后透露出你要提升的某种能力。

就拿期末考试来说，总有一些学科，还没等走入考场，你就已经开始排斥了，那就说明你需要在这些学科上多下功夫了，而不是一味地逃避。逃避、厌恶、反感都是一些劣质的非理性情绪，只属于小孩子的世界。成熟的人从来只做"应该做的事"，小孩子才会只做"喜欢做的事"。

假期就是和它们对话的绝佳时间。平常，学科学习的步履匆匆，似乎是在天黑之前必须要行走到一个目的地似的，走得太快，就有冰冷的感觉。假期就是一个驿站，供你把之前行程中的景色再好好玩味一遍。

还可以怎么面对让你恐惧和紧张的事情呢？殷老师给你讲讲自己的故事。

注意那些让你羞愧或自卑的事

中学时代，我的绰号是"圈圈"。因为胖，所以坐下来的时候，腰上的赘肉一圈一圈，填充着衣服每一个可能的褶皱。我讨厌任何与"胖""肥""圈""油"相关的东西。甚至听到老师在课堂上说起

这个话题就反感，感觉他们都在含沙射影地嘲讽我，于是也连带地讨厌那些提起话题的人。

自尊心很强的人，其实不容易豁达起来。所以自卑起来的时候，就会越来越不喜欢自己，不接纳自己的状态。

但自尊心强的人，在面对自卑的时候，更容易引发"超越感"。越是怕胖，我就越是想要超越"它"！于是，当一种自卑情绪积压到一定程度的时候，我开始把它们转化成一种动力，支撑我天天疯狂地锻炼下去，直到现在。

所以，亲爱的同学，有时候，我们越害怕别人说自己某方面不好，就越说明自己在那方面是有点缺陷的。身上的不足，就好比衣服上的一个洞，越是想要遮掩，越是害怕被人看到，就越是举手投足都极不自然。

谦虚地听取过来人的批评和建议

我知道，每一个人在听到批评和建议的时候，第一反应都是：难受！

是不是老师不喜欢我了？是不是我的人格太有缺陷了？是不是他们不和我做朋友了？……这个社会，"人设"似乎是最不能崩塌的东西了。所以，人在听到建议和批评时的第一反应往往不是思考"我要怎么去改正问题"，恰恰相反，第一反应是想"我是不是被嫌弃了"。

有些时候，人身上的防御机制会自动地跳出来保护自己！潜意识会像一个忠诚的护卫队士兵一样，拿着钢铁盾牌，对着批评者喊话——那根本不是真正的我，你说的不对！你不喜欢我，我也不喜欢你。我就是不改，看你咋的？

但短暂的逃避之后，我希望你还是"朝着阻力最大的方向"去思考一下：我是不是真的存在问题？

虚心地听取那些真诚的建议，也是认识自身不足的一个方法！

警惕自己总喜欢拖延不做的事

首先必须声明，这个世界上不存在永远雷厉风行、雷霆万钧的人，也绝对允许存在适度拖延、偶有偷懒的人。我们可以允许自己偶尔松懈一下。比如期末考试之后，我强烈建议你好好耍个 3 天左右，一天睡足，一天疯足，一天耍足。

但如果你频繁地出现在本该做的事情上却打不起精神的情况，你就要警惕了，这就是你的短板！

如果你总是在某一件该做的事情上面拖延，反反复复找各种看似正当的"借口"去搪塞、替代它，那么你就是一个懦夫。

以上四条建议，好似四面镜子，帮助我们照见自己的不足。

以上四条建议，也好似四条辅助线，帮助我们更好地勾勒自己、认识自己。

不是只让你看到自己哪里还不够好，而是期待你能成为一个更好的自己。

10 "平淡""平凡"但不要"平庸"

亲爱的同学：

我们每个人都曾经历过人生的各种"典礼时刻""仪式时刻""励志时刻"。每逢仪式，我们总是被氛围裹挟，或兴奋，或感动，或血脉偾张。生活要有仪式感，因为它能帮我们铭记一些生命中重要的东西，同时也"激活"某些宝贵的"基因"。

我知道你从上一个学段拼搏过来，身上熏染了"奋斗"的气息，希望向"优秀"靠拢，一如你总是在考试失败之后想努力一样。但我同时也怕，怕"奋斗"的气息散布在空气中之后，就慢慢稀释，最后烟消云散。

我的生命经验告诉我，生活不总是各种仪式的集合，我们的生命也不能总靠别人给我们"打鸡血"。我们的生活更多的是"平和""平凡""平淡"。

同学，我们首先需要一种"平和"的心态，因为我们不可能总是处于热血沸腾、灵魂出窍的状态。要是经常都让血脉偾张，心跳加速，那估计我们不是早死就是待在精神病院了。当一切仪式之幕落下，当一切鲜花散尽，当一切随风而去，没有了励志，没有了鼓励，没有了刺激，我们更加需要一颗"平和"的心。

同学，你需要意识到自己的"平凡"。哪怕你小学很优秀，但是到了中学，你也会有一定的失落感，因为周围优秀的人很多。即便你优秀，总会有人在另外一些方面比你强。随着你慢慢长大，你会清醒地认识到，哪怕你对自己有着过高的期许，但大多数时候，你就是那个被人忽略的角色，不显眼地处在人群之中，成为为别人鼓掌撒花的路人甲。

同学，你需要意识到生活的"平淡"。生活不像"吃鸡"（在年轻人中很火的游戏），随时把你的心提到嗓子眼；生活不是"耍朋友"（谈恋爱），总是把你的多巴胺、荷尔蒙调到最高水平。生活没有太多"大喜"，也没有太多"大悲"，更多的只是"平淡"。平淡才是生活的常态。

"平和""平淡""平凡"才是生命的常态，在认清了生活本质之后，接下来的选择才能看出一个人是不是真正"优秀"。

咱们有些同学想当然地认为生活应该是五彩斑斓、绚丽多彩，充满了各种新鲜，各种有趣，但当发现学习之路是如此艰难、枯燥、无趣的时候，他们耐不住寂寞了，坐不住冷板凳了，他们内心的能量开始耗竭了，心灯也开始黯淡了。他们开始选择"网游"，选择"早恋"，因为只有这种生命体验能够让他们干涸的生命重新找到刺激。今天，老师告诉你，那些让你情绪大起大落的东西都只能带来浅层次的感官刺激，仅仅追求简单感官刺激的人最后都只能变成平庸的人。

相反，有些同学，他们每天坚持做自己"平凡""平淡"的事情。就拿"劳动委员"这个职务来说，是很考验人的。我们班蔡昭晨和段声媛都做得很好，日复一日，周复一周，月复一月，每天都是最晚走的那两个。换作是亲爱的同学你，你受得了吗？你或许觉得很无聊。但后来在选择入团积极分子的时候，同学们毫不犹豫地把票投给了蔡昭晨；评选北碚区"雷锋好少年"的时候，同学们毫不犹豫地把票投给了段声媛。（1）班的曾可、王艺霖、龙渝川，（5）班的曾诗雨、马于耀、周帝烨等同学，他们平平淡淡的生活就是周而复始地学习，我很少看到他们有自暴自弃的状况，因为他们认为学习是他们的天职，已融入了他们的血液。你们看体育尖子生在运动会上很"光鲜"，其实他们绝大部分训练的日子也都只能和"枯燥""汗水"做朋友，"平和""平淡""平凡"是他们生命的主旋律。不信，你问问赵进才他们。

就拿我来说，大部分的情绪体验也只能是平和、平静，不是天天想着被教育局颁发一份荣誉证书，不是期盼着参加个什么教师比赛，拿个一等奖，也不是心心念念单位突然给我多发一笔奖金之类的。这些刺激当然都能让我开心激动，但都是不可能天天发生的；如果天天发生了，我又会觉得无聊。唯一要做的，就是老老实实本本分分地坐在书桌前面研究研究问题。生活太平淡，幸亏还有好书可以读。"读书"成了我赖以生存的"空气"，我每天都想读书。床头总是一大堆书，躺下去就能拿出一本来翻看。夜以继日，焚膏继晷，慢慢沉淀以后，就成了别人眼中的"优秀"。

我还记得在共和国勋章颁奖典礼上，习近平总书记用一句话概括了功勋人物的人生轨迹——"干惊天动地事，做隐姓埋名人"。他同时也说出了平凡与伟大的辩证关系——"伟大出自平凡，平凡造就伟大"。

同学，我想只要我们以坚守平凡的心态，脚踏实地把每件平凡的事做好，以"平和"的心态把"平淡"的生活过好，那么一切平凡的人都可以获得不平凡的人生，一切平凡的工作岗位上都可以创造不平凡的成就。

每逢看同学们的"考后反思"，我都能看到你们的"大志向"，但凡心灵被成绩撞击之后，多多少少总是有点感触的，"立大志""立长志"就顺理成章，毕竟自己也要安慰自己一番嘛。但我往往是不信的，有一次，我给一个经常立志的同学留下了这样一段批语：

"良好的愿望只是成功的发端，我想看到你的坚持。坚持到一个阶段就成了习惯，习惯会融入你的血液，那你就霸道了！"

总之，我理解的生活本质如此——"平和""平淡""平凡"，这是生活的常态！没那么多慷慨激昂，没那么多热血沸腾，没那么多大喜大悲；有的可能只是一缕一缕的"旷野清风"，微微吹拂心间。我希望你要认清它，然后爱它。最后还要慎重地抉择你的行为方式，切莫"平庸"。否则，不能称之为"成熟"，不能称之为"优秀"，不能称之为"新青年"。

最后，我送你几句话：

既然生活如此"平淡"，

既然我们又不能如此"平庸"，

既然我们的生命又不能总是靠别人"打鸡血"，

那么，我们只能自己点亮自己！

在独学的日子里"挖宝"

亲爱的同学：

曾经有同学告诉我，不想放假回家，一想到要回家独处这么长一段时间，就很烦躁，很焦虑。平常在学校学习，虽然是辛苦了一点，但是有朋友陪伴，有老师引领，每天要做什么、能做什么是非常清晰的。但是放假在家，就好比突然坠入浩渺星辰之中，一片寂静，有一种度日如年的感觉。

假期太长了：长得让我们彼此感到焦灼；长得让我们只能隔屏守望；长得让我们周围只有孤独的几个声音。

这个同学说的确实也有道理。

独学的日子里没有了同学们你追我赶的"动力参照"；独学的日子里丧失了室友们鼓励的"情感支点"；独学的日子里更是没有了老师们高高扬起的"教鞭"；……

人在独学的过程中，在不断延长的时间线上似乎是很难一直维系状态的。

因为人一旦失去了社群的参照，一旦失去了外界的鞭挞，就很容易失去自我。

失去了自我，也就丧失了动机！人没有了精神的感召，很容易软绵绵疲沓沓！

即便独学这么不好，但我依然倔强地呼吁大家：

在独学的日子里"挖宝"！

你可能会疑惑，老师，天天都闷死在家了，还能挖什么宝啊？

同学，你先别着急，且听我一一道来，看看这些"宝贝"你都挖到了吗？

如果挖到了，殷老师就要热烈地恭喜你了！

第一份"宝"是自由支配的时间。

一个人最大的幸福在于自己拥有"掌控感"！在学校，每一节课是什么，要做什么，不能做什么，不是由你说了算。也许上一节的数学课还让你意犹未尽，接下来就来了一节生物课，那种思考的余波还在大脑里，让你在生物课上身在曹营心在汉！但独学的时间里，每一天的任务总量明明白白地摆在导学案上，你非常清楚自己应该走到哪里去。如果你快马加鞭，很有可能在短时间里扫荡硬性作业，腾挪出更多自由支配的时间。拥有这一份时间就是拥有一个大宝贝！有同学闲置它，有同学漠视它，有同学挥霍它，但是如果你能利用好它，这就是你与同学们之间最大的差别所在！

第二份"宝"是耳旁的宁静。

独学的这一份安静真美啊！大有一种"结庐在人境，而无车马喧"的归隐之意！平日在学校里，每一分每一秒都充满了各种声音，课堂上是老师们的"机关枪""连珠炮"，课下又是同学彼此间的聒噪。有时候你很想一个人稍微安静一会儿，但突然一处传来了惊喜之声，你顺势望过去，意图分享；另一处又响起了震怒之声，你又顺势望过去，意图打探……。就这么来来回回，六根难得清静。这一个月的独学，是强行割让给你的自留地啊！从某种程度上说是老天爷眷顾你，把你从喧嚣和聒噪中拉出来，让你享受另外一种学习模式！

第三份"宝"是内心的笃定。

身处集体，你容易有动力参照，但你也必须为此"买单"！一方面，在集体中就有"身份"，"身份"源于"比较"，于是就会有"身份焦虑"；另一方面，各种人际关系扑面而来，你需要处理的不仅是学习那么简单的事情，你更需要处理的是学习以外的"关系"。也许你正襟危坐地在听课，但其实你的心里面还反复呷摸着某同学说过的一句过分的话！也许你手握着笔，但其实你内心还在思考着如何妥当地"拒绝"！这一个月的独学，让你从复杂走向了简单，让你抽身和剥离开复杂的人际关系，单独面对唯一的朋友——

学习！

如果你是一个善于"挖宝"的人，那你一定能挖到自由支配的时间、耳旁的宁静，还有内心的笃定；如果你也是善于利用宝贝的人，你的劣势学科将得到很好地滋养和灌溉，你慌乱的内心也将得到很好地抚慰！独处在家，老天爷没有亏待你，而是从"暗处"照顾你！

最后一份"宝"是孤独力。

这一份"宝"埋藏得有点深，需要我们深挖、久挖！一般人是挖不到的。

什么是孤独力？

孤独力是指在社会中与人打交道的同时，也能始终把自己的意志放在中心位置，积极承担起自己责任的一种能力。

同学，在一个极度讲究"社交""人际""左右逢源""为人处世"的社会，"独"一定是林中那条少有人走的路。独自承担、独自承受也绝对是稀世罕见的能力，所以我们才称之为"孤独力"。如果一个人面对社会上的三教九流还能应付自如，但唯独无法面对独处时候的自己，那相信我，这个人是精神上的瘸子。

都说，孤独是一个人的狂欢，狂欢是一群人的孤单。

而我认为真正重要的东西，需要独自一个人去寻找！

那你可能会问："老师，那真正重要的东西是什么呢？"

我的答案是：发现自己。

拥有孤独力，从发现真实的自己开始。害怕孤独的人是无法充分认识自己的，因为身边总有人交际来往，所以没有办法拥有充足的时间来内省。

同学，在独学期间，殷老师希望你不断地暴露自己的内心。即便自己不够好，也要勇敢接纳；即便会遭受负面的评价和对待，也要勇敢面对；直面那些让自己痛苦的事情和人，找到痛苦的原因；不随意否定自己，也不胡乱地鼓励自己。

刚开始这样做肯定会让自己很不舒服，甚至会很痛苦，但如果坚持下去，展示自己的内心，你就会越来越习惯这种状态。等你回到学校之后，你也能够慢慢地接上之前的轨道，不以物喜不以己悲，不过分在意他人的眼光，逃脱那些强加给自己的固有观念，不再强迫自己去做好人，也不再压抑自己去做自己不喜欢的事情，迎合别人。

独自去承担属于你的责任，不要推卸！在每天的《暮省》上充分地和自己对话，和自己的内心对话，哪怕扭曲，哪怕焦灼，哪怕荆棘丛生！

享受孤独的你，可以在人群中欢笑，也可以一个人骄傲！

真正的学霸都是时间的长期主义者

亲爱的同学：

你想成为学霸吗？

你觉得成为学霸有没有速成秘籍？

在回答这两个问题之前，我想先给大家呈现我曾经在班上给学生上过的一课。

殷老师的速成班

师：老师这儿有一份学习的秘籍，叫作《一招，让你学渣变学霸》《这4个习惯，让你学习轻轻松松——来自清北学子的箴言》，愿意出高价钱买的同学请举手。

（学生基本都举起了手）

师：同学们想看看老师的底牌吗？

生：想。

（呈现PPT）

《一招，让你学渣变学霸》

底牌是：坚持。

《这4个习惯，让你学习轻轻松松——来自清北学子的箴言》

底牌是：

习惯一：勤做错题，勤复习。

习惯二：坚持做计划。

习惯三：科学安排时间，并持之以恒。

习惯四：多反思。

师：同学们，聪明如你，能不能发现底牌的一个共同秘密？

生1：都在强调一个词——"坚持"。

生2：勤、持之以恒、多反思都是在强调一个词"坚持"。

师：是的。这就有一个悖论了——明明是"学法速成班"，偏偏要我们"坚持"。你认为其中的秘密是什么？

生1：也许这个世界上本来就没有轻轻松松随随便便的成功。

生2：坚持才是最好的策略。

生3：真正的"速成"在于长期的坚持。

……

所以，我这封信给你讲的主题就是——真正的学霸都是时间的长期主义者。

成功的秘密

心理学家安吉拉·李·达科沃斯，是麦克阿瑟天才奖获得者。她花多年时间搞了一个调查——决定一个人能否成功的最重要因素是什么？

她调查了西点军校，调查了很多体育明星，调查了很多商界成功人士，最后她发现了决定一个人能否成功的最重要因素。

你猜一猜，这会是什么？

我猜，你可能会说是情商。

你可能会说是逆商。

你还可能会说是颜值。

……

不是智商，不是情商，不是人脉，不是兴趣，不是勇气，不是长相，而是"Grit"——坚毅。

那什么是"坚毅"？

向着长期的目标，坚持自己的激情，即便历经失败，依然能够坚持不懈地努力下去，这种品质就叫作"坚毅"。无论在何种情况下，都要坚持做下去，所谓"坚毅"，就是做一个时间的长期主义者。

为什么说坚毅品质才是成功的最重要因素，而智商、情商之类却不是呢？

这是因为人与人之间智商、情商的差距并不是很大，成正态分布，但是能够坚持下去的人却很少。

坚持与笃定，才能挖掘最大的价值

故事一：巴菲特的坚持

我想给你看一张图片，请你看看，这张图片是关于股神巴菲特的。你看出了什么规律？

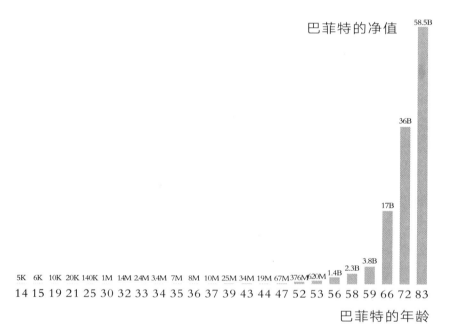

图 4-1　巴菲特的年龄与净值之关系

不难看出，巴菲特一生中 90% 以上的财富，都是他 50 岁之后获得的。

股市有个著名的"721"定律，就是 7 成股民都以亏损收场，2 成股民盈亏平衡，只有 1 成股民赚钱。为什么大部分人会以亏损收场呢？

大部分人追求短线投资，而巴菲特追求长线投资；那些亏本的人都是"投机客"。

我个人也曾购买股票。在炒股那一阵，我天天分析宏观政策，天天寻找内幕信息，目的就是低买高卖，以赚取其中差价。我炒股的实质就是投机。我和绝大多数股民一样——亏本了。但据说，巴菲特不一样，他买股票从来不投机，而是做"价值选择"，他只分析这个公司有没有未来，如果这个公司很有发展前景，那股票升值必然是大概率事件。所以只要找到这种公司，他就重仓买入，随后即便遭遇多次下跌，也决不出手。"好企业，迟早都会涨回来"。就这样，巴菲特成了超级富豪。

巴菲特举过一个例子：

从 1900 年到 1999 年，道琼斯指数从 65.73 点涨到了 11497.12 点，涨了 176 倍。176 倍，很可观，对不对？但即便这样，还是很少人能够赚到钱。你知道为什么吗？因为平摊到每一年的年复合增长率只有 5.3%，很多人嫌太低了，不愿意去做这样的投资。但巴菲特不一样，他就愿意这样持续数十年地坚持，所以最后他成了超级富翁。亚马逊 CEO 贝索斯问巴菲特："你的投资理念非常简单，为什么大家不直接复制你的做法呢？"巴菲特说："因为没有人愿意慢慢变富。"

故事二：华为的笃定

接下来我再给你讲一讲任正非的故事。2000 年左右那段时间，深圳房地产发展得特别快，于是有部下给任正非建议："随便要点地盖盖房子，就能轻松实现一百亿元利润。"

但任正非一口就回绝了："挣完了大钱，就不愿意再回来挣小钱了。"

2010 年之后，华为周边开始建新城，又有部下向任正非建议："随便要点地盖盖房子，就能轻松赚取一百亿元。"

任老板一听，拍桌子吼道："华为不做房地产这个事，早有定论。谁再提，谁下岗！"

从此，再也没人敢提房地产。

1987 年，43 岁的任正非拿着凑来的 21000 元，在深圳一个烂棚子里创立了华为。

他有一个梦想——成为世界一流的通信设备供应商。1998 年，华为出台了《华为基本法》。

这个《华为基本法》，就是华为公司的"宪法"。基本法的第一条就是"为了使华为成为世界一流的设备供应商，我们将永不进入信息服务业"。

中途，做房地产本可以暴发。

中途，做互联网本可以暴发。

中途，做资本运作本可以暴发。

但任正非从不为这些诱惑所动：

"华为就是一只大乌龟，二十多年来，只知爬呀爬，全然没看见路两旁的鲜花，不被各种所谓的风向所左右，只傻傻地走自己的路。"

正因为任正非始终坚守"只做通信"，不为两岸的花香所动，华为才成了今天的华为。

华为的成功可以让我们明白以下道理：

有时候看似"快"反而就是"慢"；相反，有时候看似"慢"却反而很"快"。

就像殷老师这封信的主题一样：成功者都是时间的长期主义者。

坚持才能够形成一种文化品牌。

这个世界很奇怪：一门心思想走捷径的，最后都走了弯路；一门心思想搞投机的，最后都掉进了陷阱。最后大成的人，都是时间的长期主义者；长久成功的人，都是时间的长期主义者。笃定和坚持，才能挖掘更大的价值。

学霸——时间的朋友

我身边总是有很多同学流露出自己的焦虑和彷徨——

有人心急火燎地想快速实现目标；

有人在怀疑自己手上正在做的事到底有没有意义；

有人在向老师发问，如何才能够轻松学好；

……

我这些年带班，发现一个有趣现象，"学霸"往往不是那些"最聪明"的学生，但却都是"时间的朋友"。凡是实实在在去做事的学生，几乎都成了别人眼中的"学霸"。凡是耍小聪明去做事的人，几乎都成了别人眼中的普通"学民"，甚至是"学渣"。这个现象正好印证了安吉拉的那句话："世界上聪明的人很多，你能想到的，别人也能想到，最终你能在聪明人中间赢，是因为你比别人更加坚毅。只有坚毅的长期主义者，才能成为时间的朋友。"

这封信写到这里，我还有两点忠告给你：

第一，就好比珍贵的食材，根本不需要添加剂，时间才是最好的佐料一样，最有效的方法，往往是最朴实的，需要同学们用"坚持"去"小火慢炖"。大家都知道是金子总会发光的，但大部分人都在着急"怎么发光"，却很少有人在想如何把自己"打造成金子"。

第二，最优秀的人，往往都是时间的朋友，都是时间的长期主义者。成功之路从来不拥挤，因为坚持下来的人太少。

13 我终于和自己握手言和了

亲爱的同学：

这一封信我跟你聊聊我的故事，看看我是什么时候才和自己握手言和的。

小时候，我爸妈在广东做生意，因为爸妈吃苦耐劳，真诚待人，所以生意一直都是红红火火的；我人生中真正的财务自由就只有那个阶段，兜里面的闲钱真的不少，我是想吃什么吃什么想买什么买什么的节奏！

那时候肯德基和麦当劳这些东西还木全面铺开，但是我就已经吃腻了。而且广东外来人口多，各地美食齐聚，什么螺蛳粉、肥肠粉、煲仔饭……，琳琅满目，花花绿绿，我真的是什么都要去尝个鲜才肯放过自己。造成的结果就是，我就像一只气球一样迅速被吹大，真真正正变成了一个"小胖墩"。最夸张的时候是，小学六年级1.6米左右，就有150多斤！满脸堆肉，啤酒肚外凸，不忍直视！也就是小学的时候打开的"潘多拉魔盒"，不加节制地吃，导致我后面10多年都在痛苦中收拾残局！

我实在太胖了！同学们用粤语叫我"肥佬"，我听起来觉得极为刺耳，但是又无可奈何！校服要穿最大号的，运动服也是。学校组织照集体照，我总是脸最圆的那一个！发型也被妈妈强迫，只能是贴皮平头，这更是火上浇油啊！

因为肥胖，灰白和自卑成了我青春期的底色。我不敢过多地和女孩子接触，虽然我觉得她们都很美。和男孩子玩吧，又只能成为被侮辱的对象，"肥坨""胖子"等外号不绝于耳。同学们打趣我说，"成绩不怎么突出，肚子却很突出"！最要命的是，我喜欢上了我的同桌，一个来自四川攀枝花的女生。她美丽，轻盈，有朝气。但我极度自卑，连讲话的勇气都没有，只能默默地帮她捡东西、借东西……。迫不得已的时候，才搭上一句话。

最后被她说成是"高冷的胖子"！高冷我可以接受，但从女神口中吐出一个"胖"字，我实在有点接受不了。我因爱生恨，反而开始厌恶她的一举一动了。

我的几个好朋友，都是十足的帅哥，我厮混在他们当中，不知道是出于什么自虐的心理！

为了在人群中获得一席之地，我甚至还出钱"雇用"他们做我的保镖！反正那个时候，钱倒是有，面子是一点儿也没有！

后来，回到老家上初中了。我的"抗脂"战役从青春期正式拉开了序幕！"胖"依然是一个主旋律，并没有因为我是从大城市回来的，身份就显得很"豪横"。老家的这群同学没有叫我"肥佬"，他们给我取的外号稍微"雅"了那么一点，叫作"圈圈"，意思是，我腰上的肥肉是一圈一圈的。后来也有同学叫我"呼啦圈""游泳圈""圈帅"……，反正都是围绕着"圈"字做文章。但是，我觉得"圈帅"最好听，至少还有个字是"帅"嘛，意思是"又圈又帅"嘛。

班上的美女真多啊！我坐在座位上，眼光到处打望：我喜欢刘晓丽同学"不胜凉风的娇羞"，我也喜欢陈方圆同学"浑身雅艳，遍体娇香，两弯画眉远山青"的古典美。你瞧，郑国凤同学，"肤如凝脂，巧笑倩兮，美目盼兮"，她笑起来，嘴角有钩子，勾得住我的心！……我把班上的美女都默默地在心里面盘算了一遍！

怎么办怎么办？爱了爱了……我见青山多妩媚，料青山见我应如是！可惜，我只对了一半，前半句对了，后半句错了！女神们确实很妩媚，但和我一点关系都没有！我还是那个小胖子。请问，哪个女孩子会选择和一个胖子早恋？我只得扼腕叹息："我本有心向明月，奈何明月不待见！"

我心想，只要成功减肥，我一定能够有机会的！于是，我用了一切可以用的方法：早上出门的时候，我用一块白布勒住我的胸和肚，企图把那些"横肉"打压下去！这个过程，不亚于当时欧洲贵妇勒腰时候的惨烈！我买衣服一定要买深黑色的加大号，显得很嘻哈！衣服上各种各样的花纹最好都要有，格子最好，这样能够遮肉！

当然还要从饮食入手，我开始节食了，但常常是饿得我清口水一阵一阵直流，到最后禁忌一开，反而狼吞虎咽吃得更狠！算了，减肥需要毅力和时间，我等不及了。我人生中做出的最夸张的事情是，我居然电视购物，开始买减肥药了！我看到电视广告里说"三点减肥法"，用他们神奇的药，在身体的三个点位均匀地涂抹一遍，就能达到一个月减肥成功的神奇功效！我撒谎跟远在广东的爸妈说要交什么费，获取了几百元的巨资，买了这个国外进口的药！带着朝圣一样的心，一丝不苟地找准点位，均匀涂抹了一个多月……。结果是，体重没见消减，反而增肥了 3 斤！我当时心灰意冷，想死的心都有了！

后来，我又在电视里看到什么"藏青素"具有神奇减肥药效。于是，又节衣缩食，攒下钱来买了两个疗程的减肥药！我的印象是，那段时间，我只是经常跑厕所，全部是拉稀！我严重怀疑我吃的是泻药，不是减肥药！我连续拉了两周，总跑厕所，连上课都忍不住！我拉怕了，果断地停止服用！

我好恨！我恨自己为什么这么丑！这么胖！这么矮！我开始责怪我的父母没把我生得好看一点，哪怕穷一点我觉得都没什么。那段时间，我哪里去想学习呀，心思全在自己的身体上了。后来，我喜欢的女生全部都被别的男孩子追到手了，他们都好帅啊！即便不是那么帅，但人家成绩好！我很伤感，独自一人躺在床上，听着林俊杰的《江南》和周杰伦的《七里香》，我哭了……

我的女神全部都被别人追走了。据说，她们都是在艺术节上被集体表白追到的。我知道，我们班贡献的节目是"时装走秀"，一男一女，一来二去，眉目传情，肯定会慢慢擦出火花呀！我没有被选中表演节目，原因是我矮而且肉多！

想死，又不敢死！我坚强地活了下来，彻底无欲无望之后，我的思想慢慢开始转型了，开始关注自己的学习了；把自己从挤痘痘、挤肉肉的泥潭里面拉了出来，开始追求自我价值的实现了。事实证明，我是对的！我开始对我的身体和长相彻底放弃的时候，也是成绩开始慢慢"抽条"的时候了！我的成绩最后排名年级前五！女孩子来问问题的也多了，老师表扬我的次数也多了，我内心的自卑感终于被满足感替代！我成功考上了县里最好的高中！

上高中之后，我依然被同学们叫作"胖子"或"圈圈"。调皮的男生们总是喜欢抱着我捏我。有时候我坐在座位上，正在和别人聊天，突然间感觉肚子上的圈圈一阵疼痛，扭头一看，原来又是几个调皮蛋一把抓起我的肉肉，使劲捏，捏了就跑。我气不打一处来，又无可奈何！

我在高中是极度压抑的，我把所有"窈窕淑女，君子好逑"的欲望火种深深地埋藏在内心！我眼见各种"温柔与妩媚"飘过，眼见各种早恋，"起朱楼，宴宾客，楼塌了"的跌宕！那时，我理性地知道了一点，我靠颜值已经没有任何希望！我注定没有其他男生的潇洒如风；我注定不像其他男生一样，面洁如玉；我也注定不能像高个子男生一样，鹤立鸡群。

但男人，也许还有其他成功的途径。我选择了如饥似渴地学习！

那时候，班上有一个身高168cm的女孩，身材高挑，皮肤白皙，眼睛大大的像会说话一般！她是班上公认的班花！你瞧她，"俏丽若三春之桃，清素若九秋之菊"。每当她从走廊走过的时候，总会引来很多男生围观！尤其是女孩稀少的理科班，理科生们站在走廊上看到她，都要吹口哨。

我也一见倾心！每当我在走廊阳台上认真读书的时候，也都忍不住放下课本，悄咪咪地打望一下她。这种感觉，让我瞬间想到了《陌上桑》里面"但坐观罗敷"的情景。对，她就是那个时候我们男生心中的"罗敷"！但，我知道我也只能看一看而已。一切的美好好像天然与我绝缘，就好比脂肪与一切美好天然绝缘！

我高考考得很好，从此信心倍增！我知道，如果我努力，我也配拥有幸福的权利！

于是，我把学习的毅力迁移到了减肥上！我还记得，丢开了课本之后，我每天的训练量基本都有好几个小时，每天早上跑步，从一个镇跑到另外一个镇，然后再跑回来！此时，太阳才刚刚探出一个头来！跑在万籁俱寂之中，朝霞在我的脸上镀了一层金，汗珠顺着墨染的眉毛打落在干涩的水泥路面……，努力的身影显得异常美好！

从那一刻，我和自己握手言和了！我知道，唯有拥有美好品质的人才配拥有美好！

顺便说一句：老天让那个"罗敷"最后成为我的夫人，为我生了两个可爱的宝宝！

同学，信写到这里，希望你能明白：处在每一个时期的人，都会面临类似的问题，你千万不要觉得你的苦楚没人理解。我特别能理解，而且我当时的痛苦不亚于你。

最后，我把网络上曾很火的一段话送给你：

你背单词时，阿拉斯加的鳕鱼正跃出水面。

你算数学时，太平洋彼岸的海鸥振翅掠过城市上空。

你晚自习时，极圈中的夜空散漫了五彩斑斓。

但是少年你别着急，

在你为自己未来踏踏实实地努力时，

那些你感觉从来不会看到的景色，

那些你觉得终生不会遇到的人，

正一步步向你走来。

第五章　心灵的承诺：

看清选择，寻找意义

起点，往往决定延续——路径依赖的启示

亲爱的同学：

今天想跟你聊的主题是"路径依赖"。什么是"路径依赖"呢？我为什么要跟你聊这个主题呢？且听我慢慢道来。

你的选择习惯

我首先问问你以下几个问题：

① 有没有一个品牌你坚持用了很多年？

② 你最喜欢什么味道的牙膏？

③ 你每次吃火锅的时候必点什么菜品？

④ 你喜欢看什么类型的书籍？

⑤ 有没有一道数学问题，你翻来覆去地犯了很多次错误，这次期中考试还是没避免？

⑥ 有没有一个学习的坏习惯，你已经意识到了，但就是难以纠正？

你可以拿出一张草稿纸，双手托着下巴，好好思考一下这些问题。

接着殷老师再问你一些问题：

① 你为什么非要"坚持"这些东西？

② 这些"坚持"都理性吗？

③ 你难道就不想"逃离"曾经的坚持吗？

殷老师几个振聋发聩的问题是不是瞬间让你陷入沉思了呢？

为什么我就偏偏喜欢薄荷味呢？

为什么每次吃火锅，我就偏偏喜欢毛肚、鸭肠、虾滑呢？

为什么……？

同学，在揭示这些问题的答案之前，殷老师要先给你讲一个"马屁股理论"。

马屁股理论

亲爱的同学，你想知道航天飞机和马屁股有什么关系吗？

为什么美国航天飞机燃料箱旁边两个火箭推进器（协助飞机起飞的助推火箭）的宽度是4英尺8.5英寸（约1.4米）呢？

"这个问题看似好无厘头啊！"你可能会说，"它就是4英尺8.5英寸，有什么问题吗？科学家要把它设计成4英尺8.5英寸，我有什么办法呢？"

对，最开始我也是这么认为的！后来，我才知道这个4英尺8.5英寸居然和马屁股有关系！4英尺8.5英寸恰恰是两匹马屁股的宽度啊！

啊？居然还有这事呢？

对！且听殷老师慢慢给你道来。

这些推进器造好之后要用火车从工厂运送到发射点，路上要通过一些隧道，而这些隧道的宽度只是比火车轨道宽了一点点，因此，火箭推进器的宽度是由铁轨的宽度决定的，而铁轨的宽度是4英尺8.5英寸。

铁轨的宽度为什么要采用这样的标准呢？

因为美国的铁路原先是由英国人建的，而英国的铁路是由建电车的人设计的，电车所用的轮距标准是4英尺8.5英寸。

电车的轮距为什么要采用这样的标准呢？

因为最早建电车的人以前是造马车的，所以电车的标准是沿用马车轮宽标准，而马车轮宽标准是4英尺8.5英寸。

马车为什么要用这样的标准呢？

因为英国马路的宽度是4英尺8.5英寸。

英国马路为什么要采用这个标准呢？

因为整个欧洲的马路都是古罗马人按照他们战车的宽度铺设

的，而战车的宽度是 4 英尺 8.5 英寸。

古罗马人战车的宽度为什么要采用这样的标准呢？

因为牵引战车的两匹马屁股的宽度是 4 英尺 8.5 英寸。

——摘自"百度百科"

所以说，航天飞机上火箭推进器的宽度，是由两匹马屁股的宽度决定的！

真的好奇怪！有了什么样的起点，就有了什么样的延续！

这就是这个世界在默默遵守的一个规律——路径依赖！

路径依赖

路径依赖，是指人类社会中的技术演进或制度变迁均类似于物理学中的惯性，即一旦进入某一路径（无论是"好"还是"坏"），就可能对这种路径产生依赖。一旦人们做了某种选择，就好比走上了一条"不归之路"，惯性的力量会使这一选择不断自我强化，并让你轻易走不出去。

经济学家道格拉斯·诺斯因为发现并提出"路径依赖"理论而声名远播，他用"路径依赖"理论成功地阐释了经济制度的演进，因此于 1993 年获得了诺贝尔经济学奖。

电影《肖申克的救赎》里有一个桥段：一位在监狱中待了五十年的犯人老托马斯，已经适应了监狱的生活，出了监狱后，竟无法适应外边的生活，他甚至想过再犯罪重回监狱，最终因适应不了外边的生活上吊自杀了。为什么？因为监狱里面体制化的生活已经让他不愿意脱离既有的"行为路径"，习惯了"高墙"而无法正视"自由"。

现在的大数据测算，其根本的逻辑还是基于消费者都有消费路径依赖：

选择了一个牌子，也就认定了这个牌子；

形成了一个习惯，也就容易依赖这个习惯；

适应了一种服务，也就容易享受这种服务。

说白了，这就是大脑在用最简单、最省力、最节约的方式在后台运算！

有什么样的态度，就有什么样的行为路径

既然"路径依赖"是一个客观规律，那我们就要思考这么一个问题了：

我们应该如何利用这条规律呢？

你必须在学习之初就要有一个良好的态度！从某种程度上说，有什么样的态度，就有什么样的行为路径。

那什么又是良好的态度呢？

我认为是六个字——虔诚、恭敬、谦虚！

面对学习也好，面对老师的要求也罢，你要有宗教般的虔诚、恭敬和谦虚！这就是天资不够聪颖的同学通往优秀的最短路径。

态度就是一个起点，之后所有的行为路径都被这个"态度"之锚设定了方向，设好了导航！这也就是我们经常所说的，有了什么样的起点，往往就有什么样的延续。

相反，如果没有良好的态度，你就很有可能走很多弯路，甚至是一条不归路！因为你的行为路径长期让你的大脑处在一个舒适区当中，不愿意脱离出来。这就好比一个人长期过惯了"灯红酒绿""肉林酒池"的日子，也就很难再适应"青衣素食""粗茶淡饭"的日子了。

什么是不良的态度呢？

我认为也是六个字——惰怠、自大、随性！

惰怠就是偷懒，就是偷工减料，就是大打折扣，就是对学习不诚实。

自大就是妄自尊大，对老师的要求不以为然，总是认为自己有点斤两。

随性就是佛系，就是两手一摊，就是对自己不加约束！

我生怕你一旦上了路，就不容易停下来了。同学，并不是老师不相信"浪子回头金不换"的道理，而是我认为掉转车头的成本实在不小，难度也十分大，浪费也十分惊人！

② 为你的努力找到意义

亲爱的同学：

常年带班，我深知绝大多数中学生的苦。我很心痛，心痛的是大家还这么小，就开始慢慢嗅到了教育"军备竞赛"的硝烟味了。两腿刚刚跨入中学，就已经开始进入今后十几年，甚至几十年竞争的赛道了。

你一定想问父母，也一定想问问老师：

"为什么我们这么稚嫩的肩膀需要肩负这么多学习的责任？"

"为什么我们的教育不能够给我们留下自由的空间去呼吸？"

"为什么我们的教育不能是'快乐教育'或是'素质教育'？"

"为什么我们的教育不让我们发展更多的兴趣和特长？"

"什么时候假期已经变了味，不再是调整身心的时间，而成了'弯道超车'的代名词？"

……

如果你问我，读书到底是为了什么？一时间，殷老师也不知道怎么回复你，我给你讲个故事吧，也许听了以后，你会稍微好一点。

有一所学校，叫惠特尼高中，在美国加州排名第一。这所学校的学生生活什么样呢？曾经获得普利策新闻奖的一位记者休姆斯，就跑到这所学校卧底一年，然后写了一本书，叫《美国最好的中学是怎样的：让孩子成为学习高手的乐园》。其中说到一个数字4，什么意思呢？4小时睡眠，4杯拿铁咖啡，4.0的GPA成绩。4.0的GPA，是最好的成绩。要想达到它，每天只能睡4个小时。那困了怎么办呢？喝4杯拿铁。这就是惠特尼高中学生的日常。

这还是公立学校。

美国的优秀私立学校，也没有什么快乐教育。据说有一位中国企业家，把孩子想方设法送到了美国波士顿的一家私立学校。这孩子本来在中国学习成绩不错，但是一到美国的顶级私立学校，发现自己完全跟不上，即使每天熬夜，也完不成老师布置的阅读任务。勉强上了一年之后，只好退学。

你也别以为这是孤例。我以前读到一本书叫《优秀的绵羊》，这本书我也送过我往届的学生。这是耶鲁大学的一个教授写的，书中给我们揭示的美国精英教育，给人的感觉可以用"险峻"来形容，竞争更是激烈到了白热化程度。富家子弟们为了自己的名校梦，要学拉丁语、希腊语。为什么？因为穷一点的人是学不到这些"贵族语"的，而且美国的公立学校也不教这两门语言。他们学拉丁语和你学英语的痛苦程度估计差不多吧。此外，我们有学区房现象，他们也有；他们不仅要比拼自己的努力，还要比拼父母的身份、经济地位等。之前网上还有一篇著名的帖子，叫作《我是个妈妈，我需要铂金包》，挺火的，深刻揭示了美国上流社会一位典型妈妈过的生活。我们看到的美国电影或是电视剧，感觉里面的学生好像很自由，很快乐，很民主，其实，这也许是从某种程度上迎合中产阶级的作品，是为了符合某种"政治正确"。

那教育可不可以快乐呢？

我觉得肯定是可以的。我刚才提供的只是一个"视角"，加拿大和北欧一些国家的情况也许要稍微好一点。但是，有以下两个命题是不容争议的。

第一，目前为止，我没有发现哪一个国家是对自己的教育非常满意的。每个国家的人都觉得自己国家的教育从某种程度上出了问题，亟待完善。比如，加拿大等国家就觉得自己的基础教育这一块赶不上我们中国。

第二，只要教育还是采取一种选拔机制，就总得有个标准。即便我们把任何素质教育的内容都加进来，无论是你喜欢的音乐也好，还是漫画也罢，无论是你热衷的足球也好，抑或天文也罢，它最终还是会演化成应试教育。教育只要还是如同军备竞赛，比赛什么不重要，结果都会演化成恶性竞争。

话讲到这个分上，你也许稍微平衡一点了。但你还是会有疑问，我知道你内心肯定还有很多终极性的追问，例如：

我这么努力为何？

我这么努力是为了走向何方？

我到底要成为什么样的自己？

我如果不成功怎么办？

……

如果你有过这样一些困惑或是委屈，我要恭喜你，这说明你是一个有着反叛基因和意识的生命个体，这难能可贵！

当你某一天突然开始对周而复始、枯燥乏味、毫无生机、缺乏意义的生活发起拷问了，你就已经跟一个哲学流派合拍了，叫作"荒诞"。历史上早就有很多人思考过这样一些问题了，最著名的就要数哲学家加缪！

你再想象一个场景：

假设你犯了一个很大的错误，受到惩罚，你需要推一块巨大的滚石上山，把滚石推到山顶就解除对你的惩罚。可惜，每次当你要推到山顶的时候，滚石就滑到了山脚下，你只好又继续推。你一直推，滚石一直滑下来，周而复始，日复一日，年复一年。你一辈子所要做的事情就是这个。

请问，你怎么办？

你可能说，如果要我每天做这样一件事，我宁愿死。但，如果我再附加一个条件，就是你是一个不死之身，怎么办？你想死都死不了！

彻底没辙了吧。

对，这就是荒诞哲学家加缪创作出来的一个神话人物西西弗斯！西西弗斯是神，因为触犯了天条而受到惩罚，上帝惩罚他推巨石。这项惩罚的真正高明之处在于，每天做的事情都是重复的、无趣的、无法逃离的。

同学，殷老师问你两个问题，你想明白了，你的疑惑就烟消云散了；想不明白，你就用这一辈子的时间去想，终有一天你会恍然大悟的。

第一，西西弗斯为什么非常开心地做着这件事？

第二，西西弗斯到底凭借着什么在对抗这种荒诞的生活？

再美好的远方，都抵不过手中滚烫的日子

亲爱的同学：

我曾经问过学生这么一个问题：

假如老师不工作，假如你们不读书，会怎么样？

我还记得当时我们的对话情景是这样的：

高晓松曾经说："生活不只是眼前的苟且，还有诗和远方。"这句话非常美，可能是因为它描绘了一个似真似幻、捉摸不定的远方场景，于是我们每个人都很容易自动地在脑子里勾勒出湛蓝的天空、温暖的阳光、碧绿的湖水，格外诗意，仿佛信仰都是虔诚的。我好想辞职，去远方看一看。请问同学们，如果你是我的家人，听了我的想法，会对我说什么？

有学生调皮地对我说，还是先把本职工作干好了再说，没有钱，去远方仍然只有流浪和苟且。

还有学生像哲人一样说，远方也是柴米油盐组成的，还是别去了。

还有学生用老者般劝慰的姿态对我说，你别辞职去呀，假期可以专门去，这两者并不冲突呀。

也有同学是实用主义者，对我说，可以的，先把奶粉钱挣够了再去。

我接过学生的话茬："大家的意思都是让老师别辞职，对吧？但是，同学们知道吗，老师现在工作压力大，薪水少，而且还面临着一群不谙世事、调皮捣蛋，并且随时有弄出事情风险的小臭屁孩。"

殷老师真正想问的问题是：如果我不工作了，是不是能够真正寻找到自己的诗和远方？

有个学生很能抓住本质：我觉得不能。理由是，远方走近了也是苟且，一个不会经营自我的人，也就永远不会有诗和远方。

另外一个学生一激灵，也开始从自身出发思考问题：真正有趣的人，也一样可以把眼前的苟且过得美好。

最后一个学生提醒我：远方和诗只存在于大脑的想象中。

我回应道："谢谢同学们给老师这些提醒。那我可能不会辞职去追求远方和诗了，因为远方和诗永远只是一种'意淫'，永远只是路边的风景，永远只是我们内心的桃花源。而只有眼下扎扎实实的工作才能够切切实实地滋养我们真实生活的田土。"

接下来，亲爱的同学，我们把思考的棱镜转一个视角，不去思考我的问题了，而是思考一个与你切身相关的问题。

假设你不读书，也假设你的父母完全不干涉，甚至支持你不读书。请问，你是不是应该感到无限幸福？

请合上书，好好思考一下呢！你会不会幸福？又是为什么？

不管你的选择和答案是什么，我都愿意和你分享一下我学生们的答案。

生 1：我觉得不会幸福，当我们失去了追求的时候，生命已经出现了裂痕。

生 2：没有学到知识，就无法面对以后竞争激烈的社会，也就没办法养活自己。没办法养活自己的人，哪有资格谈幸福？

生 3：学习虽然很苦，但是和老师的工作一样，都是在创造属于我们的价值。

当时的学生已经隐隐约约感觉到"不读书就没有真正的幸福"这个朴素的道理了。

前段时间，马云退休了，实现了真正的财务自由。但是，很多人认为马云不可能真正退休。

常人能够想象的退休就是吃喝玩乐，去寻找诗和远方，成天与美食相伴，与美景相融。从此不动脑，不工作。其实，过这种生活，就好比天天吃满汉全席，天天喝蜂蜜水一样，用不了多久就腻了。一向享受工作思维和工作乐趣的人，停下来反而是种折磨。

漫威之父斯坦·李说："很多人着急退休，这样他们就会有时间做自己想做的事情。但是我已经在做自己想做的事情了，我喜欢创作，我也喜欢和有创造力的人在一起工作。如果我退休了，就相当于放弃了这些乐趣……，我是不会退休的。"

大师宫崎骏也说过同样的话："在制作中死亡比什么都不做就死了要好。"

一辈子忙碌的宫崎骏，明明可以在家好好安度晚年，却非要热情高涨地投入高压工作中。

马云也好，斯坦·李、宫崎骏也罢，他们都是同类人，都是永远舍不得离开工作的人。因为，如果没有工作渗入他们的生命年轮，他们就不可能成就美好的自己。

所以，亲爱的同学，如果我没有工作，如果你没有学习，我们就不可能认识这么一群在我们身边的可爱的同事、同学，虽然与他们生熟不一，却构成了我们生活中的重要组成部分，参与了我们的喜怒哀乐。如果我没有工作，如果你没有学习，我们就没有强劲的生命意志和心灵韧劲，迟早我们都会成为一台"生锈的机车"。如果我没有工作，如果你没有学习，我们就不可能成就美好的自己，因为工作和学习都赋予了我们生命的意义，创造了我们专属的价值。

再美好的远方，都抵不过手中滚烫的日子。

喜欢，只是弱者的借口；兴趣，也许只是你的挡箭牌

亲爱的同学：

作家毛姆说："为了心灵的安宁，人最好每天做两件自己不喜欢的事。"但是爱因斯坦说："兴趣是最好的老师。"同学，你瞧，就连高手的观点都在打架，难怪韩寒说："我们听过很多道理，却依然过不好这一生。"但如果让殷老师在毛姆和爱因斯坦之间选边站队的话，我会毫不犹豫地选择毛姆。因为爱因斯坦实在太天才了，天才到了普通人难以望其项背的程度。

前段时间批改《暮省》，有个同学写道：

"感觉主科老师们上课，普遍很无趣……。难道语、数、英这些科目的老师们，不能像美术老师和生物老师一样吗？课堂上不能多讲一些有趣的东西来抓住我们的注意力吗？美丽的美术老师就经常为同学们搞一些比赛和活动，同学们参与度很高啊！"

他也在《暮省》的结尾处，意味深长地说了一句爱因斯坦式的总结：

"……殊不知，兴趣才是学生最好的推动力呀……"

我很想告诉他："小孩子才做自己喜欢做的事；成熟的人都应该做一点应该做的事。""应该做的事"就不一定是自己喜欢做的事。

亲爱的同学，如果你没有能力做好自己应该做的事，那么"喜欢""兴趣"就会变成一个借口。强者谈坚持，弱者才谈喜欢。一句"我不喜欢""我没兴趣"就可以成为所有不努力、不作为、不坚持的借口？

而什么是"喜欢"呢？

心理学给出的定义是，喜欢是一种短暂的情绪。

而什么又是"兴趣"呢？

心理学给的定义是，兴趣是一种不稳定的短暂的情绪倾向。成功的人往往是把"兴趣"转换成了生命中的"志趣"。

什么是"志趣"？

志趣是"兴趣"的高级阶段，是一种稳定的情感倾向，且伴有"意志力"的参与！

据说，在《锵锵三人行》热播之后，台里领导曾给窦文涛一个档期的时事节目，要讲大案要案，内容波澜骇人，没有嘉宾。他一开始接到这个任务的时候，全身每一根挑剔的汗毛都竖了起来，在领导面前都藏不住厌恶的眼神。从一开始，他就不喜欢这一档节目。然而，这一件不喜欢的事情，他却做了 8 年。亲爱的同学，你瞧瞧，再光鲜的人，再顺利的人生，也会遇到这样那样不喜欢、没有兴趣的事。这才是普通人的真实人生。甚至我敢说，这应该是所有人的人生。

同学，小到现在的学习，大到以后的养家糊口，要做好任何一件事情，都不能仅凭兴趣，而要靠责任、信念、坚持。凡事只谈喜欢，动辄就以"无聊""无趣"来当挡箭牌，很有可能会一事无成。殷老师还要提醒你一句：你对某件事情感兴趣的时候，说明你还只是在"外围"，根本没有触碰它的"内核"。你还只是处在"外行看热闹"的阶段。

我的一个学生，天天说酷爱动漫，抓住一切课堂的缝隙画画，立志以后做与动漫设计或是绘画设计相关的工作。自己的大学目标是留学日本或者是意大利的佛罗里达，因为这两个地方都有自己所追随的"诗和远方"。她口口声声跟同学们说："哪怕文化课再差，我也要坚持我的爱好。"这不，一语成谶，果然学习是越来越跟不上了，排名越来越靠后。情绪的跷跷板却把另一头的"绘画"撬到了一个很高很高的程度。最后，终于如愿啦，爸爸妈妈拗不过她，答应她走美术生这条路。她更是兴奋得几天睡不着！可是，一段时间过后，她又开始吐槽了："什么老师哟，每天练习的居然只是素描……""素描还能忍，关键一个月的时间，天天只练习画横竖的各种线条……"最后，这个女孩想放弃的时候，我对她说了一句话："在这个世界上，喜欢和爱一样，都是易耗品。唯独意志才是通往成功的阶梯。挺住，有时候意味着一切。"

音乐小王子周杰伦，算是小天才了吧？两岁哼歌，去妈妈同事家，摸了一次钢琴就迅速爱上了，妈妈拉都拉不走。这么喜欢，这么有天赋，学习钢琴的时候怎么样？据周杰伦口述，不想练琴，被妈妈叶惠美打得想死。

以前经常有学生在我耳边说："哎呀，我对数学没兴趣。"有一天，我烦了，我对他说："你有种，先把数学学好了，再对我说你对数学没兴趣。我佩服你是一条汉子。"

学生愣住了！

我补了一句："你呀，数学尽是考四五十分，你好意思跟我说，你对数学没兴趣。我很难想象，一个数学总是考130—140分的同学，一个总是被数学老师鼓励的学生还会对数学没兴趣。你这是因果倒置啊！是因为你学不好，才没有兴趣；并不是你没有兴趣，才学不好啊！"这个学生被我说得一愣一愣的，最后却给我竖起了大拇指。

何尝不是呢？亲爱的同学，人生实苦，喜欢并不能让它变得容易。幸运的是，我们还可以在成就感中去寻求动力。有人说，喜欢，就是站在山下看山上的风景；而成就感，是半山腰的观景台。在本能的喜欢和有效的成就感之间，一定有一段上坡路，坚持会支撑你完成这段上坡路。

最后，亲爱的同学，我还想总结一下：

天才横空出世，世界为之让路；而普通的你和我，想要不疯魔，不报废，最好每天都心平气和地做两件自己不喜欢的事。在日复一日的枯燥中历练，把你的汗水和足迹转化为收获。

⑤ 吃苦，是黑暗中的那点亮光

亲爱的同学：

如果你去浏览一下"智联招聘"网站，好好研究一下每一个职位的"任职要求"，你一定会发现，各种职位不管薪金是高是低，不管是讲师助理还是专业设计师，除去"学历"和"经验"这样一些硬性条件之外，还有一个非常重要的高频词汇——吃苦。

这说明了什么呢？

"能吃苦"是各项职业都非常看重的品质。

吃苦是生活的常态，没有不吃苦的职业。

所以，这一封信，我想重点谈谈吃苦。

亲爱的同学，你再想一想，你的父母是做什么的？你觉得他们辛苦吗？

我相信你一定会说："辛苦。"

但我的答案是，不一定！

辛苦是一个人的主观感受，对有些父母来说，现在的工作量对于他们现在的能力而言，可能就真的不辛苦。但有两点是可以肯定的：第一，他们年轻的时候或者工作之初都能吃苦或者吃过苦；第二，吃苦是生活的常态。

吃苦与成功的关系

亲爱的同学，老师再问你，想不想"成功"？这个问题，我也曾经问过我的学生。

学生无一例外地都回答说：想。

随后我就追问了一下，同学们，你们想不想"吃苦"？你们能不能"吃苦"？

学生的回答也非常一致：不想。

这是不是就很矛盾了？又想成功，又不想吃苦。那我们必须要思考一个问题了，成功和吃苦之间有没有必然联系？或者我们从反面思考一下，这个世界上有没有随随便便、舒舒服服、自由自在就能成功的例子？若有，请举出一两个。

你也许会说："有！有靠运气就能成功的。"

对！但是请永远记住，运气是努力的小尾巴。

这个世界上一切成功都或多或少地和吃苦有着某种联系。关于吃苦和成功最经典的辩证认识来自孟子：故天将降大任于是人也，必先苦其心志，劳其筋骨，饿其体肤，空乏其身，行拂乱其所为。

同学，为什么想要成功，吃苦就一定是必经之路呢？我曾经问过学生这个问题。

他们的答案是：因为吃苦就像磨刀石，可以砥砺人生。如果不吃苦就能成功，那这个世界上每个人都可以轻松成功，这就违反了"二八定律"①。

也有学生说，成功道路多坎坷，需要人有特殊的品质，而吃苦可以历练人的品质。我曾经看到过一句话，大致是说，苦难本身没有任何意义，但是对苦难的解读和反思才会有意义。我想，经过苦难磨砺的人才会对人生和成功有别样的解读。

希望每个同学都能够明白，吃苦和成功其实是一对孪生兄弟。

但什么东西才是"苦"，什么东西不算"苦"，可能每个人的感受和看法都不同。比方说，对于有"五香嘴"的人来说，粗茶淡饭就是苦，美味佳肴、炊金馔玉才算是"甜"，但有些人就认为"粗茶

---

① 在任何一组东西中，最重要的只占其中一小部分，约 20%，其余的 80% 尽管是多数，却是次要的，因此又称"二八法则"。二八定律是可证的，而且已经被不断证明。管理学范畴有一个著名的 80/20 定律。它是指，通常一个企业 80% 的利润来自它 20% 的项目；这个 80/20 定律被一再推而广之——经济学家说，20% 的人手里掌握着 80% 的财富。

淡饭、平淡生活"就是"甜"；对于"四体不勤"的人来说，亲自动手做家务就算是苦，游手好闲、随心随意才算是"甜"，但对于一个爱劳动的人来说，出入厨房、洗衣除尘，都不算"苦"；对于一个"沙发土豆"来说，运动一刻钟就算苦，而对于一个"青春少年"来说，跑下一个马拉松都不算苦，而是一种"甜"。

吃苦的实质

什么是"苦"，什么是"甜"，看来真的是莫衷一是。所以，要讨论"吃苦"，必须首先给"吃苦"下一个明确的定义。那吃苦的实质到底是什么？你有没有想过？经过长时间的深思熟虑和逻辑思辨，结合有生以来的生活感悟，老师认为：吃苦的实质就是走出心灵的舒适区，走出栖息的心灵贝壳，进入一个未知的学习区，甚至勇敢面对恐慌区。相反，不能吃苦的实质，就是不愿走出心灵的贝壳，不愿接受成长过程中的各种挑战和不确定性。

学习区和恐慌区都是我们不熟悉的领域，人类进化过程中，天然喜欢"确定感"，厌恶"不确定感"，所以每当遭遇"不确定感"的时候，必定唤起我们的"焦虑感"或是"压力感"，我们把这种"焦虑"或是"压力"称为"苦"。成功之路具有不确定性，所以需要我们跳出既定的心灵舒适区，进入一个学习区，只有不断学习，不断求变，才能应对这种"不确定感"。所以，我们才说吃苦是成功的必由之路。

吃苦的意义

关于吃苦的意义，我想通过两个故事呈现给大家，然后我们再一起体会一下。第一个故事的主人翁是大明星王宝强，一介草根一步一步走到今天，一定吃了不少苦。接下来，我们一起看看他的故事。

苦就像山间的隧道，是黑暗中的那点亮光

王宝强

刚去少林寺的前三年，生活极其枯燥，……。早上跑步的时间

是：冬天清晨五点，夏天清晨四点。在一片漆黑中，我们从少林寺跑到山上的达摩洞，山很陡，有时候需要手脚并用。有时，一不留神，脚下一滑，就能从山坡上像皮球一样滚下去……。冬天里，大雪封山，我们就从少林寺跑到登封市区，十余公里的路，每天都是天还没亮就出门，再迎着朝阳回来。

跑步只是预热，练功才是一天的主项……，我们每天都要踢腿、劈腿、马步……，稍有差池，就会被师父罚扎三个小时的马步。……专门有师兄在背后监督，只要一偷懒，一棍子下去，屁股就肿起来。

每天训练完，就觉得腿疼，钻心地疼……。有天晚上睡觉忘了脱袜子，早上起来一看，袜子的一部分已经和凝固的血块牢牢粘在了一起……

不过，训练不会因为你的疼而停止，反而每天的训练量都会增加一点，每增加一点，疼痛就会加剧一分……

有天早上，我欣喜地发现，我的腿不疼了，走起路来特别畅快。那天早上，我迎着嵩山的朝阳奔跑，像是要飞起来。中午练功的时候，我高兴地把这个消息告诉了师父，师父说："你的韧带已经全部打开了。"果然，从那天开始，我下腰能弯成整整一圈，头也能钻进裤裆里了。

（节摘自《意林》2019 年第 8 期）

故事看到这里，你觉得王宝强的训练苦不苦？那肯定是非常苦的。

那吃过这样的苦会给王宝强带来什么呢？一个人吃了"大苦"之后，"小苦"就不算什么了，就有一种"孔子登东山而小鲁"的感觉。

……从那以后，提水桶上山也好，在腿上绑沙袋也好，都不能让我畏惧了。我明白了，苦就像山间的隧道，是黑暗中的光亮，朝着走，很快就会重见天日。从嵩山下来以后，我对吃苦无所畏惧，我想，这是比学会功夫更有价值的一件事……

吃苦的第一个意义就是可以"增强心灵韧劲"，"心灵韧劲"强了之后，面对各种困难的承受力就足了，这也就是孟子所说的"动心忍性，增益其所不能"。

你一定知道很火的一部电影——《流浪地球》。对于吃苦的第二个意义，我想通过一个叫拾遗的作者对《流浪地球》拍摄过程的讲述来揭示。拍摄这部电影，台前幕后的"苦"呀，那真是想想都够了。

……2016 年 4 月，导演郭帆和编剧龚格尔带着《流浪地球》的 100 年编年史、3000 张手绘概念图、8000 个分镜头给中影领导看，中影领导第二天通知郭帆："准备开始吧。"

节省下来的资金，郭帆用在了制作道具上。

《流浪地球》整个片子拍下来，要制作 10000 多件道具，"没有一件道具是市面上买得到的"。……很多道具的设计极其复杂，一套宇航服要用 1100 多个零件，一个头盔的构造多达 14 层，……一件盔甲就要 40—70 万元。

《流浪地球》最后的成片，一共有 2003 个特效镜头。郭帆本想全找美国公司做，飞去一谈，吓傻了，"一个 S 级的特效镜头，5—7 秒就要 20 万美金。我们有 2000 个镜头，用不起"。没办法，大部分特效只好找中国公司做。价格虽然是低了很多，但就是需要翻来覆去地修改。"全片 2003 个特效镜头，每个镜头改 100 版很正常，最多一个镜头我们修改了 251 版。……"

……大量地消耗资金，1 亿元很快就花光了。几个投资公司一商量，又增加了几千万投资，但很快又被郭帆花光了。没办法，郭帆只好再次请求增加投资，但这一次，投资商产生了严重分歧，甚至在桌子上吵了起来，最后，万达影业决定撤资。万达一退，就更是雪上加霜了。

拍这部电影，演员们真是吃尽了苦头。……几个主要演员所穿的服装，最轻的一套是 60 多斤，最重的一套是 130 多斤。这种衣服穿起来特别麻烦，穿好至少需要一个多小时，所以一穿好，演员们是不能脱下衣服休息的。要休息，只有两个办法，一是完完全全趴在地上，一是将自己挂在架子上。……内急要上厕所怎么办？剧组就让演员们穿尿不湿。这些衣服实在是太重了，穿在身上行走非常困难，演员们经常走着走着就跪下了，一跪膝盖就会青一块。戴着头盔，呼吸非常困难，演员们经常拍着拍着就吐了，吐完又接着回来继续拍。

同学，请你充分运用自己的"共情"能力。如果你是郭帆导演，如果你是《流浪地球》当中的演员，当你知道：

《流浪地球》一经上映，口碑炸裂。上映短短的 24 天，票房直接飙升到 44.3 亿元人民币，最终定格在 46.18 亿……。观众和影评人给予了高度评价："中国终于有了真正意义上的科幻片""开启中国科幻元年"。

请问你的心情会是怎么样的？

不管你的心情怎样，老师我一定会大哭一场，以往的艰辛历历在目，忍不住飙泪呀！无论如何，眼泪里面一定有一种"甜"，你认为是吗？同学，老师认为，吃苦的第二个意义在于更容易体会到"甜"，更容易珍惜"甜"。我坚信，没有吃过苦的人，是不能明白生活的"甜"的，或者是不太容易明白这种"甜"的。

心理学家发现，在学习中，每天都花几分钟去思考自己面临的困难的人，会比那些每天花几分钟幻想自己取得优秀结果的人取得更好的成绩。法国心理学家加布里埃尔提出了"困境想象法"，学名又叫"心理对照"。当你去"想象困难"的时候，你会对苦难有一个基本的心理预期，以及基本的应对方法。因此，当我们面对实际困难时，不会懵圈，也不会一蹶不振。

请你继续思考，你会"吃"哪些"苦"；你的应对策略是什么；如果吃了这番苦，你可能会有什么"甜"。

可能会吃的"苦"	应对策略	如果吃了这番"苦"，可能会有什么"甜"

"交换人生"试一试

亲爱的同学：

　　如果你认为自己现在的生活很苦闷，如果你认为自己现在的生活不值得，你一定要好好读完这封信。这是我曾经给我的学生上过的一堂课，叫作"交换人生"。这堂课让很多学生开始重新审视和思考自己的生活和学习等方面的各种问题。接下来，我要把课堂直接呈现给你。如果你愿意，也可以带着你的想象力，在必要的环节和老师进行一次互动。

少年维特的烦恼

　　上课伊始，我就开门见山地对学生说："同学们，你们来到中学已经有段时间了，兴奋的感觉刚刚退却，学习生活中的各种问题已经开始浮出水面。接下来，请同学们在你们的本子上写下自己面临的各种问题。"现在，亲爱的小读者，我也强烈建议，你可以在笔记本上梳理一下最近遇到的一些烦心事。

少年＿＿＿＿＿的烦恼		
生活方面	学习方面	人际方面

　　接下来，请你思考如下问题：如果能够交换人生，你最愿意和班上哪一个同学交换？为什么？

　　（我让全班同学都要表达出自己的看法，但出于隐私保护，我

让他们都写在自己的《暮省》册里。我在教室里面巡视了一圈，发现愿意交换的和不愿意交换的大约各占一半吧）

愿意交换的学生，给出的理由多半是自己身边有各种不如意的事情，或是有自卑的地方。

命运卡牌对换

随后我说："同学们，上课前，命运使者已将大家的命运（我制作了几十张命运卡牌）安排藏进了信封。请同学们打开信封，找到命运卡牌并认真阅读上面的内容，看完以后将卡牌反扣放在桌面，保持神秘。"

学生自行查阅命运卡牌。上面随机写了很多命运故事，如：

（1）自己不幸患了癌症，家里没有钱治疗。

（2）因家中意外发生火灾，脸部被大火烧伤，留下了一个很难看的伤疤。

（3）家中父母离异，经济困难，读书条件很差。

（4）出生在一个贫困山区里，父母无力供养自己读书。

（5）自己的父母不幸患有重病，治疗花费了很多钱，家庭经济紧张。

（6）父母下岗，家庭经济困难，不能支付目前的学习费用。

（7）与周围的同学人际关系很紧张，很不受大家的欢迎。

（8）自己患有小儿麻痹症，生活很不方便。

（9）自己小时候因中耳炎治疗不好而变聋。

（10）自己一家三口挤在一个 10 多平方米的老房子里，食宿条件比较艰苦。

（11）自己的一只眼睛因意外事故而失明。

（12）自己的一条腿因在一次车祸中受伤严重被截肢。

（13）自己在一个条件很差的普通高中里读书。

（14）自己相貌普通，在班级里不引人注意，学习等各方面都一般。

（15）学习成绩优秀，但人缘很差，不受老师和同学欢迎。

……

如此种种！

亲爱的小读者朋友，你有没有发现，这些命运卡牌有什么特点呢？细心的你一定发现了一些蹊跷——就是好的命运是少数，坏的命运占多数。

这也是我有意为之的"小心思"。好的命运不多，约占2成；中性或者偏坏的命运约占8成。这毕竟也是真实生活的缩影嘛。但命运卡牌上的命运略显夸张。

接下来，我又对学生说："同学们都了解了自己的命运，接下来，请按照殷老师的指示完成以下两个任务：第一，不管你对你手上这个命运满意不满意，都请你悄悄写在《暮省》册上。第二，如果有机会可以交换一个新的命运，你愿意尝试去交换一次吗？为什么？请简单地把理由写在《暮省》册上。"

第一轮命运交换后，我接着说："接下来，我给同学们2分钟在全班范围内自由走动，去交换自己的命运。但是，在交换之前，绝对不能公开自己的命运卡牌。每个人至多只能交换一次。交换后都不得反悔。全场不能有一人说话，说话者会迅速被'上帝'带走，失去游戏体验资格。你也可以选择不交换。不交换的同学，静静地坐在座位上即可。"

于是，整个交换命运卡牌的过程都是安安静静的，学生也非常遵守规则。全程没有说一句话。但我观察到同学们的表情都憋得很怪异，很有意思。我也想了解一下大家都经历了什么。于是我说："好，请同学们再在《暮省》册上完成第三个任务：第三，你和谁交换的命运？这个命运是什么？交换到的命运你满意吗？为什么？"

按照同样的方式，我让学生进行了第二轮命运交换，并再次重申规则。

在正式请同学们来分享之前，我也让他们把关于第四个任务的想法写出来。

"第四，这次你和谁交换的命运？这个命运是什么？交换到的命运你满意吗？为什么？"

"接下来，请同学们结合以下四个问题和老师分享一下刚才都经历了什么。无论你拿到的命运卡牌如何，它都不是我们的真实人生。请你跟它说再见并放回信封，然后调整状态，带着刚才的收获，回归真实生活。"

问题一：一开始对自己命运不满意的同学请举手。不满意的原因是什么？

（通常的情况是满意的人比较少，大多数人都想交换命运）

问题二：第一轮命运交换以后，你对交换到的命运满意吗？那第二轮交换呢？

问题三：在翻看了别人的命运底牌之后，如果重新回到第一手牌的命运，你觉得满意度会稍微提升一点吗？

问题四：从这连续两轮的命运交换中，我们能够得到什么启示？

人人都在自己的围城里突围

亲爱的同学，你虽然没有现场参与这个游戏，略有遗憾，但也恰恰给了你无限的思考空间。你觉得那些交换了命运的学生，在看了别人的底牌之后，他们会满意吗？

现实就是，90% 的学生在翻看到自己底牌的时候就对"现状"表示不满意，90% 的学生对自己交换到的命运仍旧不满意。

所以，那堂课之后，我希望我的学生都能明白一些浅显的道理。

第一，很多时候，我们总是在羡慕别人的人生，殊不知，别人的人生同样藏着无限的焦虑和遗憾，自己的命运不一定是最好的，但也一定不是最坏的。

第二，交换人生，接纳人生。在交换命运卡牌的过程中，看得见的变化是满意度的提升，而看不见的变化是心态的转变。满意度的提升，其实质就是心态的转变。当我们意识到命运安排不过是初始状态，人生却是动态变化的过程，我们会相信人生充满了可能性，愿意用接纳的心态去面对，这时我们就会发现原来任何安排都不会成为限制。

同学，当你生活中遇到各种不尽如人意的问题的时候，我希望你能够多读读下面这首小诗，它会带给你能量，你读着读着就会感觉豁然开朗了。

我，是一切的根源

郭洪涛

一个不会游泳的人，

老换游泳池是不能解决问题的；

一个不会做事的人，

老换工作是解决不了自己的能力问题的；

一个不懂经营爱情的人，

老换男女朋友是解决不了问题的；

一个不懂经营家庭的人，

怎么换爱人都解决不了问题；

一个不学习的老板，

绝对不会持续地成功；

一个不懂正确养生的人，

药吃得再多，医院设备再好，都是解决不了问题的。

"我"是一切的根源，要想改变一切，首先要改变自己。

让你烦恼的人，

是来帮你的人；

让你痛苦的人，

是来渡你的人；

让你怨恨的人，

是你生命的贵人；

让你讨厌的人，

恰恰是你人生的大菩萨。

他们都是你自己的不同侧面，

都是另一个你自己。

相反，你爱的人，

常常是给你制造痛苦的人；

你喜欢的人，

也是常常给你带来烦恼的人。

因为他们也是你的影子，

让你老也抓不住。

其实，你爱的是你自己；

你喜欢的亦是你自己；

你爱的、你恨的，都是你自己。

你变了，一切就变了。

你的世界，是由你创造出来的。

你的一切，都是你创造出来的。

你是阳光，你的世界充满阳光；

你是爱，你就生活在爱的氛围里；

你是快乐，你就是在笑声里。

同样的，

你每天抱怨、挑剔、指责、怨恨，

你就生活在地狱里；

一念到天堂，一念下地狱。

你心在哪，成就就在哪。

我，是一切的根源！

千学万学，为母亲的微笑而学

亲爱的同学：

我想以一个简单的互动开启这封信。有两道情景题，请你不加思考，第一时间做出选择。

他很爱她。她细长的瓜子脸，弯弯的娥眉，面色白皙，美丽动人。可是有一天，她不幸遇上了车祸，痊愈后，脸上留下几道大大的丑陋疤痕。你觉得，他会一如既往地爱她吗？

A. 他一定会

B. 他一定不会

C. 他可能会

她很爱他。他是商界的精英，儒雅沉稳，敢打敢拼。忽然有一天，他破产了。你觉得，她还会像以前一样爱他吗？

A. 她一定会

B. 她一定不会

C. 她可能会

我不知道正在阅读这封信的你如何选择，但曾经有一个教授也做过这项调查。

教授一统计，发现：

第一题，有10%的同学选A，10%的同学选B，80%的同学选C。

第二题，30%的同学选A，30%的同学选B，40%的同学选C。

同学，我们来假设一下，第一题中的"他"是"她"的父亲，第二题中的"她"是"他"的母亲，如果让你把这两道题重新做一遍，你还会坚持原来的选择吗？

答案不言自明啊！

引用这位教授的一句话："这个世界上，有一种爱，亘古绵长，无私无求，不因季节更替，不因名利浮沉，这就是父母的爱啊！"

同学，我无数次给我历届的学生谈到一句话：

纵然学习的理由有万千条，但是其中有一条，一定是为母亲的微笑而学习。今天，我就来给大家讲一个我和我的第二届学生做过的"护蛋小活动"——守护生命 72 小时。

72 小时，守护生命

我带第二届学生的时候，带领全班同学做了一个很有意义的活动，叫作"守护生命 72 小时"。我让学生各准备了一个鸡蛋，让他们把鸡蛋想象成自己的妈妈。我当时的引导语是这样的，极为入情：

同学们，请你们闭上眼睛，来一次时光穿梭。几十年后，当你已经成家立业之时，妈妈却悄然老去。皱纹布满了她的脸颊，黑发变银丝，整个身躯从年轻时候的挺拔逐渐伛偻成弓，昔日的精神也锐减得只剩下一缕维持生命的气息。双眼无神了，眼珠不再有光泽，老年泪在眼光里打着转……。或许她年轻时劳累过度，现已转变成某种病变，缠绕着她。她畏畏缩缩地在家里的角落坐着，但是每次在你下班回来之后，她都本能地咧开嘴，对你微微一笑，似乎想说什么，但是又无力了。老天爷只给她最后 72 小时的时间陪伴你……。忽然间，这个妈妈幻化成了一枚蛋，在你手中，脆弱不堪。

请同学们缓缓睁开眼睛，然后郑重地将你们妈妈或是生命当中你们最爱的至亲的名字写在蛋上。接着，请同学们对这个蛋妈妈施加你们的意念，告诉她你们很爱她，并且愿意在接下来的三天为她付出一切。同学们，你们要在接下来的这三天里全心全意地守候你们的蛋妈妈，你们愿意吗？

在庄重的仪式感氛围下，伴随着轻柔的音乐，学生已入情景，齐声喊道："愿意。"

我告诉同学们要遵循以下几个要求：

①　72 小时，蛋不离身，包括吃饭、睡觉、走路、看书……，但上体育课或是剧烈运动除外。

②　不能把蛋妈妈放在容器之中，必须带在身上或握在手里，让它感受你的体温。

③　要对蛋妈妈施加爱和意念，经常对她说话，就像妈妈刚把你生下来的时候，每天陪伴守护你一样。

④　如有不可修复性的破坏，请写 500 字的《蛋妈妈死亡报告》，并记录蛋妈妈破裂时刻你的心情。如果只有裂痕，守候如故，不抛弃不放弃。

⑤　护蛋成功的，可在周五的班会上获得小礼物一份。

从宣布开始的那一刻，全班同学便迅速进入状态，都竭尽全力地去守护自己脆弱不堪的蛋妈妈。整个世界的节奏似乎突然间就"慢"了下来，轻拿轻放，生怕和地面接轨的那一层蛋面被碰出裂痕！昔日楼道追打疯闹的人都没有了。每当下课，同学们就把蛋握在手里去上厕所，真的像推着轮椅车带母亲散步一般。据学生《暮省》所写，晚上睡觉还要和蛋妈妈互动一番；早上醒来，时间不够，宁愿不吃饭，也得把这个弱小的妈妈带上。

即便学生们小心翼翼，依然不能阻止意外发生！时不时地教室里传来一声尖叫，老师才发现是学生的蛋妈妈不小心被打破了。心灵敏感的学生瞬间泪崩！若是男生打破了"蛋妈妈"，虽然不哭，但神情极为遗憾和悔恨！

在分享会上，我的学生极为动情，尤其是那些蛋妈妈破碎的学生，流着眼泪，读着自己的《蛋妈妈死亡报告》。

有三个学生的发言富有哲思，让我记忆深刻：

"……一切被给予深深期待和情感的东西，瞬间就变得宝贵了……。一个平平凡凡的我，就好像不值钱的鸡蛋，因为被妈妈赋予了深切的期待和情感，所以也是弥足珍贵的……"

"……用心地付出，会让我们更加懂得珍惜！就像小王子对待玫瑰花一样……"

"我们才守护了妈妈三天，妈妈守护了我们十几年……，瞬间能够体会到这个过程中的艰辛。爱的天平是完全不对等啊……"

是啊，妈妈们真的太伟大！

孝与顺

活动讲完了，读着信的同学，老师再问你两个问题。

问题一：你觉得你孝顺吗？

我相信，答案都是肯定的。

问题二：你觉得你的孝顺体现在哪些方面？

我猜想你可能会说：

"我会在母亲节的时候给妈妈写贺卡，送康乃馨。"

你也可能会说：

"我偶尔会给妈妈捶背洗脚。"

还有同学可能会说：

"女神节的时候，我给妈妈做饭。"

对！同学们，这些绝对也是孝顺的体现！

但，你想过吗？"孝顺"两个字其实可以拆分开来解读。

"孝"和"顺"："孝"大意是物质上的感恩和回馈；"顺"大意是指顺从情感和心理期待。

现在你还没有经济实力去践行你的"孝"，而处于青春期的你，更大程度上不愿意"顺"从父母的情感和期待，相反，你绝大多数时候很"逆"。所以，从目前来看，你只有一条孝顺的途径了——顺从父母的"期待"。你问过自己妈妈的心理期待吗？

绝对不是一张贺卡或康乃馨，也绝对不是偶尔的一次捶背洗脚，也不太可能是生命中寥寥可数的几次做饭。那是什么？

我告诉你，任何父母内心隐秘的期待都是：

未来，你能够拥有选择的权利；

未来，你能够拥有经营幸福的能力。

而"学习"是通向"权利"和"能力"的阶梯。

务正业，不负期待

我很难想象，一个经常和父母大吵大闹的孩子，一张贺卡能够代表孝顺。

我很难想象，一个手机不离手、无心学习的孩子，一次甜言蜜语式的赌咒发誓能够代表孝顺。

我很难想象，一个现在不用心经营学业的孩子，偶然的下厨就能够弥合父母内心巨大的期待创伤。

不！这些都是形式主义的虚妄！

属于你这个年龄的孝顺是什么？相信我，是七个字：务正业，不负期待！

相信我，你努力奋斗的身影就是妈妈们内心最美好的期待；

相信我，你不辜负期待的行动必将换取妈妈们最甜美的微笑！

相信我，纵然学习的理由有万千条，其中最重要的一条，就是——

为妈妈的微笑而学习！

⑧ 全力以赴是遗憾最大的敌人

亲爱的同学：

我在带第三届学生的时候，班级的信仰和理念就是——全力以赴，十分投入。

我在很多场合不断地给学生树立一个信念——干事情的态度就是，不干就不干，要干就必须全力以赴，切莫表现出随性和懒散。绝大多数学生到最后都有这样一种全力以赴的精神气质了。我为什么会有这样一种理念呢？这还要从一堂课说起。

第二届学生初三下半学期元旦跨年的时候，我还记得很多老师都为孩子们准备了蛋糕，孩子们围坐在一起许愿。但我所带的班级干了另外一件事。我当时没有给我的学生买蛋糕，而是给每人买了一根蜡烛，夜幕降临之时，我把教室的灯关了，点燃了蜡烛，那种氛围极为浪漫。学生们以为我要带着他们许愿！以下是当时的情景。

师：新年快到了，在这夜幕降临、华灯初上的一刻，我们把灯关上，用烛光点亮教室。

（接着，我说了下面的话）

师：人生中重大的场合，我们喜欢用烛光，因为烛光和灯光不同。白炽灯照亮的是一片，烛光照亮的是一点，一片的光明太分散，不聚焦，没有明暗交界，于是就没有黑白的析分和对比。最后，光明对于我们而言，就显得不足惜。烛光不同，它虽照不远，但很聚焦，有黑白的交织。于是眼前的亮，因为有了黑，显得更亮；眼前的黑，因为有了焦点，也显得更浪漫。

我们的内心在明暗交织的夜晚也更容易出现泾渭分明的立场。

我们的内心在光影绰绰的场合也更容易出现赤诚相见的态度。

于是，今晚，我希望大家在正式的场合能够用心倾听，真心倾吐。

今天，我们要谈的话题是遗憾。

师：同学们，在你们眼中，什么是遗憾呢？

生1：遗憾就是后悔。

生2：遗憾就是想干的事没干成。

生3：遗憾就是内心的一种悔意。

……

师：同学们说得都不错。遗憾，我查过字典，字典里有各式各样的解释，而在我的字典里，我对"遗憾"的解释就是四个字"我本可以"。"我本可以"这四个字一读出来，就略显悲情——

它显示出梦想和现实的错位；它显示出能力和达成之间的落差。

我们不会遗憾那些远在天边、力有未逮的东西，只会遗憾我们"本可以，但没有……"的东西。

让人遗憾的东西范围很广，它——

可以是一件未完成的事；

可以是一个错过的人；

可以是一个本可以放飞的梦想；

可以是一个本应该完成的计划；

可以是一种面向未来的胸怀；

可以是一个要孵化的习惯；

……

不管怎么样，遗憾之所以是遗憾，就是因为上天给予了我们每一个人一个共同的标准——"期限"。

遗憾之所以是遗憾，就是因为"时限已到，我本可以，但未能……"。初中三年这段路，即将走完，截至此时此刻，还剩最后的六分之一。请同学们在A4纸上写下10件让你最遗憾的事。请用"三年期限已到，我本可以……，但是……"的句式来写出你心中的无限遗憾。

亲爱的小读者，你知道吗，那一节课，我的学生在分享自己最遗憾的事情时，很多都泪流满面。他们说，如果时光能够倒流，人生之路能够再走，他们一定不是现在这个模样。

我也真诚地希望你能加入这个活动当中。你可以尝试着合上书，拿出一张纸，按照以上殷老师给出的句式，认真思考一下你中学这些年最遗憾的 10 件事情。你可千万别小看这个活动，我在很多场合都带着学生、老师一起做过。即便是成人，哪怕他们是教书育人的老师，也会在认真思考这个问题之后，或双眼噙泪，或潸然泪下。不信，你也可以试一试。

学生们陆陆续续打破沉默，积极踊跃地参与到分享遗憾当中来。我听完了以后，对学生说："听了同学们的遗憾，我都很怀疑人生了（众笑）。如果人生之树已经开花结果，那么一片落叶、一个树洞这样的'遗憾'就是一种美；如果整棵树是一种枯萎、垂死的状态，这就是人生之树的悲哀。听了同学们的分享，我觉得有些东西就是一种'遗憾之美'，有些东西就是'遗憾之悲怆'。马丁·路德·金曾说，要在绝望之山当中辟出希望之石。罗曼·罗兰说，真正的英雄主义只有一种，就是在你认清了现实后还依然爱着它。即便如此遗憾，我们是不是也能够从众多'遗憾'中看到'积极的火种'呢？借着我们今天点燃蜡烛的场景，请同学们从'遗憾'之中找出'积极的意义'。"

学生的答案如下：

"虽然有很多遗憾，但我们依然能够去弥补呀。"

"遗憾让我们更懂得珍惜。"

"因遗憾跌至越深，反作用力就越强，对信念也就越坚定。"

……

在学生分享完毕之后，我做了如下总结：

瞎子更容易明白光明的意义；

囚犯更容易懂得自由的意义；

苦难更会让我们探明幸福的意义；

遗憾也一定更能够让我们明白"全力以赴"的意义。

正如我们刚才所说，遗憾是两个维度的重叠——

第一，"力"所能及，但未能……；

第二，大限已致，无力回天。

现在的好消息有两个：

第一，我们还能够让我们的能力去匹配相应的梦想；

第二，时间的沙漏还没有漏完，我们还有半年时间。

接下来，我希望同学们在 A4 纸上的另外一栏，在每个遗憾后面写出"还好，我还能……"去回应自己刚才的悲凉，并大声地宣誓。为了不留遗憾，我们也许可以把手中最容易解决的遗憾，尤其是友情类的遗憾马上弥补起来。不要让我们的理想变成化石，让我们现在就行动起来，全力以赴地去实践我们的理想，让我们的人生少些遗憾。

亲爱的小读者，接下来请你合上书，在你刚才的那张纸上，郑重其事地思考一下：

"还好，我还能＿＿＿＿＿＿＿＿＿＿＿＿＿＿＿。"

这封信写到这里，我希望你能明白：

全力以赴是遗憾最大的敌人。

亲爱的同学：

我希望大家能够全力以赴，因为全力以赴是青春最美的姿态。

我希望大家能够全力以赴，因为全力以赴是遗憾的大敌。

我希望大家能够全力以赴，因为尼采说过，每一个不曾起舞的日子都是对生命的辜负！

你是一个总觉得"理所当然"的人吗？

亲爱的同学：

上一封信谈了"遗憾"，今天这封信，我讲"珍惜"。

什么情况下我们不懂得珍惜呢？

我想，我的答案是五个字——太容易得到！

来之不易的东西，你一定会倍加珍惜！以下是发生在我和往届学生之间的互动故事，希望你读完之后有所感悟。

毕业幻游——珍惜奋斗的青春

我曾和学生一起做了一个"毕业幻游"的活动。

"同学们，假设我们能坐时光穿梭机，穿越到未来两年之后，体验一下中考录取的场景，我相信，回到现实生活中，你就能够明白当下时间的价值了……。准备好了吗？我们一起闭上眼睛，在老师的引导下，充分打开你的脑洞，尽可能多地呈现出场景和细节……"

引导语：

（考场）……有一道题，你始终觉得似曾相识，但又始终未能揭下它的面纱……。交完卷的第一刻，你想起了答案，你有了思路，但你哭了……

（对答案）……妈妈第一时间买回来一张《重庆晨报》，上面各科的答案已经呈现，你的心怦怦直跳，一个人把自己锁在房间里，开始对答案！每一道不该错的题、每一个不该丢的分数都让你捶胸顿足！

（查分数）此时，你的心情异常紧张，你生怕没考好，数次登录查询网站，又数次退出……。来来回回、反反复复数次之后，你终于鼓足勇气输入你的准考证信息……

（报志愿）眼下，重庆市教委 7 所直属重点学校分数线已经出来了，你的分数仅有 630 分，离每一所重点学校都差 30 分左右。如果非要削尖脑袋往里面钻，只能为难父母，到处托人，交高昂学费……。低一层次的学校，你又特别不甘心……

……

各位同学，当时场景很真实，我分明听到部分女同学小声哭泣的声音。

此时，如果你觉得舒适安逸地坐在窗明几净的教室里，日子很无聊，那是因为你不懂得"珍惜"，那是因为你觉得上天给你的三年时间太多，你太容易得到。

有人曾说，如果人生能够重新来过，80% 的人都能成为伟人。

同学，如果你能提前亲历一下中考考场，如果你能提前在考场上被题所困，如果你提前经历了抱着鸡肋的分数欲求无门的惨痛，如果你能提前预想一下父母为你那可怜的分数操持的心酸场面……，相信我，你更容易懂得珍惜！

付费听课——珍惜你眼前的老师

有些福利，人们日用而不知。就像鱼儿生活在水中，却已经感受不到水的存在；就像你天天享受着优质的师资，听着优质的课程，却时常不懂得珍惜。

有一次，我看学生吊儿郎当，无所事事，随心所欲地听课，丝毫没有我想要的那种专注。于是，我和他们有了如下对话：

"同学们，你们在外面有过补习经历的请举手。"

全班 90% 的学生都举起了手。

"你们在外面上一节课多少钱？"

"老师，一般行情是 100 元一个小时，一次补习 2 个小时。"

我有点吃惊！

"这么贵？"

学生们纷纷点头，表示强烈认同！

我说："我很想做一个实验，如果你们每天开始上课的时候，都自动地从兜里面摸出 100 元，放在老师的讲台上，我相信，我们班一定是全校有史以来学得最好的班级之一。你们信不信？"

学生哄堂大笑！

我随即又说道："正是因为我们公立学校的老师们都太廉价了，你们都是免费听课，从不交钱，你不知道你眼前的老师可以有多贵……。我们附中的老师，绝大多数都是外面机构争相邀请去上课的老师，他们如果愿意出马，一次招纳 50 个学生都不多！如果按照市场价去折算，他们可以得到很多……。同学们，如果你听的每节课，每节课的每一分钟都按照市场价来付费的话，我相信你可以学得很好！因为你懂得了珍惜，你懂得了和时间赛跑！"

"幸"字的真谛——珍惜一切所得

总有学生说，自己感觉不到幸福。我就和同学们一起分享了"幸"！

按照《说文解字》的说法，所谓"幸"就是"吉而免凶也"。本来可能会遇到麻烦或不好的事情，你逃脱了，那才叫"幸"。

现代汉语当中仍然保留这个意思，比如侥幸、幸存、幸免于难，这些都是说本来可能要遇到不好的事而你逃脱了，或者说本来不属于你的好事你得到了，这才叫"幸"。

所以"幸"这个字里头本来隐含着一个意思，就是亏欠，或者说不配。

你没有写作业，老师却没有找你，你就会感到庆幸；你干了一件错事，本来准备去迎接父母的暴风骤雨，但却是一场和风细雨，这也是"幸"。

总之，就是你不配得到的东西，但是你得到了，这才叫"幸"。从相反的角度去思考，那什么情况下我们感到"不幸"呢？觉得本该得到的东西你得到了，你是不会有"幸"感的。曾国藩说，"每遇幸事，常念天之过厚于我"，他的意思是说，每当遇到好的事情的时候，他总是有这样一种心态：这些东西本来不属于我，但是我得到了。

一个总觉得"理所当然"的人，他的幸福感就会相应减少，这就是说，至少有一半的幸福是源于我们的某种亏欠感、不配感，以及意外之喜。不幸福的根源之一是习惯性地将自己得到东西认为是理所当然。其实我们只要有一点反省能力，我们就会意识到，我们所拥有的这些基本上是来之不易的。同学，此时的你，如果没有感觉到幸福，那是因为你不懂得珍惜；如果你不会珍惜，那也许是你得到得太容易了！

10 假如提前给你录取通知书

亲爱的同学：

我们首先做一个思想实验——假如提前给大家发放心仪学校的录取通知书，请问哪些同学想要？

我相信同学们都疑惑了——做白日梦吧？！天底下哪有平白无故的好事，而且这个好事还落在自己头上？还没参加毕业考试呢，怎么就可以获得录取通知书呢？

嘿，别着急嘛，先听我把条件讲完，在接下来的两年里，你需要：

① 每节课认真听讲 30 分钟以上。

② 每天坚持比其他同学多做一张卷子。

③ 每天坚持比其他同学多学 1 个小时。

④ 每天坚持比其他同学多锻炼 30 分钟。

如果你能做到以上四条，这份通知书就可以提前发放给你。聪明如你，现在应该能明白老师的意思了吧？

好了，同学，如果你能够满足以上条件，哪怕没有提前给你通知书，你也能够自己考上心仪的学校。

这就是美国行为主义学家吉格勒提出的吉格勒定理，就是一个人只有敢为自己设置一个高远的奋斗目标，他才有可能达到那个目标。

假设我们有 100 个人都在逐梦的路上行走着，也假设最终能够考上西南大学附中的只有 10 个人，那么我想问你，你凭什么就是这 10 个人当中的一个？你凭什么就一定能从 100 个人当中脱颖而出？

你凭什么超越其他 90 个人？

你一定比他们聪明吗？你一定比他们优秀吗？你一定比他们基

础更好吗？上天给你的时间是 48 小时一天吗？

不，全部都不是。

从总体上看，你都是处于正态分布当中的一个正常群体，你的智商和基础基本都不会相距甚远。所以，你需要思考的问题是，你凭什么拿到这样一张入场券？接下来我给你 3 分钟时间思考，你何以可能？

是不是你做了别人没做的事情呢？是不是你能够经受住别人经受不住的考验呢？

是的，同学！人的本性是贪图享乐的，然而学习这件事情，对于绝大多数同学而言都不是轻轻松松、快快乐乐的。

既然老天赋予每个人的时间都是一天 24 小时，而且每天留给你可以自由支配的时间不超过 3 个小时，那请问，你何以可能？

你只能靠有效管理时间。

既然老师把知识传授给了每一个人，而且你的老师也并没有比其他人的老师高明几个量级，那请问，你何以可能？

你只能靠课下的勤奋。

既然你每天是上八节课，其他人也是每天上八节课，而且你并不是天资聪慧，没有一路领先，一骑绝尘，那请问，你何以可能？

你只能靠牢牢抓住自己的注意力了。

只能是你做了别人没做的事情，只能是你能够经受住别人经受不住的考验。

我们来看一组漫画（这组漫画来自 Joy Hu 的空间日志）。漫画中每个人都背负着一个沉重的十字架，在缓慢而艰难地朝着目的地前进。

图 5-1 漫画组图一

途中，有一个人忽然停了下来。他心想：这个十字架实在是太沉重了，就这样背着它，得走到何年何月啊？！

图 5-2 漫画组图二

于是，他做出了一个惊人的决定：将十字架砍掉一块。

图 5-3　漫画组图三

砍掉之后走起来，的确是轻松了很多，他的步伐也不由得加快了。

于是，就这样走啊走啊走啊走啊，又走了很久很久很久很久。他又想：虽然刚才已经将十字架砍掉了一块，但它还是太重了。

图 5-4　漫画组图四

为了能够更快更轻松地前行，这次，他决定将十字架再砍掉一大块。

图 5-5　漫画组图五

　　这样一来，他一下子感到轻松了许多！于是，他毫不费力地就走到了队伍的最前面。大家看：当其他人都在负重奋力前行时，他呢，却是边走边轻松地哼着歌呢！

图 5-6　漫画组图六

　　走着走着，谁料，前边忽然出现了一个又深又宽的沟壑！沟上没有桥，周围也没有路。……他，该怎么办呢？！

　　后面的人都慢慢地赶上来了，他们用自己背负的十字架搭在沟上，做成桥，从容不迫地跨越了沟壑。

图 5-7　漫画组图七

他也想如法炮制。只可惜啊，他的十字架之前已经被砍掉了长长的一大截，根本无法做成桥帮助他跨越沟壑！于是，当其他人都在朝着目标继续前进时，他却只能停在原地，垂头丧气，追悔莫及……

图 5-8　漫画组图八

同学，我们可以把身上背负的东西理解为各种各样的一些好习惯：

严格管理自己的时间；

严格管控自己的注意力；

为自己的作业分类；

每日夜幕降临时进行反思；

……

然而很多学生一开始没有适应，只顾着舒服，一直行走在自己的舒适区，一直偷工减料，一直大打折扣……。试想，三年以后，你能够顺利摆渡吗？

希望读信的你志存高远，脚踏实地，负重前行，咬定青山不放松！

11 赛道人生——我们的绝望与希望

亲爱的同学：

在我的教学生涯中，我上过很多精彩的课，但是至今想起来还令我荡气回肠的一节课就是一堂叫作"赛道人生"的课。当时，我所带的班级学生构成情况十分不好，他们多半都是被各种考试筛选"剩下"的学生。实话实说，他们小学的时候基础就很薄弱，再加上家长们忙于生计，监管力度不够，使得他们的学习习惯也达不到基本的要求。来到我们附中这么一所优秀的学校，周围的人都这么优秀，这么努力，他们无形之中开始感受到了学习压力，也慢慢地开始跟不上，逐渐有人开始自暴自弃了。通过批阅他们的《暮省》，我发现班里学生当中有较多的消极者。要么觉得自己出身不好；要么觉得自己是留守儿童，被关注得很少；要么觉得自己家不富裕；要么觉得自己没有别人优秀，学习能力不够好……。这种种状况，个人也没办法转变，只能听天由命了。

作为他们的班主任，我很怕这种情况出现。为什么？

因为如果一个人归因方式消极，他心灵的摄像头对准的地方不对，遇到问题总是在别人身上而不是自己身上找原因，那么接下来他很有可能就会消极怠工，不思进取，破罐子破摔。这还仅仅只是初一呀，如果他们一直要这么"混"下去，他们注定失败。如果他们能够努力三年，说不定就会有意想不到的收获。

我当时很想给学生上一堂课，告诉他们一个道理。这个道理就是一句话：幸福不是天赐的，是靠自己奋斗出来的。

那阵子我天天都在想给学生讲点什么，但是总觉得语言的力量很苍白，无法直达他们心灵深处。于是，我总是在搜寻着什么，直到有一天我看到国外的一个体育老师做的一个活动，我突然间就有了一个非常妙的主意。

我对学生说："今天两节英语连堂课，我们不上英语了，我们上一堂活动课。"

学生们拍手称快，只要不上正课，他们都开心。

"老师，我们去哪儿上这个活动课呢？"有学生问。

"操场，我们去操场比个赛，可以吗？"

"老师，我们比什么呢？"学生又问。

"比跑步！"

"切！不去。"有学生开始调皮，不愿意配合了。一开始，我想要调动班级的积极性都很困难。

"为什么呢？"

"我们又跑不过那些跑得快的同学，干吗去当炮灰呢？"

"大家少安毋躁，我知道你们有些人擅长跑步，有些人不擅长。但是没关系，因为殷老师自有殷老师的规则。说不定在这个特殊规则之下，你就能跑在前面呢！男女分开跑，跑第一名的，我奖励50 块！"

我把钞票在学生面前晃了晃。

学生一看，老师是来真格的了，而且还有奖金，再次哗然。他们都不知道老师葫芦里卖的是什么药，但都纷纷表示愿意参与。

到了操场，我让学生全部站在一条起跑线上，然后开始宣读游戏规则。

第一，如果你符合这些标准，你就往前面大大地跨两步；如果你不符合这些标准，你就站在原地不动。

第二，忠于自己的内心。这一条至关重要！

第三，记住你最终所站的位置。

接下来，我依次宣读了我的"特殊规则"。

1. 如果你的家庭和睦，父母婚姻持续至今，向前迈两步。

2. 如果在你的成长过程中，父亲也积极主动参与，而且起着非常积极的作用，向前迈两步。

3.如果你在小学阶段备受老师关注，成绩比较好，向前迈两步。

4.如果你家庭一直殷实，你爸妈从不迫于生计而忽视了你，向前迈两步。

5.如果你生在一个书香家庭，从小阅读量就比较大，注意力也好，向前迈两步。

6.如果你一直就有着优质的营养，而且从小就注意锻炼身体，身体健康状态一直很好，向前迈两步。

7.如果你一直以来都有明确的学习和人生榜样，请向前迈两步。

8.如果你从小到大家人都非常重视你习惯的培养，而且父母也率先垂范，你从小习惯就很好，请向前迈两步。

9.如果你的父母比较开放，善于结交朋友，有着良好的社群关系，为此，你也耳濡目染，人缘一直很好，请向前迈两步。

10.如果你父母从你小时候就有意识地培养你的兴趣爱好，你到目前为止至少有一项兴趣或者特长，请往前迈出两步。

聪明的你有没有看出一点门道？殷老师的每一条特殊规则，都不是孩子们能决定是否迈步的，而是和他们的环境相关。

（学生在特殊规则的筛选之下，已经不在同一起跑线上了）

接着，我组织学生进行100米竞赛。

"同学们，请记住你们现在所处的位置，然后请听口令，全力以赴，冲往100米的终点线！"

"准备好了吗？"

"三——"

"二——"

"一——"

"出发！"

一声令下，孩子们像离弦的箭，迅速冲了出去。

亲爱的同学，看到这里，我想请问，谁更有可能拿到第一名呢？

答案是站位靠前的学生。那比赛是不是就这么完了呢？肯定不是的。接下来，我们还进行了 800 米的竞赛。

"接下来，请同学们回到原位，这一次，我们跑 800 米。中途不管遇到什么情况，你都要全力以赴，冲向终点！不能走，必须全力以赴！听懂了吗？"

"准备好了吗？"

"三——"

"二——"

"一——"

"出发！"

亲爱的同学，你没有做过活动，没看见赛道上呈现出来的千姿百态。但是我们可以设想：

有没有一个劲儿往前冲的学生？有！

有没有几个闺蜜手挽着手、三三两两闲庭信步的？有！

有没有刚开始还在冲，到最后发现自己拿不到第一名就放弃的？也有！

我就站在赛道的外面，静静地观察和记录着赛道上发生的一切。

第一节课过后，我把学生全部都拉回了教室。我们在教室里探讨了以下一些问题。

1. 起跑线靠后的同学，你对你所在的位置感到公平吗？

2. 为什么第一次竞赛起跑线靠前的同学能够先到达终点？起跑线靠前的同学，如果别人对你说，"你起点就比我好，所以才会赢"，请问你服气不服气？在竞赛的过程中，你有没有倾尽全力？

3. 为什么第二次竞赛就不一定是起跑线靠前的同学先到达终点？

4. 落后的同学，如果你想赶超已经领先的同学，你觉得容易吗？你必须怎么做？

同学们积极踊跃地分享了自己的感悟，纷纷表达了自己的看法。这一节课让同学们慢慢理解了老师的用意，每一个问题都让道理很自然地显现了出来，他们也似乎明白了。按理说，一节课到这里就已经结束了，但没有，我发表了人生当中一场重要的演讲，至今回想起当时的场景也不禁为自己拍手叫好。

我们这一代人的"绝望"与"希望"

各位同学：

刚才我所说的每一条标准，都不是你们所能够决定的。

刚才我所说的每一条标准，都不是你们凭借着自己的能力做到的。

它们都与你的家庭背景息息相关，都和你父母的教育意识息息相关，都和你们人生的起跑线息息相关。

一目了然，起跑线在前面的这些同学更有机会拿到奖励。

蜗牛班的各位同学，如果这次比赛就是一场人生的比赛，你要绝望地意识到：自从娘胎里出来之后，就没有绝对的公平。不公平是人生的常态！就像你们每个人都不在同一起跑线上一样。

你要绝望地意识到：这个社会，比你优秀的人，却反而比你更努力！他们已经占据了太多的优势，但是依然不看轻每一份看似轻薄的奖励。就像曾可同学，她已经位列女生站位的第一位，但依然不看轻这一份看似轻薄的奖励。

你要绝望地意识到：即便你拼尽了全力，你也只是一个资质平庸之辈。就像在100米的赛道上，你虽然站位靠前，但依然跑不过那些爆发力比你强的同学。

你要绝望地意识到：别人一旦一步先，就会步步先。因为失败不太可能成为成功之母，成功更容易成为成功之母。

但即便如此绝望，我们也要同时充满希望。

你应该满怀希望：因为毕竟你还有拼搏和努力的权利。即便面对众多的不公平，我们依然要通过奋斗去寻找自己的价值，正如雨果所说，人生来不是为了拖着锁链的，而是为了展开双翼的。

你应该满怀希望：因为人生的赛道并不是比的100米和800

米，只要你一如既往地追赶下去，就总有超越别人的一天。尼采对我们说，每一个不曾起舞的日子，都是对生命的辜负。

你应该满怀希望：因为即便你不能超越别人，你也能够超越自己。海明威说，优于别人并不一定高贵，真正的高贵是优于过去的自己。

你应该满怀希望：因为你永远不知道终点处将会是什么，即便在起点的时候好像已经一眼望到头了。凡是努力和勤奋过的人，老天爷终究不会让他失望。就像《阿甘正传》里面所说的，生活就像一盒五彩的巧克力，你永远不知道下一颗糖是什么颜色。其实，同学们，你们知道吗？在我一开始告诉你们我只会奖励"第一名"的时候，我内心暗暗地告诉自己：我不仅要奖励第一名，我还要奖励一直竭尽全力跑完，而且毫不懈怠的学生，我为他们每一个人都准备了一本价值 50 元的书。我观察过了，王国艳、段沈媛、蔡昭晨等同学是明知道自己拿不到第一名也依然坚持跑完全程的人，同学们，掌声送给他们。

我会让你见证：希望本身的重要性！

我会让你见证：你永远不知道终点处会有什么在等着你，你只需要在过程中竭尽全力即可。当有人能够不以"游戏人生"而是"全力以赴"的态度追赶的时候，上天一定会为他准备一份"惊喜"！

如果非要在天才和勤奋之间做出一个选择，我会毫不犹豫地选择后者。因为勤奋几乎是世界上一切成就的催产婆。我们的同学要勤奋，要努力。不要怀疑努力的价值；努力的价值也许不在当下，甚至好多年过去了也没有显现，但你会发现你的思想已经受到了影响。

我很多学生在中考前期都能背诵其中的一些段落，因为他们觉得其中的一些句子能够给他们力量。希望正在读信的你也能够从这堂课中汲取营养。

12 什么是真正的幸福？——幸福三维度

亲爱的同学：

什么是幸福？

这虽然是一个老生常谈的问题，但却很少有人能够真正说出答案来。这个问题就像问"时间""文化"是什么一样，"你不问我什么是时间的时候，我还知道时间是什么；但你一问我时间是什么的时候，我却不知道了"。幸福也是一样，我不问你的时候，你还是清楚的；一旦问你了，你却不知道了。

今天我从心理学的一个视角切入，告诉你什么是真正的幸福。欢迎走进殷老师的幸福课堂——"做一个幸福中学生"。

幸福初感知

我曾经问学生："同学们，复学一周了，你们觉得幸福吗？"

起始年级的学生们齐声答道："幸福。"

我接着说："幸福是一个被用滥的词。那到底什么是幸福？请同学们在本子上写下自己眼中的幸福。"

现在，我也邀请你合上书，先花两分钟的时间填空，分享一下你的幸福观。

在我看来，幸福是＿＿＿＿＿＿＿＿＿＿＿＿＿＿＿＿＿

在我看来，幸福是＿＿＿＿＿＿＿＿＿＿＿＿＿＿＿＿＿

在我看来，幸福是＿＿＿＿＿＿＿＿＿＿＿＿＿＿＿＿＿

虽然我不知道你都写了什么，那都是你的幸福观，你得小心翼翼地为它腾出一亩三分地来。索性，我先给你分享一下我的学生的作品吧。学生们把幸福具象化的时候，显得很可爱。你瞧瞧他们都说了些什么。

有学生是吃货，调皮地说："老师，我觉得幸福就是吃到食堂的关东煮，听到寝室同学的欢笑。"

有学生看重亲情，他说："在我眼中，幸福就是来自父母的关怀，是黑暗之中的希望之光。"

有学生非常实际，告诉我："在我眼中，幸福就是有钱。拥有赚钱的能力和花钱的智慧。"

还有学生说："幸福就是疫情之后，能够正常上课。大家其乐融融，欢聚一堂的感觉很好。"

确实，在每个人眼中，幸福的定义都是不一样的。有的人觉得幸福就是拥有金钱。这也无可厚非，俗话说，金钱就像水泥，可以加固我和亲人之间的感情。有的人认为幸福是无忧无虑，自由自在。有的人认为幸福就是美好而纯洁的爱情。还有的人则认为幸福是地位和名誉……。不一而足，莫衷一是。好像幸福是很难定义的，因为每个人界定幸福的标准不一样。幸福是一个谜，你让一千个人来回答，就会有一千种答案。

幸福的维度和最大面积

尽管"幸福"难以定义，但心理学家还是为大家找到了一个标准。

幸福可以分为三个维度：感官乐趣；意义；投入。现在希望你和老师一起画出幸福的最大面积。

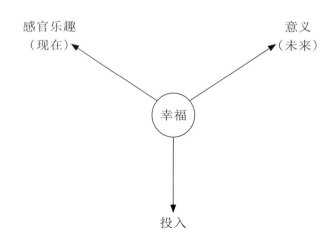

老师给出每一种情形，你都闭着眼睛，在脑海里过一遍。看看是不是你定义的幸福呢？

情形一：沉迷于自己喜欢的世界，乐在其中。请问这算不算幸福？

你可能会毫不含糊地回答：算。当然算！玩自己喜欢的东西，而且大脑也能即时地给我们回馈多巴胺，让我们兴奋。这是最简单直接的幸福啊！

对！这必然算。那是不是幸福面积最大化了呢？

这可能就要让你思考一下了：也许不是。

为什么？因为沉溺于自己世界的人终究要面对现实，然而现实是残酷的，当他面对现实的时候会感到害怕和焦虑。

例如，我觉得我的学生们沉迷于网络游戏，就是典型的表现。最近我还发现学生们沉溺于各类玄幻小说。

亲爱的同学，这类事情有意义吗？也许有，但应该意义不大，尤其对于中学生来说边际效益不大。正如刚刚同学谈到的那样，一切感官刺激都是过眼云烟，短暂的多巴胺分泌退却之后，留待自己的只能是一地鸡毛的烂事和无情生活的胁迫，被动且不自在。

所以，这还需要我们找到未来的意义和梦想。

一个人可以沉迷于自己喜欢的世界，乐在其中，全情投入！但这不是幸福的全部，因为他没有感到生活的意义！

接下来，我们再来一起看看另外一种情形。

情形二：敢于做梦（有梦想），沉浸在梦幻之中。请问这算不算幸福？

当然也算。

但你可能也发现了，那不是幸福面积的最大化。

为什么？聪明的你一定会发现：梦想终归只是梦想，还需要我们落实到具体的行动。

对！连接梦想和现实的桥梁是行动。没有行动，一切五彩斑斓的梦想都只是空中楼阁。生活中常常看到的是那种只喊口号，立大志，常立志，但就是不怎么行动的人。由此可见，一个人也可以敢于做梦，且沉迷于梦幻！但这也不是幸福的全部，因为他没有全情投入。

情形三：忙完春种忙秋收，学习学习再学习。请问这算不算幸福？

当然也算。

那是不是幸福面积最大化了呢？

显然也不是。

为什么？因为这种人的生命已经全部被工作占据了，他们没有时间感受生活中微小的幸福。这种人多半是被动的，不是发自内心的意愿，他们应该不会幸福。这种人成了工作的傀儡，已经失去为何而工作的初心了。

同学，必须承认，一个人忙起来总要比空虚度日来得好，或许也能够获得短暂的幸福。如果一个人已经失去了为何而工作的初心，已经失去了未来的意义，已经丧失了对生活点滴的感受，那他也一定不会感受到最大化的幸福。对不对？

生活中有没有这种人呢？也有！比如一个同学只知道学习，每天除了学习啥也不干，那他就是这种类型的人。这些年教书育人，我希望学生不要埋首课本堆，成为一个对生活和人情世故不敏感的人。很难想象，这样一个人能收获最大的幸福。你想成为这样的人吗？

我估计你一定是不想的。

一个人也可以用坚持不懈的行动来填补空虚的生活。但这也不是幸福的全部，因为他没有乐趣，感受不到意义。

幸福再定义

亲爱的同学，听了老师的讲解，你再来分享一下对真正的幸福的理解。殷老师给你两分钟的时间写下来。

在我看来，真正的幸福是＿＿＿＿＿＿＿＿＿＿＿＿＿＿＿＿＿

在我看来，真正的幸福是＿＿＿＿＿＿＿＿＿＿＿＿＿＿＿＿＿

在我看来，真正的幸福是＿＿＿＿＿＿＿＿＿＿＿＿＿＿＿＿＿

亲爱的同学，我相信当你再次定义幸福的时候，你就豁然开朗了——真正的幸福是既要寻找当下的快乐，又要对未来抱有梦想和持有意义，并朝着自己梦想的方向，全力以赴，十分投入。

寻找当下的快乐，需要我们用一颗细腻的心去寻找生活中点滴的温暖。

对未来抱有梦想和持有意义，需要我们用一颗雄心去立下志向。

全力以赴，十分投入，又需要我们付出耐心、恒心去坚守。

老师真诚地希望，你能够成为真正意义上的幸福之人。

13 学年复盘——我的中学生涯线

亲爱的同学：

我希望你在读这封信的时候，是在岁末年关抑或是学期末的驿站。因为在老师的引导之下，你或许有一些不一样的想法，宛如一颗石子丢在了你的智慧的深潭，激荡起层层涟漪。希望接下来这封信能引爆你的内心小宇宙。

时光匆匆而过。这一年，你乘风而行，向阳而生。此时的你已经到达了初一期末的驿站，是该勒住马蹄，拍拍身上的灰，抖擞一下精神了。在歇脚的时候，我希望你能回望一下来时的路，思考一下：我们为何而出发？到底应该走到什么地方去？

三年求学如逆旅，你亦如旅人。每一个出行之人，都是带着朝圣之心、赤子之情奔向心中的理想圣地。大家心中也要有一块"理想之地"，才能激励我们踏碎马蹄，一心奔赴。那老师的第一个问题就是，请你描述一下在入学之初你设想的理想彼岸的样子。

为了方便，也为了突出中学的阶段性重点，请容我把理想彼岸简化为"理想自我"和"梦想学校"。在填写这两栏时，你大可把束缚自己的条条框框都甩一边去。此时的你不要被现实的藤蔓缠住，不要被困难的礁石绊倒，此时的你不如像孙悟空，一个筋斗翻到空中，从更辽阔的时空来述评自己这三年。谈梦想可以大胆一点。

理想自我	梦想学校

你的理想自我可以聚焦你的性格。比如，如果你是一个害羞内向的人，你满心期待当众表现自我而不脸红，那么侃侃而谈就是一

个理想人设。再比如，你性情急躁，每遇小事，就能让你情绪的堤坝崩溃，那么懂得克制就是你的理想人格。

你的理想自我还可以聚焦你的习惯。比如，你平时书写"龙飞凤舞""笔走龙蛇"，卷面宛如一张涂鸦墙，那么你的理想自我也可以是写得一手好字，隽秀如柳、欧。再比如，如果你是一个不善收拾的人，平常书页乱飞，东西杂乱无序，一张卷子老师已经评讲了半晌，你才磕磕绊绊地蹭出来，软塌塌的，卷边折角。你都对自己无语了，那你的理想自我可能就是成为一个善于收拾的人。

你的理想自我还可能是拥有强健的体魄，如同黄金盾牌，自动抵御外界风寒。

你的理想自我还可能是练就一副好脾性，不疾不徐，心如止水，笑看风云。他强任他强，明月照大江；他横由他横，清风抚山岗；我自有我的节奏。

……

接下来，你还要把你的梦想学校填上去，那是你为之奋斗的阶段性的目的地，那是你价值的最好证明，那是你庄严地给父母承诺过要到达的地方。我们权且把目标定为考上西南大学附中；成绩好一点的考虑一下创新班。

接下来，我想告诉你，附中历来的分数线为660—670分，稳妥起见，我们暂定665分。合抱之木，起于毫末，我们还得算一算怎么凑够这个分数。

梦想之地，犹如明灯，久不拂扫，必然蒙灰。刚才，我们的举动就是简单地拂去了上面的灰尘，使之更加明亮有光。接下来，我们再回望一下上一学年赶过的路，这一路大家应该特别熟悉了。

接下来，请你在时间轴上面标注最近一年来你最重要的高光时刻。

这个高光时刻只属于你个人，它可大可小：

大的可以是你获得某一份重要荣誉；可以是你在某次考试中突破自我，站上顶峰，为自己添置了一份信心和勇气；可以是你在某次比赛中，得到了同学和老师的认可；可以是你主动地担任了某个社会角色，干得还不错，收获了满足感；……

小的可以是在课堂上你的某一次答案分享，收获了热烈的掌声；可以是在你生日的那一天收到了一份意外的惊喜；……

总之，一切都只需听从自己内心真实的声音，你的感受是风向标。

当然，人生之旅怎能处处充满阳光呢？接下来，请你也把思绪聚焦在"遗憾"这个词上面，好好梳理一下自己感觉特别遗憾的一些事情。

它可以是，你本应该搞好某个学科，但未能如愿；

它可以是，你本应该好好珍惜某个朋友，但未能如愿；

它可以是，你本应该牢牢把握某一次契机，但未能如愿；

它可以是，你本应该好好打磨一个习惯，培养一个兴趣，扶植某个信心，但都未能如愿；

……

请你花 5 分钟，把自己遗憾的事情整理在初一这条时间轴上。

擦拭了理想的明灯，目标更明确了，前行的路更加明亮了；也回望了一年来走过的路，有欢喜有悲伤，有收获也有遗憾。

接下来，我们进入将来时。将来你有什么想法就一股脑儿地写出来吧。很多同学可能在这时犯了愁，不是没有计划，而是不知道如何将这些计划在时间上固定下来。但是，这次必须要在这根时间轴上把你未来的计划安排上去。因为我们都知道属于我们的时间毕竟是有限的，如果有一个理想，有一个愿望，那么我们就要把它落到实处。

理想固然重要，但是时间的有效利用更重要。你不能当一个口头理想家，而要踏踏实实地和时间结成钢铁联盟。

在剩下的时间轴上，把你未来两年想干的事都标出来，并尽可能注明时间。如果它是你的挚爱，是你生命中重要的东西，是你实现理想目标的必要基石，请用鲜艳的笔墨，高高地填写在你生命线的最上方。

当然，在未来两年的生涯中，还有挫折和困难，比如朋友的不理解，比如老师的误会，比如各种意外的发生，不妨一一用黑笔将它们在生命线的下方大略勾勒出来，这样我们的生命线才称得上完整。

这一部分可能要花费你多一些时间，但一张将引导你今后两年的路线图，值得精雕细刻。全部完成之后，这张表就代表了你接下来两年的生涯蓝图。你可要保管好，它是你今后的指南针。

我举例子进行说明。

如果你的理想学校是西南大学附中，据刚才的估算，数学的分数至少应该是 130 分。

那么到初三那一年，就要稳定在 135 分左右。

要稳定在 135 分左右，除了不偏科、注重细节，你还需要提升自己的运算能力、思维能力。

那在初二的时候，你就要把解题步骤写详细，以此训练自己思维的缜密性。

错题是筛查你知识漏洞的"好题"，是量身定制的个性化题目，你要好好珍惜。如果初一的时候只是装装样子，形式大于内容，有一招没一招的，三天打鱼两天晒网，那么初二来了，你可要好好经营一下这一年了。

再比如，你的英语需要保持在 140 分左右，那你就要思考，你初一的时候还有哪些学习漏洞？你可以问自己以下问题：

我上课的专注度有几分？

我课下有主动复习笔记吗？

我有落实到笔头吗？

我的书写和卷面达到老师要求了吗？

几番自我盘问，开山寻路，你自然知道自己的路在何方了。

看着眼前这一条花花绿绿的中学生涯线，也许会激荡起你时不我待的豪情。我们的时间是有限的，无论你为自己设置的终点多么遥远，总有一个尽头。当一个人很年轻的时候，就知道自己的生命有结束的那一天，我觉得这是一件幸事。当你还早在初一的时候，就知道你的初三生涯即将逼近，这也是一件幸事。

我经常告诫大家：青春是可以稍微挥霍一下的，但要有一个限度。

不要去羡慕别人，也无须懊恼过去，过去已成定局，将来在于努力。真正抓在你手里的只有此时此刻。生命线不是掌握在别人手里，它只有一个主人，就是你自己。每个人的三年都是一样长短，但是终点处的结局却大不一样。

亲爱的同学，如果你的去年混混沌沌，现在又意识到了时间的重要性和紧迫性，那么现在你就要图强自救。看看这一条线的右面，是不是你在逃避做和你的能力相匹配的事情？你在不停地说服自己降低标准，你以为这样是对自己负责，殊不知不把生命的能量发挥到极致，才是对自己最大的不负责任。可以说，在我们机体的这块燧石中，究竟蕴藏着怎样的火花，如果不去敲打，谁也无法知道。

有人说，我现在画出了自己的生命规划蓝图，以后还会不会变化呢？不要把一个游戏看得玄妙，它只是想激起你的警觉，在纷杂的现代生活中，腾出那么一点点时间，眺望远方，拓开一条属于自己的路。几年以后，你对自己的筹划也许会有改变，但眺望永远是需要的，大方向永远是需要的，改变也是需要的。

不要因为将来的不确定而不肯在今天做出决定。

如果有人一生都无须改变，那他要么是未卜先知，具有极高悟性和远见卓识的天才，要么就是僵化和刻板的化石。

别总盯着树上最丰盈的果子，要专心致志地做好你眼下最重要的那件事。

第六章　心灵的营养：

经营关系，养大格局

1 人际交往中的"汉隆剃刀"

亲爱的同学：

问你一个问题：是不是聚在一起之后就开始有些小矛盾了呢？

哈哈！是的。不在一起的时候想念彼此，在一起了呢，又总有这样那样的一些摩擦。但是不用烦恼，这就是青春之歌的本来面目，不可能总是和谐地奏出一个音符，总是有一些意外的小插曲。试想，要是三年总是在重复同样一首曲子，即便是和谐的，也一定是乏味的，甚至是令人生厌的。恰恰是一些"小插曲"使得我们的生命之歌多姿多彩，也使得和谐之歌弥足珍贵。

每一次摩擦都是心灵的阅兵！

每一次碰撞都是行为的剃刀！

每一次矛盾都是认知自我的地图！

今天这封信，我给你讲一讲人际交往中的"汉隆剃刀"。

这一理论，大约是在 1990 年一个名叫汉隆的美国人提出来的。

它的意思是能够解释为误会的，就不要解释为恶意。

要说清楚这个小理论，我们先来看看班级中出现的四个场景。

场景一：

小陈同学最近一直闷闷不乐，原因是好朋友小刘过生日没有邀请她。

令小陈纳闷的是，如果小刘没有邀请任何一个人，她还想得通，可偏偏她还邀请了几个好朋友一起去吃饭庆生呢。

没被邀请就罢了，不让自己知道也行啊，可小刘偏偏还把他们各种欢乐的图片放在 QQ 空间上！

……

平常小刘和小陈关系不错，两人还经常邀约一起回家呢！

坐公交车的时候，小陈还帮小刘占座，甚至还主动请客，请小刘吃了很多次东西呢……

越是想到这些，小陈就越是想不通！最近在班里就有意回避小刘，甚至不想和她单独来往了。

场景二：

小谢同学最近在《暮省》里面发出了感慨：

……人生不易，明明这么要好的朋友，却莫名其妙地感觉再也难以融入……。删了他QQ好友的同时，我也决定选择另外一条路——孤独……

场景三：

小李同学跑过来对我说：

……老师，我以前觉得我们班上的人挺善良的，但是现在我不这么认为了。他们真的很歹毒，当着我的面是一套，背着我的面又是一套……

"为啥有这番言论呢？"我好奇地问。

"有人在背后说我的坏话！"

场景四：

最近某老师总是针对我：

一会儿说我课堂故意扰乱纪律，让我当众难堪。

一会儿又说我不团结同学，我到底哪儿不团结？

上次在操场和他打招呼，他居然头也不抬，不理我！

……

这几个例子都是少年"维特"们的烦恼。场景中的小陈、小谢、小李不是单独指某个人，而是指一类人。

邀请几个好朋友去吃饭庆生，偏偏没叫你，是他突然因为什么原因对你有意见，以后不和你好了吗？一向比较热情的老师，在那一天没有回应你，是因为他真的准备针对你？

"汉隆剃刀"认为这不太可能。更可能的是：

小刘根本没有精心准备生日会，那天临时说起来就突然跟一帮同学去了。

之前很好的朋友，突然有几天感觉难以融入，很可能是因为他最近处在情绪的低谷。

同学背后说了你的坏话，也绝非歹毒，很有可能是你某个时刻的某个行为让别人感觉有些许不适。

老师不理你，也绝对不是对你心存芥蒂，很有可能你在和他打招呼的时候，他心事重重，注意力自动屏蔽周边的事情了。

"汉隆剃刀"说的误会，代表各种无知的、偶然的、非故意的原因，这些情况发生的可能性远远大于恶意。如果你跟某个同学很熟，平时关系还不错，他突然对你恶脸相向的可能性又有多大呢？如果你和他不熟，无冤无仇，他就更没有理由产生恶意了。总而言之，恶意的概率是极小的！

恶意是极小概率事件，但是忘了、错了、漏了、误会了、不知情，或者纯粹就是因为懒，则是极大概率的事件。其实，换作是你，你也很少会精心设计，对自己的朋友或亲近的人恶意相向，绝大部分时间都是被各种习惯或是各种情绪驱动着走，遇到什么事就做什么事。倘若事事都要"精心设计"，桩桩件件都要"理性安排"，那我们人类的生存成本是不是太大了？所以，你也一定会经常做出一些举动让人误会。

而我们之所以常常会把别人不经意的动作当作一种"恶意""歹毒""有意识的针对"，是因为我们都以"自我"为圆心，很少换位思考，我们总是倾向于以为世界上的各种事都是围绕着自己运转的！这一点，心理学人士还专门用了一个词来指称，叫作"聚光灯效应"。你换了一个新发型，自我感觉很好，你臆想着班上每个同学都会露出诧异的目光。殊不知，除了你的同桌关切地问了两句关于你发型的事，其他人简直就没把你换发型这个事看在眼里。其实，很多时候，换一个视角，不把自己放在中心，很多事情根本就不是问题。

同学，明白了"汉隆剃刀"的道理，你就会减少很多无缘无故的愤怒和压力，你跟他人、跟这个世界的关系都会更好。

可能有同学会问："老师，难道这个世界上就真的没有'刻意的针对''有意识的恶毒'吗？我以前就被×××深深地伤害过呀！现在想到那些事，还觉得可怕，伤口都在滴血！"

同学，你要知道，这个世界肯定也是有坏人的，既然有坏人就肯定有"阴谋"，也肯定有"恶意"，但是你必须了解，这些都是极为罕见的！人，没有绝对的好与坏，更多时候是身处的"情景"诱发了他们理性或非理性的举动。

即便你曾经被伤害过，也请你不要轻易妄加猜测！因为真正的恶意攻击很不容易发生，而对非恶意的误判实在太容易发生了。

所以，平常在和人相处的过程中，最好是：

只处理事实，不猜测动机。

与其猜测动机，还不如摸清楚人的本性及做事情的规律，建立一种互信的机制。

回到前面的情境之中，殷老师给出如下破解策略。

场景一，小陈同学最好直接走上前去，找小刘"算账"，大度地送上一张生日贺卡！笑着说一句："你个家伙，生日没请的客，迟早是要还的！"小陈或许会发现，小刘会更尴尬，以后和你的关系会更融洽！

场景二，小谢同学可以邀请自己最好的几个朋友一起打个球——好朋友之间，没有什么事是一场球赛解决不了的。因为运动是消解焦虑、释放情绪的最好方式。

场景三，小李同学可以直接找到当事人，坦言自己的困惑，问问当事人为什么要说那些背后话。说不定那些传到小李耳朵里的"歹毒"的背后话，其实也没什么大不了的，只是传来传去之中，背后话从芝麻变成了西瓜，从蚂蚁变成了大象——走样了！

场景四，该同学直接在课堂上主动和老师互动几次，就会验证——原来老师这么关注我啊！

讨厌一个人，恰是认清自己的契机

亲爱的同学：

一个班集体中经常有些人互相"看不惯"，由此很容易形成小帮派，影响班级和谐，也不利于同学们身心健康成长；就连班级分组都颇受影响，因为一个人"厌恶"一个人，而搞得小组四分五裂，毫无凝聚力。

青春期的你们，情感关系也很微妙，对人的情感常常简单地划分为"我喜欢的"和"我讨厌的"。同学之间前一刻还像黏稠的蜂蜜，甜得发腻，后一刻又如清水一般寡淡，各自为政，有的甚至还有污浊之气。

对于"人际关系"，相信每个同学都在乎，但往往认识不到问题的本质，常常把"斗争"的矛头对准别人而不是自己，所以行走之中，友谊之路越走越窄也是经常发生的。但一个人在说"我讨厌……""我看不惯……"的时候，其实，他也是被别人所厌恶的对象。正如纪伯伦在《沙与沫》中所写，当你鄙夷一张丑恶的嘴脸时，却不知道它正是自己面具中的一副。基于此，这封信，我想给你呈现一堂我以前给学生们上过的课，叫作"讨厌一个人，恰是认清自己的契机"。我希望你认真读完这封信，在人际关系出现裂痕的时候，能够多一个思考问题的角度。

我希望你：

①　懂得并非所有的"讨厌"都站得住脚，很多讨厌都是一种模糊不清的劣质情绪。

②　理解并体会讨厌背后的两重心理学机制，即心理投射和安全感缺失。

③　觉察在讨厌一个人的时候，也恰恰是认清自己的契机，从

而更加完善自我，而不怨天尤人。

豆瓣上的"讨厌小组"

我曾经问我的学生："同学们，生活中如果遇到讨厌的人，你会怎么办？"

有学生不假思索地回答道："远离他。"

有学生抱定一副君子模样："我不和他交往。人不犯我，我不犯人。"

随后，我开玩笑似的对学生说，你们知道"聪明"的网友是怎么做的吗？他们成立了一个"我讨厌×××"小组，介绍也很有意思："把你讨厌的生物、事物说出来，我们一起唾弃他。"

我当时呈现了一些截图，同学们都在抿嘴笑，笑得有那么一点心照不宣。

"这种现象说明了什么呢？请同学们畅所欲言，随便怎么说都对。"

"老师，厌恶这种情绪广泛存在于生活中。"

"'讨厌'这种情绪吧，不可能常常挂在嘴边，否则显得自己很没素质，但又确实是真实存在的情感，不能压抑太久，所以就在网上乱说。"

……

眼见学生一来二去地都说开去了，我适时抛出了一个问题："那同学们会不会在背后唾弃你们讨厌的人呢？"

绝大多数学生摇了摇头："这还是不会的。"

"同学们刚才都提到'厌恶这种情绪广泛存在于生活中'，想必同学们也有自己讨厌的人。"我故意停顿，望着部分学生。学生看着我一脸坏笑，心里肯定在想：殷老师到底要耍啥把戏？

那接下来，请同学们在这张表格上简单梳理一下平常讨厌的人（只能用代号，如花小主、林黛玉等），并请写出理由。

心事小调查

讨厌的人	理由

随后的学生分享环节，他们进行了如下分享：

"我讨厌的人，我把他称为'灭霸'，因为他真的很不会说话，一开口就能冷场。"

"我讨厌的人，我把他称为'空气'，说不出什么理由，就是单纯地讨厌，而且有时候讨厌，有时候又不讨厌。"

"我讨厌的人、我称之为'冷猫'，我讨厌的是他那种高冷的表情，感觉别人上辈子欠他什么东西似的，跟他打招呼的时候，他那嘴角微微上扬的神情，透出了一种'不屑一顾'，感觉是我的热脸贴在了他的冷屁股上。"

有兴趣的小读者，你也可以把书合上，思考一下你讨厌的人。

解析"讨厌"——并非所有的讨厌和反感都站得住脚

师：同学们，你们知道吗？并非所有的讨厌都是站得住脚的。接下来，我们做一个"自我检查"，以下这些标准，如果令我们生厌的对象符合，就打"√"，不符合，就打"×"。

自我检查：

①　是不是对方的言行像极了某个人，勾起了我不愉快的过往？

②　是不是对方目光斜视、从不正眼看我的举动刺伤了我的自尊心？

③　是不是听多了对方的八卦，在脑中人为拼凑出了对方令人讨厌的印象？

④　是不是对方对我的反感激起了我的厌恶？

⑤　是不是对方的优越感激起了我某方面的无能感，把妒忌幻化成了厌恶？

⑥　是不是对方特别优秀或者自带光芒，让我感觉内心不安，感觉到自身的地位有一种潜在威胁，这种威胁会引发我对对方的讨厌？

⑦　是不是把自我的优越感投射在了对方身上？

所以，你会发现，我们经常挂在嘴边的"讨厌"，其实很多都是没有经过认真思考和审查的，就是一种无端的情感。即便你思考过"厌恶"的理由，但多半也是浅层次的，没有深究下去，而且斗争的矛头都是指向对方。这点我相信你肯定是赞成的。

请记住一句话：盲目的反感、排斥和远离，其实是一种模糊不清的劣质情绪。它既耗竭自己的心力，也无益于改善自我。

"讨厌"的心理学机制

刚才老师给同学们列出的七条标准，其实可以归结为两点，这就是"讨厌"的心理学机制。

第一，心理投射。

心理学研究发现，人们在日常生活中常常不自觉地把自己的心理特征（如个性、好恶、欲望、观念、情绪等）投射到别人身上，认为别人也具有同样的特征。所以，我们讨厌某个人，其实也是自我内心价值观的折射。人对待世界的态度其实是一面"镜子"，可以折射我们的内心。

你能不能结合自身举几个例子？

以下是我以前的学生们的分享：

有学生说："我很讨厌某些人没有教养，可能是因为我内心觉得他们缺乏基本的素养，这可能与我们多年所受教育相悖。这就导致我的内心并没有完全接受，只好通过厌恶来释放内心的感受。"

还有学生分享道："我讨厌那些锋芒毕露的人，可能投射出我内心对'大胆表现'这种行为的向往吧。这也是一种投射，得不到的反而容易'因爱生恨'。"

当时听完学生们的分享，我随即给他们分享了一句话：

我们因为相似而相聚，却因为差异而成长。

什么意思呢？我们来自不同的家庭，都背负着各自的"基因密码"来到这个世界上和他人相遇。势必会有相同的好恶投射在了一起。这个时候，你们走在了一起，水乳交融，你中有我，我中有你，好不欢畅。但你们身上也势必有不同的好恶，彼此并不兼容，是不是需要强迫对方来将就我们呢？大家好好想一想。

第二，内在安全感缺失。

"厌恶"的心理机制还可能是内心安全感的缺失。心理学发现，每个人都有一种来自自我控制的安全感，这种自我安全感是我们内心安定的根源。一旦有些人的行为不为我们所接受的时候，我们内在的安全感就被触动了，这也会引发我们的讨厌情绪与不安感。这种失控感会刺激我们的大脑，让我们制造出一个假想敌。

你能举一些例子吗？你可以合上书，先思考一下这个问题，看身边有没有让你感觉到的"讨厌"是因为这个原因形成的。

比如说，我的学生就大大方方地坦言："比如班上来了新同学，他特别优秀或者自带光芒，我会感觉不安，总是感觉到自身的地位有一种潜在威胁，这种威胁会无端引发我对他的讨厌。"

……

老师曾经看到一篇帖子，就是用这个原理来解释的。同学们尝试着来解释一下，为什么宫廷剧中的内斗这么激烈呢？

内斗源于厌恶，主要是由于她们内在安全感缺失，内心总有一种不安定感，她们会自然而然地感觉到危险随时在身边，所以就会自己制造假想敌。内斗还是为了换取内心的安稳。

以此为镜——反思和提升自我

不管怎么样，你会发现，无论喜欢还是讨厌一个人，都是很费心力的，讨厌这种情绪更甚。我相信这一点也是毋庸置疑的，毕竟那会牵涉你太多的注意力。就好比房间里住了一头大象一样。你表面上可以装作看不见，但脑袋里却非常清醒地想去打量它。你若是讨厌一个人，表面上装作无动于衷、冷漠无情，其实，你对他更加敏感，你会暗暗观察他的一举一动，然后根据他的言行做出反应。从这个方面来讲，"讨厌"并非一件好事，至少是一件比较耗费心力的事，对吧？

所以，我认为，讨厌一个人，恰恰是认清自己的契机，可以认识到自己深层次的"需求"。

我们对待他人的态度可以投射出我们内心真实的"需求"，这有助于我们更加了解自我和认识自我。接下来，请同学们相互讨论以下几种情景。

① 有人嘲讽网红脸、鄙视流水货，有可能折射出 Ta 内心_____。

② 有人给别人贴标签"红颜祸水"，有可能折射出 Ta 内心_____。

③ 有人抨击别人虚伪，有可能折射出 Ta 内心_____。

④ 有人厌恶别人老是在课堂上"出风头"，有可能折射出 Ta 内心_____。

嘲笑网红脸的潜台词有可能是，"我既没有钱，又没有变美的决心，只能隔着屏幕指指点点，垂涎欲滴"。

给别人贴"红颜祸水"的标签，折射出"嫉妒别人桃花不断而你乏人问津"。

批评别人"虚伪"，可能折射出我们"缺乏别人的八面玲珑"以及对"处事圆滑"的需求。

厌恶别人爱出风头，有可能折射出我们对"自信人生"的需求和追求。

其实，我们对待事物的态度可以看作一面镜子。我们对朋友的厌恶、对他人的批判，往往折射出我们内心的某些东西，比如我们的好恶、创伤、弱点、自卑、怯弱、欲求不得的东西……。讨厌一个人，恰恰是认清自己的契机。

那堂课大致如此。写到这里，我对我想说的话做一个总结：

有些时候，厌恶的背后是内在安全感的缺失，我们应该用心地去提升自我而不是一味地厌恶别人。这类"讨厌"的背后，暗藏着对他人顺境的羡慕，也附带着对自己无能的愤怒。与其"用心良苦"地讨厌他人，不如思考一下，是哪些优势造就了他人的顺境，又是哪些短板伏笔了自己的无能呢？

接下来，也希望读信的你以此为思考的起点，把这种"妒忌"之斧大胆地劈向自我，把"斗争"的矛头转而对准自己，把自己口口声声"讨厌的"，换句话说，也就是自己"心向往之"的东西都提出来，以后有意识地努力去争取和获得。

如果你愿意，就在自己的《暮省》里写一个小小的反思，题目就是"欣赏别人，提高自我"。

③ 你学会说"不"了吗？

亲爱的同学：

今天这封信，我来谈如何"拒绝"别人，如何说"不"。人生在世，如果事事都以自己为圆心，那结局一定是悲剧；如果事事都以别人为圆心，全然不考虑自己当下的感受和实际情况，结局就会是另外一种悲剧。

我先来给大家讲一个故事，故事的主人公是李萌（化名），我曾经的一个学生。

李萌是一个白净秀气、安静礼貌的女孩儿。她乐善好施，乐于助人，连续两届被评为"鸿鹄好人"。按理说这也是一件好事，但一个同学的周记向我折射出了点什么，说李萌同学真的是有求必应，一个课间就可以陪其他女同学上厕所三四次，即便自己没有需求。看到这儿我也就笑了笑，没多想。直到李萌的妈妈亲自出马找到我反映了情况，我才意识到孩子走得太过了。李萌妈妈说，孩子最近总是接到同学的求助，又不知道拒绝，结果自己大包大揽地扛下来之后又没办法搞定，就发动了爸妈。这一次，妈妈耽误了一点时间，没按期带东西回来，结果李萌在家大发脾气。看来，李萌同学在这个"好人"的标签之下确实活得很不自在了。

生活中确实有这样一群人，他们面对别人的请求不知道该如何拒绝，不得不委屈自己，完成别人的请求，结果自己生活得很不快乐。

答应别人请求的人，并不一定有能力并且真心愿意去做事情，而可能是不懂得如何对别人说"不"，不懂如何拒绝别人，所以才不得不委屈自己的心意勉强去做。那到底是什么原因让这些人不懂得或是不敢说"不"呢？其实可以从心理投射和印象管理的角度去分析。

心理投射

其实就是个体将自己的思想、态度、愿望、情绪、性格等个性特征，不自觉地投射于外界事物或是他人的一种心理作用。不懂拒绝，就是个体把自己不能接受别人拒绝自己这种心理投射到别人身上，自己对别人有所请求时，不能接受别人的拒绝，那么当别人对自己有所请求的时候，也不能接受自己的拒绝。个体不知道如何说"不"的另外一个原因，就是不知道如何表达才能让对方心平气和地接受自己的拒绝。这种假设也是基于心理投射。怕别人遇到自己的拒绝会产生诸如生气、郁闷、不爽等不良情绪，实际上也就是遇到别人的拒绝时，自己会生气、郁闷、不爽。

印象管理

印象管理是心理学家库利等人提出来的，是指人试图管理和控制他人对自己形成印象的过程。通常，人们总是倾向于以一种与当前的社会情境相吻合的形象来展示自己，以确保他人对自己做出积极的评价。生活中很多不愿意说或者不会说"不"的人，就是担心别人对自己形成不符合自己愿望的不良评价。人人都希望别人眼里的自己是一个积极形象，难以忍受自己给别人留下差劲、凶恶、无能、自私等不良的负面形象。所以，为了给别人留下一个好的印象，就只好委屈自己了。

同学，你是这样的人吗？如果你也是，那接下来我和李萌的对话或许会对你有一些启发。

我找到李萌，直接说明了来意，希望得到她的信任，也表达出了想帮助她的意愿。她也十分愿意配合我。

"老师，我就是怕违背了别人的好意，伤着了同学们的心，哪怕我自己受点苦受点委屈也行。"李萌说。

这句话恰恰印证了心理投射理论，孩子就是提前预设了别人遭到拒绝时候的情绪情感，其本质也是内心害怕别人拒绝。于是我说道："你这颗宝贵的心是难得的，老师为此感动，那你是不是也很害怕被人拒绝呢？"

她愣了一下，随后认真思考了一会儿，使劲地点点头，说："我感觉要是被人拒绝了太没面子了，还会东想西想，觉得是不是别人不喜欢我了？不接纳我了？或者我在什么地方得罪了别人？有时候还会觉得这个同学自私自利，面目可憎。"

"孩子，这就是问题所在了。实际上，同学们面对你的拒绝的时候只会觉得一条路行不通，还会寻找其他途径。这个时候，你需要调节自己，是自己面对别人拒绝的时候有着不良的心态。就比如，你被拒绝的时候就觉得别人面目可憎，自私自利，那万一别人真的有难言之隐呢？其他同学被拒绝的时候或许不像你这么想呢？"

"老师，我明白了。"

"还有，你也是活在'鸿鹄好人'的标签下太久了，你想给人留下好形象，是不是？"

"您别说，还真的是。有时候，我帮助别人就是想要配得上这个名号。"

"但也不必事事亲力亲为呀。你的内心、你的能力就像是两个卫士，一切都要通过它们的审查呀！你现在就是直接避开了它们，这样会好过吗？"

"我也知道不好过，前些日子也挺矛盾的。妈妈也让我学会拒绝，但每当同学一来提要求，我想都没想就应承了……"李萌脸上写着几分无奈。

我马上给她注入心理能量："孩子，其实你的品质是很棒的。你只需要恰当表达拒绝就可以了。"然后我给提了她如何表达拒绝的策略。

首先，要充分肯定对方的请求；充分表达自己非常乐意提供帮助或者共同参与的意愿。这是给予同学们情感上的理解。

其次，要充分阐明自己不能提供帮助或共同参与的理由。

再次，提供变通方式，积极帮助对方寻找对策。

最后，真诚表达自己不能满足对方请求的歉意。

"哦哦。"

"试试吗？"

"嗯！"她觉得有点意思。

"假设我是你的好闺蜜佳月，邀请你去看一场电影。但是你不想去，你该怎么说'不'？"

"首先应该怎么呢？我忘了。"

"充分表达愿意参与的意愿！"

……

经过好几次演练，李萌终于合理地表达了拒绝：

"佳月呀，我们好久没有一起看电影了吧？最近×××电影上映了，我也好想去看呢。不过，这个周末不行，我妈妈要求我在家陪外婆做饭和收拾家务，而且这是我之前答应过的，我不能爽约。要是你能等我的话，我愿意下周陪你去看；要是你等不及的话，你可以找茜茜陪你去。姐姐我万分抱歉，等我回头请你吃小炒，补偿一下，可好？"

望着李萌，我惊叹地竖起了大拇指，对她这段话赞不绝口。

第二周的周记上面，李萌写下了这样一小段话：

人生活的目的就是追求快乐和幸福，所以我不能委屈心意、勉为其难，这样幸福就离我远去。感谢殷老师让我回归初心……

我留下一句批语：

聪明的你，虽学会了说"不"，但依然要保留那颗助人为乐的初心。

④ 如何避免抵赖式道歉

亲爱的同学：

这封信，我就着重讲一下如何"道歉"。

从我对我们班学生的观察来看，我发现有部分同学在犯了错之后喜欢"抵赖"！也许你认为自己所说的话不是"抵赖"，但是在听者耳朵里就是和"抵赖"差不多。

我先说一个小故事。

前些天，学生处的张老师给我打来电话："殷老师，×××是你们班的学生吗？"

"是呀！他怎么啦？"接到学生处的电话，我心里惊颤了一下，经验告诉我，学生一定是犯了什么错被抓住了。

果不其然，张老师马上接过我的话茬："可不是嘛！你看他，疫情期间明明说了不准带外卖，可他还大包小裹地往学校里面带。被我们抓住了吧，还不认错，一个劲地认死理，说自己很委屈，说自己在帮助同学解决温饱问题，也是在做好事，凭什么就要抓他，凭什么不放他走……。语气冲得很，我都很想给他处分了。"

我安抚了一下张老师的情绪，也随即和孩子通了电话："……不管你现在有多大的委屈，你要是相信殷老师，请你首先向张老师道歉，并保证以后坚决不做类似的事情了……。我是在保护你……"

电话那头的他，低声啜泣，我能感受到一股被压抑的情绪。但孩子还是挺听话："殷老师，对不起，我给你添麻烦了，我知道该怎么做了。"

"殷老师相信你！加油！"电话这头我鼓励他。

我知道宽宏大量的张老师一定不会斤斤计较，会给孩子机会的，只是最开始被这孩子的态度"逼"急了。

张老师代表的是"规则"，是"大我"；该同学代表的是"情分"，是"小我"。当"情分"遇到了"规则"，当"小我"遇到了"大我"，我相信，现在身处"局外"的你，即便是"义薄云天"，也会认为张老师的坚持是对的，该同学的理由是牵强的。毕竟，疫情就是命令，张老师代表着学校，为广大同学撑起了一把更大的保护伞！

我发现同学们在"犯错"之后是非常不会"情感公关"的，都是用一种"抵赖"的公式在为自己辩解。表面上好像是在道歉，其实质就是在抵赖，就是在撇开自己的错误，为自己充分澄清。往往让听者感觉不到丝毫真诚！

"抵赖式道歉"=（从本人角度出发）找理由（找借口）+ 我正在弥补。

"真诚式道歉"=（从别人角度出发）"我错了"+"我以后不再犯了"+"我这次犯错的原因是……"

出于自我保护的需要，每个人在犯错误的时候都会忍不住找理由，找借口，为自己开脱，让自己显得"情有可原"。这些"理由"或是"借口"越"惨"，越不可"抗拒"，越让人感觉应该同情，可能当事人就会从情感和责任上"卸下"愤怒的包袱，对此事从轻发落。

但是，我亲爱的同学，这只是一般人的视角，这也只是本能反应！

你要知道，我们这个社会上很多正确的事往往是"反本能"的。"反本能"的看似直接把自己暴露在威胁面前，一如冬日雪人见到阳光时候的无助和脆弱，但这恰恰才是更合情合理的。

我们再来剖析一下两个公式。

抵赖式道歉，一来就各种理由、各种解释，弯弯绕绕，云山雾罩，让听的人不知所云，甚至还要去认真地理清说话人是一个什么理由和逻辑。

道歉的人，明面上是道歉，却不知不觉地在扮演着"导演"的角色，布置着一个宏大的场景，力图把一切"错误"搁置在一个"合乎情理"的场景里。然后再向当事人说，"但是，我在努力地弥补……"潜台词就是——你也用不着惩罚我，刚刚，我不已经意识到错误了吗？我正在弥补，你还要咋的？

这是从自我出发来思考的角度，其实是不利于对方接受你的。

真诚式道歉，首先说一句"对不起"，体现出犯错人的责任担当！错了就错了，无须狡辩，无须过多地解释，给人彪悍勇猛精进的感觉。大大方方地喊出"对不起，我错了"，大有一种海燕敢搏击风浪、敢面对暴风骤雨的勇气，也能让听话的人感觉到来自犯错人内心的力量。

紧接着，马上给出一个"承诺"——"我保证以后再也不出现类似的问题了"，这体现出犯错人以后改掉错误的决心。错就是错，人生在世，孰能无过？重点在于，保证自己不会三番五次、屡教不改！

最后，如果你实在感觉到有极大的"委屈"，或是不可抗拒的"外力"造成了这样一次"无心之过"，那你再稍做解释。

你看，把你冠冕堂皇的理由放在最后，其实就是一个过山车式的"转折"！如果说之前直抒胸臆的道歉是鲁迅笔下"真正的勇士"，那么现在解释合理的理由就是一个"柔情似水的女子"。那种情感的张力瞬间凸显，一张一弛，直走人心！

前面两句是站在别人的角度去思考问题，后面一句理由是正当的"辩护"，是自己的视角。前面两句是"Yes"，后面一句是"But"。

亲爱的同学，希望你永远记住老师给你的"真诚式道歉"公式。既不抵赖，又不耍滑；既不当愤青，又不当冤大头。力图做一个敢担当、巧沟通、有温度的好人！

原谅，大脑会"丢掉"伤痛的细节！

亲爱的同学：

科学研究发现，一旦选择原谅，大脑就会帮我们"丢掉"伤痛！

一项发表在《心理科学》（*Psychological Science*）杂志上的科学研究成果指出，选择原谅的人，比较容易忘记以往被伤害的细节。这是因为选择原谅后，会产生遗忘痛苦回忆的机制。

研究人员让 30 位受试者阅读 40 种包括在背后严重伤害他人及偷窃等情境的内容。

然后让每位受试者针对每种行为造成的伤害程度评分，并试想，如果自己是受害者，那么原谅对方的可能性会有多大。

两周后，同一批受试者再阅读相同内容，但内容已分别标注成红色或绿色。研究人员要求受试者回想绿色部分的内容，不去想红色部分的文字。

一开始就选择"原谅"的受试者，事后再回想事情细节时会出现困难；而那些一开始就选择"不原谅"的人，即使实验中被要求不要回想细节，那些记忆也仍相当深刻。

研究结果显示，人做出"原谅"的决定后，大脑会启动遗忘机制，让人忘记那些曾对自己不利的痛苦记忆。即使一下子做到真正原谅仍有困难，但是只要选择原谅，遗忘那些记忆也会变得更容易。

选择原谅别人，就是拯救自己！

这些年，有时候面对生气的学生，我真的恨不得和他决裂！但一通怒气发泄之后，我总是习惯从自己身上找问题。我习惯性地会在面红耳赤的时候，静静地坐在书桌前，执笔一支，复盘刚刚发生的事情；在脑海里检索这个孩子对我的各种好。然后，开始给这个孩子写信。

这时候，大地回春，黑黢黢的情绪世界，忽然就会多了一抹亮色；冰冷的眼神，开始融化，多了一丝柔软；干涸的内心，裂痕缓慢缝合，得以滋养！回头再想想自己还有哪些地方做得不够好，突然会感觉自己又有了活着的意义。

然后把这些点滴付诸笔端，越写就越开心，越写也就越能感觉宽容。在信中，把自己的姿态放得很低，反而有一种百川汇流之感，瞬间情满意浓！在信中，不断地反思自己的不足，反而越来越升华出一种挚爱教育的感觉！

前段时间，我发了2020年度最烈的一次"火"。当时，整个人身体里像装了几十斤火药一般，都要"炸"裂了！我当时恨不得再也不和这个学生说话了……。愤愤不平，骂骂咧咧，驱车回家，瘫坐在电脑前。双眼无神，顿觉生活没有意义，自己的一番苦心，居然被那臭丫头误解！而后，我又在脑子里面搜索臭丫头爱我的点点滴滴。

我开玩笑地对她说"我想吃橘子了"，臭丫头就给我送橘子；

我过生日的时候，她总在下面大声呼喊，给我送生日祝福；

我父亲过世的时候，写的祝福语卡片让我充满力量；

下课总趴在窗户边看我；

……

想到这些，我冰冷的心又被焐热了。

于是，我又果断打开电脑，写下了下面一封信，并真诚地告诉她：对不起！

亲爱的×××同学：

　　首先还是祝福你元旦快乐，虽然你惹我生气了，而且是我半年来最严重的一次生气!

我现在给你执笔之时,内心都很不开心,估计刚刚暴怒的余震还在胸腔里面游荡!

后来我转念一想,我又何苦呢?非得硬碰硬?非得不给学生台阶下?非得得理不饶人?所以,我还是给你写封信,也算是对自我心情的救赎吧。

其实吧,我今天很多责备你的话,也说得过分了些。想想真的不应该。唉,还是殷老师修养不够啊!其实,你吧,很多地方都很棒,让我很欣赏。

人格独立,敢于发声!

这不是奉承你!我其实也不喜欢万马齐喑的氛围,也不喜欢大家唯唯诺诺的状态,也更不喜欢王小波笔下"沉默的大多数"。你在目前沉重的学业负担下,仍能够保持鲜活的状态、独特的生命气质,实属不易。

勇担责任,热心为公!

有一次,体育课被语文公开课占用了。当天学生们没有体育课,你灵活地把第五节课的时间挪过来,带领同学们在篮球场上做运动。我到处找不到人的时候,突然看到了你站在高岗上的身影,顺势走去,竟发现班级整齐有序!

那个时候,我内心是温暖的!有这样心里装着事的班干部真棒!

公正,有凛然之气!

你内心没有怕过,敢于对事不对人!你内心没有黑暗,所以干事光明磊落。有一次,班上一个很有威信的同学犯了错,被你记了名字。她不服气,公然和你辩驳,你并没有在气势上输给她,有守有为,我内心也很佩服。

你内心不会认为:"我成绩不如她,就让她恣意横行。"

当我看着你跟她针锋相对的时候,我内心也为你竖大拇指!

爱师,和老师心灵距离近!

我能感受到，其实你很喜欢我的。下课总喜欢和LPY、HLH来我办公室的窗户外小调皮。有什么事，从来也不藏着掖着，不弯弯绕绕、云山雾罩的，很直爽地就过来跟老师汇报了。你要知道，其实，并不是每个同学都能像你一样收放自如哟！

……

可是，你现在毕竟是孩子，是孩子肯定会犯错误啊！我居然没有耐心地引导你，而是直接骂了你，现在想起来也着实不应该！如果我能够给你耐心地讲解一下"换位思考""沉着应对""看清场合"的道理，我相信你以后一定会改正的。就像上次我引导你不要抄作业、对答案一样，就像上次我让你们不要老在窗户外面看我一样，最后，你都听了殷老师的话。

要是这一次，我也能够好好引导一下你，把道理给你说清楚，你应该也是能听话的。

我现在有点后悔，总结一下，我错七分，你错三分！

但老师也希望，经此一番，你能明白——要分清场合说话做事，可不能凭着自己的小性子乱来啊！

相信殷老师，这是对你的保护！其实，做一只"特立独行的猪"挺好的，如果以后有艺术地处理一下，就会更好了。

新年了，我收回我对你说过的话。祝我们在新年里幸福如意！

愿每一位正在读信的小读者永远心存善念！

恋爱有价格，不要用恋爱来证明自己

亲爱的同学：

我一直都有一个观点：

中学时代，很多男生、女生谈恋爱，就是为了吹吹牛，可以跟寝室里或班里的其他男生或女生炫耀！

带有一届学生的时候，一个女孩子帮我印证了这个想法：

"对那个男生没啥感觉，但还是承认他是我的男朋友。"

"因为我是班里第一个被人追的女生。而这个'第一个'给了我很大的满足感。"

"我一个平平无奇的女孩，成绩一般，无甚特征，此刻能够被追，就像被上帝挑中一般！"

"一直默默无闻的我，身处话题讨论的中心，感觉很享受！"

……

何尝不是呢？

一个平凡的女孩子，被一个喜欢耍酷的男孩子"追"，从某种程度上传递着一个信号：

被爱，证明了我值得爱。

被追，证明了我灼灼其华！

爱是客观需要，证明了我身心两全！

有时候，需要一个异性、一个追求者、一段华而不实的"恋情"来唤起一个人的自信心！这个世界上就有一种感情是这样的：明知道对方不够爱自己，仅仅只是想玩一玩！但需要一个能够放在嘴边的"男朋友"，至少自己能被特殊照顾——

中午吃饭有人陪，被留下来了有人给自己买晚餐，特殊节日的时候还能收到一份别致的礼物……

青春空过，难挨的是寂寞；学习无趣，需要一点生活佐料！

有时候，学生也看清楚了这段鸡肋爱情。但苦于"没人要"的自卑感，于是不肯放手。这就是"爱的虚荣心"，简称"虚爱"。中学生的"早恋"，很有可能都不是爱恋对方的那个人，而是"熏香的风""五月的阳光""一段隐秘的温存"。

对，就是！他们爱的也许都不是那个人，仅仅是一种未曾体味过的人生情趣！

所以，信写到这里，我想告诉你的是：

亲爱的同学，不要为了虚荣而爱。

亲爱的同学，如果你的自我需要通过恋爱来证明，那么每一次失恋对你而言一定是灭顶之灾！

亲爱的同学，恋爱像世界上的很多事物一样，是有价格的，用青春的筹码买不起！

7 萌芽的暧昧——两个蛋蛋的故事

亲爱的同学：

我做一个大胆的预料，假期里的很多时候，经常玩手机的部分同学很可能会因为和某个异性频繁交流而心生爱慕之情。

啊？！

你可能疑惑，老师你怎么知道呢？

因为我中学也是这样的呀。

重新定义"早恋"

先谈谈异性之间的暧昧问题。殷老师作为过来人，应该对大人们口中的"早恋"重新下个定义，我觉得这是一种错误的叫法，应该叫作"情感幻想综合征"更妥当。为什么呢？

我有以下几点依据。

首先，我们应该没有"爱"，最多只是有点朦胧的喜欢。

其次，即便"爱"了，也不能证明对方也喜欢我们呀，很多时候是一种单相思。

再次，即便是"都爱了"，也很有可能只是相互欣赏、相互情感补偿罢了。

最后，我们很容易"移情别恋"。只要我们的注意力被转移，之前那个"恋"似乎也就没有了。

所以，我觉得叫作"情感幻想综合征"更妥当，其本质是我们情感因渴求而产生的幻想，有一点"海市蜃楼"的虚幻感。

所以，我们会觉得我们身处两个世界：一个是现实世界，一个我们不得不面对柴米油盐的生存世界；一个是幻想世界，一个充满了诱惑，我们可以幻游天际的世界。

"情感幻想综合征"的起因

为什么我们容易有这种"情感幻想综合征"呢？根据我的经验来看，可能会有以下原因：

一个人寂寞太久的时候，总是希望找到一个情感的支点。

一个人觉得自己缺少关爱的时候，就容易陷入自己幻想的泥潭。

一个人觉得自己没什么价值可言的时候，就容易错误地捕捉外界的信号，把关心当作爱。

一个人生活极为单调，而且没有具体目标和追求的时候，也自然更容易出现这种状况。毕竟长期吃粗茶淡饭以后，总想吃一点红烧肉来改改口味。

比方说，中学的时候，我们班一个女生发了一个录音给我，里面是她唱的一首歌，歌名叫作《一个像夏天，一个像秋天》。我反反复复听了将近100遍，越听越好听，居然就爱屋及乌，朦朦胧胧地就对这个女孩子心生好感了。我哪敢告诉父母呀，那可是高三的关键期呀。我还不是只能闷在心里，自我调节，一边说点暧昧的情话，一边还得把自己从幻想的世界中拉回来，抓紧时间，好好学习。

再比如，如果有人去我的QQ空间踩了几脚，我也下意识地要去她的空间踩几脚，礼尚往来嘛。以前一个女孩儿总是喜欢光顾我的QQ空间，我就觉得她可能有点喜欢我……，于是又不由自主地开始幻想起来了。但我使劲摇了摇头，把自己从九霄云外拉回来之后，又开始学习了。后来，我摊牌了，问："你是不是对我有好感？"她对我说："圈圈，你想多了……"

我瞬间就清醒了，原来这又是一场空想。

如何破局呢？

"情感幻想综合征"怎么破呢？

首先，你可以挖掘一下自己的"自卑"。

你可能会想：啊？有没有搞错呀，我都这么不自信了，你还要我挖掘我的自卑？

对！殷老师没有错，你就是应该想想你的"自卑"。

先别着急，听殷老师娓娓道来。

我中学那阵又矮又胖，胖到什么程度了呢？一坐下来，肚子上的肉就堆起来，一圈一圈，故人称"圈圈"。再加上，当时自己又不是那么优秀，成绩一般，默默无闻，连犯错误的勇气都没有，所以一般而言，是没有女生会喜欢我这种"矮胖矬"的。虽然现实世界这么残酷，但我的幻想世界却是五彩缤纷的。我可以经常幻想长得漂亮的女生喜欢我呀；甚至幻想如果世界上来了一场瘟疫，最后只剩下我和暗恋的女神，那该多好啊……。我知道没人会喜欢我，所以我非常努力地学习，可能是我潜意识里知道，对于男人而言，上进这种品质很重要吧。既然自己很自卑，我就要把这种自卑感转换成超越感。后来我才知道，这是心理学经常谈的那句话——

"自卑感"容易引发"超越感"。

这是真理啊！亲爱的同学，我们身边很多伟大的人物，无一不是在某些领域里面极度自卑的人。比方说科比，为什么这么自律？为什么这么优秀？是什么力量推动他不断精进自我呢？你看，他被称为"孤傲球星"，这和他小时候的一些自卑经历有关。再比方说球王梅西，他也是极为勤奋的人，同时也是在一些方面极度自卑的人……。所以我当时有多自卑，那种想向上"超越"的能量就有多大。我知道一切的爱恋都可能与我这种不优秀的人无关，所以我就把由此激起的那种勤奋、钻研的劲头用在了学习领域，一直延续到现在。有很多时候，在科比身上，我真的看到了自己的影子。

真的，没骗你！

我当时反复提醒自己：那些高个帅哥能得到的一切欣赏和赞美，我都要通过自己的努力来得到。现实就是，我确实如愿以偿了。高考全班第一！唯一一位 600 分以上的选手。

其次，不管你和 Ta 现在多聊得来，你都要相信，那只是特殊时期、特殊场合下彼此情感的补充。

你只是 Ta 这一时期的某个情感替代品，你只是 Ta 在吃够了白米干饭之后，突然想吃的那一坨红烧肉。

不信？

那好，下面我就给你看一组漫画，题目是《两个蛋蛋的故事》。这组漫画出自漫画家喃东尼之手。

图 6-1 漫画组图一

图 6-2 漫画组图二

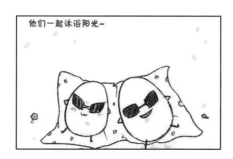

图 6-3 漫画组图三

图 6-4 漫画组图四

图 6-5 漫画组图五

图 6-6 漫画组图六

图 6-7　漫画组图七

图 6-8　漫画组图八

图 6-9　漫画组图九

图 6-10　漫画组图十

图 6-11　漫画组图十一

图 6-12　漫画组图十二

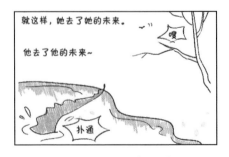

图 6-13　漫画组图十三

图 6-14　漫画组图十四

好了，故事看完了。你也明白殷老师想说什么了吧，我总结如下。

第一，我们都会成长。成长了，看待世界的眼光和想法也就都变了，不是不能迁就对方，而是迁就的代价只能让两个人越来越远。

第二，生命的质量总会不同。你不成长，不学习，不上进，那你必将被厌恶。你要知道，土豆拉一车也不如夜明珠一颗。

第三，得不到反而容易由爱生恨。漫画故事还算是宽容的，现实中，得不到的东西很容易被诅咒。

你可能会说，也不见得吧，我们两个情投意合，都不爱学习，都不受老师和家长待见，我们就这么好上了，看你能把我们咋的？你们越是不看好我们，说我们臭味相投，我们就越是要跟你们杠到底。

那我就要奉劝你，你错了！最后拆散你们的，绝对不是外力，分裂从来都是源于内部，是一种自我瓦解的状态。

破除你和 Ta 的"情感幻想综合征"，用我妈经常对我说的一句话来说就是："你也不好好照一照镜子，如果你觉得自己不行，那就滚去学习吧！这个最实在。"

⑧ 最严厉的和最慈悲的

亲爱的同学：

你喜欢你的老师们吗？

你喜欢什么样的老师呢？

你和你的老师之间有没有小插曲呢？

青葱的岁月，绝大多数时间都是老师们在陪伴着我们成长。这封信，我先来一波回忆杀，谈谈我的两位初中老师。

我的英语老师姓宋，是我们镇上公认的首屈一指的好老师。据说他教学很有一手，能在他手下学习，就是三生有幸的好事。事实证明，宋老师教得很好，有品有料，而且很受学生喜欢，尤其深受女同学喜欢。只可惜，对于宋老师，我实在爱不起来。

我不太喜欢宋老师有三个原因。第一个原因，他太凶了。有两件事让我记忆犹新。有一次，我因为生病迟到了，走进他的课堂没喊报告，他让我走出教室，去想想还有什么没做好。我脑子发烫，没想出来。宋老师认为我是一个不肯喊"报告"的倔驴，于是当众把我仅有的一顶官帽子——英语科代表给拿掉了。还有一次，我和班上一个好友考试提前交卷，以显示我们很牛。我们俩正高兴地在阳台上对答案、交流心得的时候，宋老师走过来，一手扭住我脸上的肉，另一手扭住我朋友脸上的肉，使劲转了一圈。把我痛死了！宋老师一边扭一边说，给你们两个强调了好多遍，"be"后面动词要加"ing"……，我们才猛然醒悟。那一扭让"be"动词后接"ing"形式产生了深远链接，我一辈子不会写错！

我不喜欢宋老师的第二个原因是，我总觉得宋老师他也不太喜欢我。我那时候虽然小，但是感情却很细腻。我总感觉，我这个不温不火的学生，难以走进他的视线。我总感觉他更喜欢班上的一流学生雷强、王美聪等，也喜欢班上围着他转的那些女孩子，好像唯独对我不远不近、不冷不热的。这种感觉很不爽，我希望他对我不一定非要那么炙热，但希望他能够爱我爱得明显一点。我偶尔要主动做一些事儿去挣个脸，但是他好像也不觉得有什么了不起，仅仅是就事论事地指点我，没有给我鼓励。有一次，他居然选了一个英语成绩不如我的同学当我的组长。

　　我最不喜欢的一点是，我永远不知道我在宋老师心中是什么地位、什么形象。我当时英语成绩还好，但不是最好，100 分的题总是能够拿到 90 分左右。我希望宋老师能够高看我一点，我满心希望他在布置任务的时候或是表扬一流学生的时候能够把我的名字也一并念进去，好让我感觉有点面子。这种虚荣心偶尔能得到满足，但多数时候会落空。有时候他甚至直接把我归类于二流，让我郁闷至极。好就好在，那几年，我越是得不到老师的关注和关爱，我就越想证明自己，当然我也成功地证明我应该属于一流。

　　我初中毕业的时候，在我的素质报告册上面，宋老师写了这么一段话：

　　祝贺优秀的你考上了二中，我一直都觉得你优秀，但不稳定，冒冒失失的性格特征注定了你要在细节上吃亏……。我对你一直都很严厉，希望你不要介意……。活到老，学到老，还有三分没学到，希望你今后能像中学一样刻苦。

　　我这才明白，原来宋老师是爱我的；我却较着劲，用三年的努力提升我在他心中的地位。

　　点点滴滴，历历在目，看到素质报告册那一刻我瞬间泪目，一泄如注。

　　我的语文老师姓金，是我们当地的美女教师。她很喜欢我，即便当时的我还是一个大胖子。她经常在全班同学面前表扬我，说我的字写得好，要让全班同学向我学习。说实话，那种感觉就好比吃了蜜一般，人虽然是端坐在教室里，但心早已跳到九霄云外去了。她越是表扬我，我就越是喜欢她，甚至有时候还故意无中生有地制造一些疑问，跑到她的办公室去向她求教，目的就是想和她多待一会儿。

有一天，金老师拿着大家的周记本进了教室，然后就对大家说："今天，我要和大家分享一篇周记，大家听一听别人是怎么写的，然后你们也要依葫芦画瓢……"我正准备洗耳恭听、向优秀靠拢的时候，忽然觉察到那周记本居然是我的。

"这篇周记的题目是——《我的好同桌——陈攀静》……"

哇！老师居然念我的周记耶！

我从小就喜欢"写实"，我的周记把大伙儿逗得哈哈大笑，大家都对我刮目相看呢！

后来，我的大作还在金老师的指导下获得了全校第一的优异成绩。

有一次，金老师为了激励我们，立了一个规矩，说："谁要能够连续两次都考进班级前五名，我就自掏腰包给他买一些小人书。"

此言一出，全班同学都炸开了锅——有摩拳擦掌跃跃欲试的，有唉声叹气无可奈何的。

唯独我一个人外表极度安静，内心却燃起了熊熊烈火——我一定要得到我亲爱的金老师的礼物。

好家伙，自打那时起，我开始奋发图强，一个人悄悄努力。很晚了都在背诵政治和生物；走路也拿着《疯狂英语》在刷题；一本从图书馆借的物理练习题来来回回刷了两遍；无数次地跑到办公室去问数学……

全班仅有包括我在内的四人达到了老师的要求，其他三人都是最优秀的那几个，雷强、王美聪、殷孝卫，我非常有幸和他们几个站在一起领奖。我当然如愿以偿地得到了心爱的小人书。

至此，我的成绩一直维持在了班级的前五名。

金老师很喜欢我，说我语言功底很不错，全校的演讲比赛也是推荐我去应战，然而我却羞得要死。无数次，金老师给了我温柔的指导和暖心的鼓励；也无数次，让我站在全班同学面前试炼……

我没有让所有人失望，我一举夺魁！

现在我已经在全国很多地方讲了百余场讲座，得到了很多老师的喜欢和认可。如果要追溯一下这些成绩的起点，还要感谢金老师给我的机会。

现在，我自己当了老师，更能明白宋老师和金老师都是好老师，代表着好老师的不同类型。

宋老师用一种冷酷和严厉，把我逼到死地，激起我奋勇往前冲刺的力量；金老师则用一种慈悲和关爱，把我内心自信的小宇宙给彻底引爆，让我带着初中所得到的一切自尊走向未来。

感谢严厉的宋老师，赐给了我标准。

感谢温暖的金老师，赐给了我自尊。

我亲爱的同学，请珍惜你身边的每一个老师，他们纵然风格迥异，标准不一，但都在燃烧着炽热的生命来点亮你的精神世界，赐予你无形的力量去和这个充满未知的世界较量，深深地感恩吧！

请给妈妈一点安全感

亲爱的同学：

你是不是很多时候都让父母抓狂而且无可奈何？那今天我就开门见山地提一个要求：能不能给妈妈一点安全感？！

那所谓的安全感究竟是什么呢？

首先，最重要的一点是参与感！

何为参与感？简单地说就是，妈妈能够参与到你的学习过程中，存在于你的情感世界里。

我知道，你们到了青春期，天然地就想和父母拉开距离，这是一种成熟的信号，无可厚非。

但是，如果你总是把妈妈拒之门外，什么都不让她参与，那就是你的问题了！

你可以在你的内心设置"三道门"。最里面的那一扇门，推开以后，可以看到人性的隐秘森林，里面蛰伏着你的各种"不足为外人道也"的欲望，可以是丑陋的、阴暗的、无趣的……。这道大门，不要轻易打开它！中间一扇门，推开以后，可以看到你的"心房"；那也是你心域的一部分，真正走心的沟通发生在此！最外的一扇门，推开以后可以看到你的院子，那是你敞开且暴露在生活中的各种情绪和行为。

当妈妈想了解你时，你可以尝试着打开最外层的院子大门，每天吃了什么，做了什么，总可以让妈妈知道吧？如果你最外层的院子大门也紧闭着，请问你让她们怎么拥有安全感？！

妈妈一问学习，你就皱皱眉，"啥都不知道关心，一天到晚只知道问学习"。请问，她们不问学习，她们还能问什么？她们的工作这么繁忙，单位遇到的事情也不少，处理的人际关系可能很复杂，还要担心囊中的钱是否缩水，更要抽出心思来关照你的学习和情感！她们不像老师们这么专业，这么专门地天天躺在"人性研究社"里面，钻研你的情绪、动机、小心思、学习方法……。她们哪儿能懂太多？！她们过问你的学习，就是在"担心你"，在"爱你"，那只是她们的表达方式。你犯不着摆着你那鞋拔子脸，打着你的电报语"嗯，啊，好的，行，你有完没完？"去对待她们！很多同学或许会觉得，当我成绩好的时候，她们自然而然就有安全感了呀。但实际情况是，相较于你的优秀，妈妈更在乎她有没有参与到你成长的过程中。

这和谈恋爱是一样的，很多男人都会觉得，我要是强大了，优秀了，我身边的人一定会更有安全感。实际情况却是女生更在乎她有没有参与到这段关系的成长中来。同学，你可以看看，现在很多人谈恋爱，动辄就把"做好自己"挂在嘴边，动不动就提出"自我空间"，张口闭口都是"我不会改变的"；而当他们真正处在两性关系中的时候，他们就一定要为彼此改变，彼此也一定会融入彼此的生活。如果一个男生满脑子想着的总是自己，那么女生是绝对不会有安全感的。女方可能会想：你的确会成为一个很优秀的人，但我不知道那天到来时站在你身边的人是不是我！

你想想，妈妈上完班，买完菜，做好了饭，洗完了碗，拖着疲惫的身躯坐在你的身边，小心翼翼地尝试着推开你的"门"，关切地要问一下你的学习，你却避之唯恐不及，张口闭口就是你的那一套"自由""空间""懂我""距离""信任"。请问，这能不让人寒心吗？如果你的妈妈很忙，很不专业，请你打开你的第一扇门，让她见到你日常学习的"院子风光"。这至少是一颗定心丸。如果你的妈妈很想了解你更多，你不妨打开你的心房，让她偶尔进来一下。

其次，是信任感。

我还是拿爱情来做一个类比，很多人误会了安全感崩塌的条件：他们觉得一定是类似背叛这种沉重的伤害，才会让一个人患得患失！实际情况是，情侣相处中的每一件小事，都会导致彼此信任感的增长或消失！

同学，你要记住殷老师的话：

信任感的崩塌一定是由一件件小事造成的！比如——

你说你要写《预册》，但发现你又忘了！

你说你要提高效率，但总是拖到夜半三更！

你说你要主动纠错，但总听到老师反馈你又不听话了！

你说你要努力学习了，但发现你又在悄悄打游戏了！

你说你要学习优秀同学的《暮省》，但写出来的东西总是不见一点起色！

……

就像恋爱中的人一样，如果有一天，你突然发现对方对之前不停抱怨的事情不再抱怨了，反复提醒、反复念叨的事情也不再说了，曾经和你吵得天翻地覆的矛盾也绝口不提了，那不是妈妈"尊重你"了，而是她对你彻底不抱希望了。这也许就是"哀莫大于心死"吧！妈妈的安全感，绝对不是来源于你给她做了多少承诺，而是来源于你说的每一件事都能够做到！来源于你的"靠谱"——

凡事有交代，

件件有着落，

事事有回音。

如果你是这样一个"靠谱"的孩子，一定是可以给任何人信任感的！

最后，是需求感。

并不是说，你长大了，你就什么事都可以硬扛过去了！要让你的妈妈有安全感，并不是说在任何事情上你都要表现得很强大。相反，你可以偶尔让妈妈觉得你需要她。生活中遇到的信任危机，你可以告诉妈妈。学习中遇到的压力和挫折，你可以告诉妈妈。情绪上触碰的礁石，你可以告诉妈妈。对于妈妈"疗伤"的能力，你不要抱太大的希望。到最后，你都可以跟妈妈说："感谢妈妈的倾听！我说出来就好多了！"

……

亲爱的同学，这封信写到这里，我希望你明白：

第一，你不是孤岛，你是一块温暖的大陆！

第二，妈妈心中的安全感是她的感受铸就的！

第三，让妈妈觉得能融入你，能够感觉到你的"靠谱"，能够感觉到她被需要，无可替代。

你要给她以上的感觉，再加上你本身的实际行动，你才能为她搭建一道看得见摸得着的坚固无比的名为"安全感"的桥梁！

10 为生气的妈妈辩护

亲爱的同学：

我给大家讲个故事，你看像不像发生在你身上。

学生的哭诉

一个学生怒气冲冲地告诉我："我越来越没办法和我妈妈沟通了。"

"为什么呢？"我问。

"因为我妈妈总是在生气的时候把话说得很绝对……我难以接受……"

"你举一些例子呢？"

"你从来都不收拾！"

"你一放学就知道玩！"

"从来就没看到过你主动看书！"

"你一直都把手机拿在手里干什么！"

"每次都只知道承诺，不付诸行动，雷声大，雨点小！"

"一点也不知道用功！"

……

学生就这么噼里啪啦地说了一大堆，令我耳不暇接。

"那你是怎么看待妈妈这些话的呢？"我继续追问道。

"我并不是从来都不收拾，我也经常收拾房间，恰恰就几次没收拾，被她撞见了，她就说我从来都没有收拾。她这么一说，我的火气就来了，直接跟她干起来了。"

"我也并不是只知道玩，恰好就是那几天心情一直不怎么好，就随手打开了电视机。其实，虽然我打开了电视，但我压根没看进去，我只是百无聊赖地换着各种台，只是纯粹地打发时间。"

"她又说我一直拿着手机。我其实根本没有，为了不给她留下那种坏印象，我还有意识地把手机放在一边，等完成一科作业之后再去翻翻看看。恰恰就被她看到了，就说我一直拿着手机。我一听，心里就很不舒服了，于是又开始和她吵起来，吵起来之后，她就开始卖惨，边哭边骂我，搞得我反倒很理亏……"

"她为什么就看不到我的好，看不到我改变的地方，看不到我细微的改变和进步？一直在贬损我，打击我，我烦死她了。"

心理诊疗

看着孩子很委屈的表情，我安慰了她，并从心理学的角度给她解释了一个现象——愤怒者的"绝对言辞"。

表面上看，妈妈愤怒的时候，强势出击，咄咄逼人，说话很绝对，那都只是表象。妈妈内心其实还有另外一个声音："我才是一个受害者""我很委屈""很不幸""很倒霉"……

那为什么人在愤怒的时候很喜欢"卖惨"并用"绝对言辞"呢？

这是因为人在愤怒的时候，需要不断地给自己增加力量，才能让愤怒维持下去，让愤怒的效果更好。这个过程就好比喝酒的人，明明只有微醺，可是因为情绪提上去了，话也吐出去了，就好像喝醉酒的人一样，醉醺醺的架势已经做出来了，就需要不断地灌酒，借助酒精之力，才能维持这一份"兴奋劲儿"，直到把自己灌醉为止。而"卖惨"和"绝对言辞"就是愤怒的人继续愤怒下去的"酒精"或"助推器"。

妈妈为了让你体验到她内心的"不幸"和"惨"，于是就很喜欢动用撒手锏：绝对化言辞。比方说，你提到的"从来都不""一直都""每次都""一点也不"。

我一边说，孩子一边不住地点头，以示非常同意我的说法。

你不要以为妈妈是真的总结了你不收拾房间的次数，才理性地得出结论，说你"从来都不收拾"。你也不要以为妈妈真的没有看到你细微的改变和进步，才说你根本不爱学习。

你要知道，妈妈在生气的时候，只是为了强调。为了强调，她要故意把事情说得绝对一些，只是为了增强严重性。你千万不要把妈妈的"你一直都把手机拿在手里""一点也不知道用功"这些话当真，因为她并非在描述事实，她只是在宣泄，只是在表达和强调事情的严重性。

把话说绝对的作用

"她这么做，对她有什么好处呢？反而搞得我们母女俩每次都会摆开阵仗，大干一场。我也极容易被她的愤怒言辞激怒，我受不得冤枉啊！"

"你还别说，她这么做还真的有好处。"我望着孩子解释道。

第一，她希望引起你足够的重视。

小错误，是不足以引起你重视的，只有描述成大错误，才能够引起你的注意呀。妈妈故意用"一直都把手机拿在手里""一点也不知道用功"这些话来刺激你，也是希望你在学习的时候能够抓紧时间。我们试想一下，如果妈妈对你玩手机的情形和拖拉的行为轻描淡写地说几句，请问你会有什么反应呢？

"可能我也听烦了，嫌弃她唠唠叨叨。"

对了嘛，你也会嫌弃她唠叨。她里外不是人，为啥不用暴风骤雨给你一次"洗礼"呢？

这样，她的情绪也是正常流动，对她身体健康也是有益的呀，至少没有过度压抑嘛。

"有道理。"

第二，增加了妈妈的理直气壮。

就如老师给你讲的醉汉喝酒的道理一样，妈妈生气起来，需要不断地给自己加上一把"柴"，才能够使火气更旺。而"卖惨"就是

"柴"。"惨"就是一种指责，她越是觉得自己很惨，就越是证明你够"坏"；她越是泣不成声，就越是证明你足够"辜负"；她越是使用绝对化言辞，就越能够证明你对她造成的"伤害"……

"好吧，老师，我明白了。妈妈愤怒的时候说的那些很绝情的话都不是真心话，只是她情绪能量的流动，对吧？"

"对的，你明白就好。"

"她说那些很伤人的话，全面否定我的话，其实都是为了'强调'，并不是有意针对我对吧？"

"不出意外的话，应该是这么理解。"

"好，我理解她了。那殷老师，你也要告诉我妈妈，希望她不要每次都把话说得那么绝对，因为我也受不得那些冤枉呀……"

"好嘞，我一定去说。"

"谢谢您，殷老师。"

同学，这封信略有在为妈妈们"辩护"之嫌，其实我是希望你能够多站在妈妈的角度去理性看待问题。很多时候矛盾起源于"误解"，你了解了真实的情况，也就多了一个透视问题的视角，希望你的"气"也能顺一点。

11 如何面对非议

亲爱的同学：

我有学生在《暮省》里反映：总有少数学生嚣张地倚强凌弱；也有学生逗趣似的故意揭人伤疤，戳人之短；还有学生以挑起绯闻、制造谣言为乐。

面对这些问题的时候，很多学生都显示出了困惑和窘境——

一方面，想硬碰硬，又怕伤了和气，显得自己不大度；一方面，想置若罔闻，又怕对方凌人之气越发强盛。

你是不是也面临着类似的问题呢？其实呀，人际的沟通历来都是中学生心理研究的重要课题。我曾经给班上的学生上过一堂课，叫作"面对非议"。接下来，我把当时的课堂大致还原出来，希望对正在读信的你有所启发。

人生在世，谁没非议？

课堂伊始，我就问学生："同学们来到世上也有十几载了，打你们记事起，有没有听到别人'嘲笑你们''戏弄你们''非议你们'？"

学生们齐刷刷都点头，宛如上了发条的机械脑袋，突然挣脱外力一般。

我又继续追问道："都有哪些表现呢？"

生1：别人给我取绰号。

生2：我有点胖，总有几个人喜欢来捏我腰上的肉。

生3：我有点内向，有时候感觉受了欺负，也只好忍气吞声。

生4：我睡觉打呼噜，总是有人揪着这个事不放，还在全班同学面前嘲笑我，我有点难过。

……

任何事件总伴随着心情，"那你们内心的真实感受是什么？"我问道。

生1：不开心。

生2：难过。

生3：愤怒。有时候真有点"生死看淡，不服就干"的冲动。

面对非议——娱乐精神

师：我们先来看一个小视频——《刘姥姥进大观园》。在看视频之前，我们先来了解一下这个视频剪辑的背景。《红楼梦》里面的刘姥姥进大观园之后，被贾府众人嘲笑戏弄，大家伙憋着劲儿地拿她取乐：王熙凤给她插了满头花，把她打扮得像个老妖精，准备了笨重的象牙镶金筷子要她夹鸽子蛋，鸳鸯让她表演饭前"祈祷词"——"刘姥姥食量大如牛"，所有人等着听她说行酒令"大火烧了毛毛虫"。那么刘姥姥是如何应对的？我们一起来看看……

亲爱的小读者，如果感兴趣的话，你也可以自己找来这一段视频看看。总而言之，不管别人怎么捉弄她，她都笑脸相迎，带着些许自嘲，给人活生生地让铁石心肠的硬拳头打在了温软的被褥上的感觉。

视频播放完了之后，我问我的学生："刘姥姥是如何应对的？"

生1：一笑了之。

生2：顺着大家伙的嘲弄，顺水推舟。

生3：大大方方地应对，反而使得死寂沉沉的大观园有了活力。

……

"刘姥姥怀着艺术家的修养，大大方方、顺水推舟地表演着。那大观园的人们，是嫌弃她还是喜欢她？"

学生齐答道："喜欢。"

"对了。贾府上上下下充满了快活的气氛：小姐姑娘们恣肆快活；就连高贵的金陵十二钗也都笑得前仰后合，甚至没有顾及自己的身份。刘姥姥似乎有神功护体似的，没有表现出不适应，而是乐呵呵地出洋相，'不过大家取个笑儿'——真真是'别人笑我太疯癫，我笑他人看不穿'。这给了我们什么启示？"

生 1：看淡点，心胸宽阔一点还可能收获更多的朋友。

生 2：娱乐精神是一种宝贵财富。

……

最后，我做了一个总结："所以嘛，刘姥姥的应对方式很'酷'。当今的绝大多数人，生活在平静的绝望之中，娱乐精神，已经成为这个世界的精神燃料。当你遇到'嘲笑'或是'非议'时，心大一点，不妨拿出'自嘲'式的娱乐精神来护体：他强任他强，清风抚山岗；他横由他横，明月照大江；他自狠来他自恶，我自一口真气足。"

面对非议——坦言的力量

师：当然也并不是要求每个人在面对非议的时候都能够如此豁达，而且我们面对的非议，有时候确实是非常令人伤心的。接下来，殷老师给大家看一个故事，这个故事来源于毕淑敏老师在《心理咨询手记》一书中。

有个小伙子，人很聪明敏感，表面上也很随和，从来不同别人发火。他个矮人黑，大家就给他起外号，雅的叫"白矮星"，简称"小白"；俗的叫"碌碡"，简称"老六"。由于他矮，很多同学见到他，就会不由自主地胡噜一下他的头发，叫一声"六儿"或是"小白"，他不恼，一概应承着，附送谦和的微笑，因而人缘很好。一次，有个外校的美丽女生在一次校际联欢时，问过他的名字后，好奇地说，你并不姓白，大家为什么称你"小白"？这一次，他面部抽搐，再也无法微笑了。女生又问他是不是在家排行第六？他什么也没说，猛地转身离开了人声鼎沸的会场。

师：大家猜一猜这个小伙子怎么着了？

生 1：服药了？

生 2：应该不是什么好事。

生 3：应该死了吧？

第二天早上，在校园的一角发现了他的尸体。人们非常震惊，百思不得其解，有人以为是谋杀。在他留下的日记里，述说着被人嘲弄的苦闷。他写道：为什么别人的快乐要建立在我的痛苦之上？每当别人胡噜我头顶的时候，我都恨不得把他的爪子剁下来。可是，我不能，那是犯罪。要逃脱这耻辱的一幕，我只有到另一个世界去了……

大家后悔啊！曾经摸过他头顶的同学，把手指攥得出血，当初以为是亲昵的小动作，不想却在同学的心里刻下如此深重的创伤，直到绞杀了他的生命。悔恨之余，大家也非常诧异，他从来没有公开表示过自己的愤怒。哪怕是只有一次，很多人也会尊重他的感受，收回自己的轻率和随意。

（生震惊中）

师：这又给我们什么启示呢？

生1：遇到你内心发怵的事，千万别藏着掖着，给别人制造出一种假象。

生2：死者没有勇敢地表达自己。

……

师：如果你遇到了这种情况，你会怎么做？

生：真诚地跟别人交流。

师：对了。我称之为"坦言"。我们都知道，坦言并不是那么容易的，它是一次精神和语言的冒险，其中蕴含着情感的未知和不可预测的反应。然而，尽管困难重重，我们还是需要坦言。毕淑敏老师还总结说：

坦言是一种勇敢，

因为你面对世界发出了独树一帜的声音。

坦言是一种敢作敢当的尝试，

因为你们既不是权势的传声筒，

也不是旁人的回音壁。

即使你的声音是那么微弱和幼稚，

那也是出于你的喉咙，

它昭示了你的独立和思索，

显示出你最大的真诚。

也许你身体很弱小，

也许你的声音也很微弱，

但是只要你喊出了一声"不情愿"，

就是在荆棘丛中开出了一束向阳玫瑰。

（摘自《心理咨询手记》）

所以，同学，你要知道，人生在世，谁无非议？！

或以"娱乐自我"的精神护体——他强任他强，清风抚山岗；他横由他横，明月照大江；或以"坦言真诚"的力量相对——即便在荆棘丛中，也勇敢地开出一束向阳玫瑰。

好了，课堂呈现完了！愿我这一堂课能够成为你面对非议时的"解药"。不管怎么样，选择一个让自己心灵舒适的方式去应对。

承认力所不及，方知力所能及

亲爱的同学：

这一封信需要从我的学生的《暮省》中的一篇文章的一段话谈起。

这名学生在《暮省》里描述了自己的一种"奇怪"心情：

……我不希望看到别人比我好，……听到老师赞扬别人的时候，我内心好羡慕，多么想那个被表扬的人是自己呀！……我有时真的很希望全世界的人都不如我，虽然我知道这是不可能的。……如果他们都消失了那该多好，这样大家就能够看到我的存在了……

这是一种"羡慕+嫉妒"的微妙心理，也是青春期最容易滋生的心态。它是在理想的浪花触碰到现实的礁石之后，溅起来的呼啸的水花。就好比一朵曾在花盆中被精心照料的花，被突然移植到一块花圃田园中后，需要和众多花花草草分享和抢夺阳光养料时的一种失落感。

在教育生涯中，我曾无数次地看到过这种失落感。有学生曾经写道：

"……我真想第一名从这个世界上消失，这样我就是第一名了。瞧瞧他那得意的小样，拽什么拽？"

在我们成长的过程中，都有一种基本的需求——渴求关注，但成长的过程又必然伴随着比较与竞争，有比较和竞争就会产生"身份的焦虑"。一开始大家都会有这种"卑微的欣羡"，而且有的人可能会从卑微的羡慕升级到一种"恶性的嫉妒"。

一个人打破"嫉妒"和"虚荣"的外壳，真正变得豁达起来，是从理解一句话开始的：

承认力所不及，方知力所能及。

真正的豁达，是从承认对方的能力开始的。如果自己做不到的事情而对方能做到，就该承认对方的能力；反之，如果你能做的事而对方做不到，对方就该承认你的能力。

正如有人提到的一样："社会成立的前提，是必须有竞争和排名，必须确保第一是第一，第二是第二，最后一名就是最后一名。排名既是承认对方的能力，也是承认自己的能力。不能认可对方的人，也就无法认可自己。换句话说，就是没有自信。"

若能像认可对方一样，承认自己的不足，就能知道自己能做到什么，做不到什么。

就好比我们成人，都是在成长的过程中看到了自己闪耀的光，才开始慢慢接受自己在某些方面的平凡；都是在成长的过程中看到了自己的灵动，才开始慢慢接受自己在某些方面的笨拙。

也正是慢慢看到了自己的优势，才从"激进"变得"柔和"，从"竞争"走向"合作"，从"对抗"走向"包容"，从"嫉妒"走向"祝福"……

正如余秋雨所说，成熟就是柔和不刺眼的光。

我给这个学生回复了一段话，也送给正在阅读的你：

我们每个人都被赋予了不同的天赋和优点，也被赋予了不同的职责和使命，最关键的是要承认自己的力所不及和力所能及。就像枪炮天然不会和玫瑰争芳，玫瑰不会去争夺捍卫和平的使命一样，这个世界既不能缺少代表"责任"的枪炮，也不能缺少象征"浪漫"的玫瑰。

承认力所不及，方知力所能及！

希望亲爱的你能够"知力所能及，不等不靠，自己去创造"！

13 家以外的爱，全靠自己争取

亲爱的同学：

今天这封信是我曾经写给我的某个学生的。他当时遇到的情况是，小组成员联名上奏，要求把他"驱赶"出小组。他很愤怒地找到了我，聊了很久心里的委屈。于是，我给他写下了这封信。今天，我也想把这封信送给你，希望对你有所启发。

亲爱的 M 同学：

被人抛弃的感觉是不是很糟糕?！我是知道的。今天早上，你们组一个胆大的女生跑过来，递给我一张纸条。上面是小组成员们联名的申请书，申请把你暂时调离小组。纸条上写着：

由于 M 同学存在屡次使小组扣分、迟到、不交作业等问题，且屡教不改，现小组一致同意将 M 同学暂时移出小组。望批准。

落款处小组成员们都签了名。一排名字码得整整齐齐，似乎在为这份申请加持某种力量。

我想：要是我在学生时代也遭遇这种被遗弃的事件，我内心将是有点崩溃的。还好，我观察了一下你，你表面很镇定自若，波澜不惊，似乎有点先知先觉的味道了。但我知道，你内心肯定是不好过的。

随后，你跑过来对我说："殷老师，我觉得他们小瞧我，不尊重我。"

"你说的 Ta 们是指谁呀？"

"我的组长和组员他们。"

"啊！你要知道，你的组长的人品和学品是全班有口皆碑的啊！她都有点瞧不上你了，你就要思考一下是哪儿出了问题了。"我尝试让你从自己身上找问题。

你悻悻而言："我是知道原因的。最开始只有 H 同学因为成绩而嘲笑我。但最近组长和其他人受了 H 的影响，也开始看不上我了。"

你们组联名发起对你的控诉，这种方式我觉得确实有点莽撞。他们没有站在你的角度思考你所遇到的问题，少了一点友善和温度。

但你才是问题的根源啊！

当我问你："早上为啥三番五次迟到？"

你很不负责地说了一句："起不来。"

还记得你的组员同胞迅速怼了你的一句话吗？

"哦，你起不来，难道我们起得来？我们都是铁打的？"

你一直口口声声地说，他们瞧不起你，让你感觉不被尊重，说明你身体里面灵敏的指针已经感觉到周围人际空气的变动了。有时候，一个人的冷漠和不屑，只需要一个轻微的眼神和举动，就能改变周围的空气分子，就能让我们迅速觉察。我一方面在积极地引导组长和组员对你包容、谅解，另一方面想郑重其事地告诉你：家以外的爱，全是靠自己争取的。

我的一位同事，总是在朋友圈发一些他品茶时的人生感悟。当我有一饼上好的普洱，我可能会送给他。

你会发现：他爱茶，我们就送茶！

我有一位朋友，对白酒很有研究，尤其偏爱酱香型的酒。有一次，在席间，他给我们描述喝好酒的感觉——先到嘴里，有辣的感觉，唤醒了你舌尖上的每一个细胞，好似它们在跳舞；你双眉紧蹙，一口吞下，劲头回勾，冲上鼻腔……。后来，我们都找他鉴别好酒。

你会发现：他爱酒，我们就邀请他品酒。

穿着有品位的人，我总想送她量身定制的旗袍一件。

你会发现：她在乎穿的，我们就送她穿的。

热爱美食、谈笑风生的人，我总想找他一起喝点夜啤酒。

……

你会发现：你爱自己的方式，就是在教别人怎么爱你。

父母之爱，就是你缺啥，他们就能补啥。举个简单例子，你数学不好，他们就能为你找到合适的数学补习老师，对吧？而到了班级，到了社会，情况就不一样了。

在家以外的世界，你会发现：我们自己没有的东西，别人也是不会给的，即便你遇到的全是善良、包容甚至是爱你的人，也是这样。

你渴求什么，你就要极力争取什么。

就像在学习中遇到困难一样，如果你有一个学科是"瘸科"，你或许会发现，你可能不仅不会得到老师的"特殊照顾"，而且甚至会不知不觉地沦为一方"遗忘的角落"。

就像我们在朋友关系中遇到不尊重的情况一样。如果因为你总是丢三落四、晚起迟到而为小组抹黑，你会发现，你不仅不会得到他们的"宽容大量"，而且甚至不知不觉地已经沦为一个"弃儿"。

你渴望被他们接纳，渴望被他们尊重和关爱。但尊重和关爱不会自己跑过来，一定是你极力争取到的。从来就没有无缘无故的爱和恨，都是你一手创造出来的。只要你内心装着一个理念——我让别人因为我的存在而幸福，并且持续不断地用实际行动证明和捍卫，那么，尊重和关爱就来了。

只要我们坚持向周围人输出积极的信息，输出你的诚意，终有一天，你一定会改变他人的眼光。

今天我希望你记住三句话：

第一，你怎么爱自己，就是在引导别人怎么爱你。

第二，所谓"缺爱"，其实就是因为我们对自己还不够好。

第三，家里的爱，想来就来，缺啥补啥！家外的爱，完全靠自己争取。你所渴求的，就是你要极力争取的。

14 天才香菜的你

亲爱的同学：

这封信要从一个学生的哭泣谈起。

小 Z 曾经是我班里的一个学生。有一天，她的室友悄悄跑到办公室跟我说：

"殷老师，麻烦你关注一下小 Z。"

"为啥呢？有啥特殊情况吗？"

"她最近都在寝室无缘无故地哭了两次了，我们也不知道原因。"

"好的，谢谢你反馈重要情报。我会抽空找她的。"

室友向我报告了此事之后，我在一个晚自习找到了小 Z，在教室外头，走廊过道上，我开始有意识地询问起了事情的来龙去脉。幽幽的夜光，伴随着深秋的寒风，小 Z 没聊几句就开始啜泣。伴随着啜泣，说出了以下这些话。

"老师，我觉得我没有交到真正的朋友。"

"老师，我好希望她们都喜欢我。然而，我发现我很多时候都和她们聊不到一块。"

"我其实真的很希望靠近室友们，和她们亲密无间，无话不谈。但我发现，寝室里只有小 H 和小 S 对我好一点，其他人都是冷冷淡淡的。"

"就这些事？"我很想插嘴，但孩子情绪的口子一旦撕开，就不容易收住。

"我从小学开始就觉得我的性格有点问题，不容易让大部分同学喜欢我。然而，我很希望他们都能够喜欢我。"

……

我明白了，这个场合，我不适合多说话，我需要做的是倾听。

于是，我索性俯下身子，把下巴枕靠在手背上，做出一副已经准备好倾听的姿态，像朋友一样。

"老师，我伤心的另一个原因是我最近几次考试测验都不是很理想。"

"哦？"

"嗯，是的！不是我想要的那个状态。我以前在小学还是很优秀的，但是来到中学之后，发现周围的同学都好优秀。"

"虽然我很努力，但是我仍然害怕落后，被人瞧不起，对不起爸妈和老师呀！"

……

那天晚上，不疾不徐之间，十几分钟就过去了，我耐心地感受着小 Z 的情绪，体会着她的苦闷，同时也思考着这样一个话题，历来如此——

中学生对友谊和好成绩的渴求，对圈子是否接纳自己都是十分敏感的，他们就像一根特别灵敏的指针，能够随时感受周围人际氛围的微小变化，女生尤甚。

追求人际的和谐和优良的学业成绩是青春期中永恒不变的两个主旋律。这里我给大家分享两首不错的诗歌，一首叫《天才蔬菜》，另外一首叫《整个过程的一部分》。这两首诗我也曾经送给了我班上的每一个学生。

在之后不久的一次主题班会课上，我对学生们说：

"同学们，今天老师想给大伙儿分享两首诗。在分享诗歌之前，老师问大家一个问题。喜欢吃香菜的举手？喜欢吃茼蒿菜的请举手？吃糖的时候，喜欢薄荷味的同学请举手？"

被突如其来的几个无厘头问题搞糊涂了，学生议论纷纷。

我接着说："我本人特别喜欢吃香菜，尤其是吃牛羊肉的时候，不放香菜就总觉得少了一点什么似的。吃牛肉面的时候，更是要把香菜厚厚的铺在面条上。和老师一样，深深爱着香菜的同学请举手。但同时，我媳妇儿恰恰特别讨厌吃香菜，如果她的面条里放入了香菜，她都会非常嫌弃地把它们挑到我的碗里来。那班上的同学有没有特别厌恶香菜的？"

也有部分学生举起了手。

"老师今天要给大家分享的第一首诗，叫作《天才蔬菜》，很有趣，我们一起来念一下。"

天才蔬菜

康雪

香菜、紫苏、茼蒿、薄荷

还有生姜

它们是蔬菜中的天才吗

要多有想象力

才能创造出这么好闻的

自己

下辈子我也要做一棵

这样的蔬菜

可以不好看，但一定好闻

且永远

只被少数人深深地喜欢

（摘自《青年文摘》2019 年第 20 期）

"这首诗中，如果让你来选让你印象最深刻的一句，你会选择哪一句，为什么？"

有学生说："我会选择'要多有想象力，才能够创造这么好闻的自己'，因为，我觉得这就像我们人一样，必须要有独特性。"

又有学生说："我会选择最后一句，'且永远，只被少数人深深地喜欢'。我觉得我们的人生不能做到像人民币一样人人喜爱的话，那就只能做香菜了。"

……

"亲爱的同学，其实，真实的人生就是这样。前面几十年，我们一直都在企图拥有人民币式的人生，企图讨所有人欢心。但你会发现，无论你怎么做，你都是一个自带独特'气质'的你，你不可能让所有人都满意你、喜欢你。于是，后半生，我们要开始尝试着让自己那份独特的'气质'飘香，你需要舒展个性，成为你自己，让一少部分人深深地喜欢你就好了。"

"我想跟同学们分享的第二首诗是澳大利亚诗人达伦·波克的一首小诗，我们也一起来读一下。"

每一位伟大的作家都有过把很多页写满了不充分的想法的草稿纸

扔进垃圾桶的做法。

这只是整个过程的一部分。

每一位伟大的运动员在大舞台上都曾错过一个重要的机会。

这只是整个过程的一部分。

每一位伟大的演员都曾搞砸过一个场景，不得不重拍一个简单的镜头。

这只是整个过程的一部分。

每一位伟大的发明家都曾研发出数以百计的无法使用的原型机。

这只是整个过程的一部分。

如果是这样的话，

那为什么我们如此害怕失败呢？

为什么我们要避开重大时刻呢？

为什么我们总是期待完美呢？

当我们意识到它们都是整个过程的一部分时，

我们就可以放松下来，

尽自己最大的努力去做，

毫无保留地去做。

"老师有一个问题，如果要求我们给这首诗取一个题目，你会怎么取，为什么？"

生 1：勇敢前行？

生 2：豁出去？

生 3：失败是成功之母？

生 4：失败造就伟大？

……

"同学们说的每一个题目，都有一定的合理性。那如果老师告诉大家，这首诗的题目就在这首诗中，你能找到吗？"

"这只是整个过程的一部分。"

"对！大家都找到了，但是题目比这句话少了几个字，是《整个过程的一部分》。由此，我们应该怎么看待我们在学业方面暂时的失意呢？"

"所有的失败和不如意都是暂时的，不要过多地在乎它，只要不放弃就好了。"

……

那天，我们就这两首诗，酣畅淋漓地聊着，也是希望像小 Z 一样的同学心里能够得到一些滋养。

同学们，如果没有淫雨霏霏作为对照，那我们就不会觉得朗朗晴空有多美丽；如果没有险恶山渠作为对照，那么我们就不会觉得一望无垠的平原有多广袤；如果没有失败和失意的苦果作为对照，那么我们就不会觉得自己的成功果实有多么甘甜。

皮球向下的压力有多大，反弹的力道就有多强。同学们的人生也如此，起起伏伏上上下下构成了你们生命的波纹。我从来没有见过任何美丽的波纹是平直的线，人生亦如此，我从来没见过谁的人生一帆风顺。

希望大家以爽朗的态度看待自己所遇到的人际关系和学习成绩。

你要明白，如果你再尽力完善自己的人格，也不一定招人喜欢，那么请你不要悲伤。也许你就是一颗"天才的香菜"，有一部分人不喜欢你，但有一部分人会深深地喜欢你。

15 "老师，他们说我太小气！"

亲爱的同学：

今天的信，我要给大家讲在我们班发生的真实的故事。

班上某女生因为家庭经济状况，行为略显拘束，消费小气，身边很多朋友都觉得她抠门，不大方，像貔貅——只进不出，于是渐渐疏远之。为此，女生也十分苦恼。一天向我倾诉：……要是我真的有钱，我愿意花很多在朋友身上，请他们喝奶茶，吃烧烤，吃甜品，买文具，买书……，但老师，我不能呀！自己每次用钱的时候，都很节约。我不是对他们小气，我是在对自己小气……

短短20多分钟的交流，孩子讲到爸妈和家庭的伤心点，几次啜泣。孩子的人品很好，这一点我是知道的，干事情从不拈轻怕重，委任任务也不左右摇摆，干干脆脆、保质保量完成，为人朴实，肯说实话。至于说家里有没有钱，我原来是真的不知道，这一次才算彻底了解。粗心的我从来没有根据她身上的穿着来衡量过。现在回头一想，好像也是呢！

寻求朋友圈子的归属感是人类属性。况且对于青春期的孩子来说，人际交往更是重点课题。人的情感就是这么微妙，事无大小，全在一个人内心的感受，唯有当事人的情感才是衡量问题的风向标。我一边开导她，一边思考如何给我的学生们讲好这个道理。几天的酝酿之后，我和班上学生分享了如下一些想法，今天分享给你，希望你读完之后，也能有所触动。

一开课，我卖了一个关子：

"同学们，老师今天这堂班会课，没有什么主题。其实也不是没主题，有！但需要同学们去挖掘。我只想和大家分享几个故事。准备好了吗？"

【故事一】

A、B 两个朋友做买卖，A 出资多，B 出资少。生意做得还不错。可是有人发现出资少的人用挣的钱先还了自己欠的一些债，更可气的是，到年底分红时，A 分给 B 一半多的红利，B 也就接受了。别人很不理解，问出资多的 A，B 出资少，平时开销又大，年底还照样和您平分效益，显然他是个十分贪财的人。

此时，你如果是 A，你怎么看，怎么办？

我的学生做了如下回答：

生 1：我会觉得这个 B 真抠，我要悄咪咪撤资！

生 2：我觉得还好，只要是我没亏，他的行为我能忍受。

我说，那是因为你没有切身利益在里面而已。

这个故事还没完，随后，我又继续说下去。

【故事二】

后来这哥俩又一起充了军，二人更是相依为命。有一次开战，双方军队展开了一场大厮杀，冲锋的时候 B 总是躲在最后，跑得很慢，而退兵的时候，B 却跟飞一样奔跑。当兵的都耻笑他，说他贪生怕死，领兵的想杀一儆百，拿 B 的头吓唬那些贪生怕死的士兵。

此时，如果你是 A，你怎么看，怎么办？

你们有了一次做生意不愉快的经历，接下来，这哥们又和你一起参军。战场上表现出贪生怕死的状态。此时，你又是怎么看B 呢？

生 1：我会觉得他真的很冷血，危险留给别人，安全留给自己。

生 2：是不是有什么苦衷呀？

生 3：老师，我突然想起来了，这两个人是不是管仲和鲍叔牙呀？

看到有学生已经揭秘了答案，我也就说开了。

既然大家都已知晓了主人公，我也就直接公布答案了吧。A 确实就是鲍叔牙，B也就是管仲。在以上两个故事中，鲍叔牙是怎么回答身边人的质疑的呢？同学们，这就是著名的"管鲍之交"。鲍叔牙始终能够在别人最不理解管仲的时候挺身而出，站在他的角度为他思考问题。而管仲在以后位及宰相的时候，又对鲍叔牙鼎力相助，适时推荐。同学们，请问你认为这是真正的友谊吗？

学生都默认是。

那你认为你是鲍叔牙这种人吗？你身边有管仲这种人吗？

学生们沉默。

我不需要你们马上给我答案，我想先把故事讲完了再说。

【故事三】

宿舍里，所有人都在午睡。唯独3号床的女生偷偷爬起来，蹑手蹑脚地走到1号床女生的床头旁，看了一眼对方后，小心翼翼地拿起1号床女生的洗衣粉，倒在自己的洗衣盆里。当她做完这一系列动作后爬上床，回头看看1号床，姿势没变，还在酣睡。第二天下午，3号床女生清洗衣服，当她一把拿过自己的洗衣粉袋子时，感觉很沉，不可能！自己的洗衣粉只剩下一点，可是现在里面却是满满的洗衣粉，味道清香，味道也跟自己原来的不一样。细看了看袋子，的确没错，正是自己买的山寨牌洗衣粉。当她从洗手间出来，一眼看到1号床女生的洗衣粉袋子干瘪了，1号床女生正在朝自己笑着眨眼。3号床女生的喉咙似乎突然被什么堵住了……。10年过去了，在一次同学聚会上，曾经的1号床女生和曾经的3号床女生坐在一起。3号床女生小声跟1号床女生说："感谢你的举动，你的宽容改变了我，也可能挽救了很多条生命！"1号床女生露出惊讶的表情，3号床女生说："有这么个女孩，她在街边小摊买最便宜的洗发水，结果因为搓不出泡被同学取笑；她将早餐的馒头放到下午吃，结果因为变味还啃着吃而被同学耻笑精神有问题；她穿父亲的咖啡色大毛衣上学御寒，结果被同学笑是小丑；她到饭堂只打白饭，央求打菜师傅淋菜汁吃，结果被人视为另类……。女孩在学校感觉不到任何爱，只有无边的冷漠和嘲讽。她很多次都将剪刀拿手里，幻想着冲上前一阵刺……，直到看到了自己那袋被人装满的洗衣粉！"

1 号床震惊过后，笑着说："好险，原来我差点在 10 年前死了！不要谢我，请谢我的妈妈！其实当我看到你偷偷将我的洗衣粉倒在你的洗衣盆里的时候，我不知道该怎么做，我偷偷给妈妈打电话，妈妈跟我说：'如果你的洗衣粉很多，你会偷别人的吗？'我否定。妈妈又说：'如果你的洗衣粉很多，可以分一些给需要的人！'就这样，我把自己的洗衣粉倒了给你。"3 号床女生泪流满面。

故事讲完，我接着说，同学们，从这个小故事，你们又能从中悟出点什么呢？（我让我的学生们简洁回答，提炼关键词）

生 1：帮助别人，可以活命。（众笑）

生 2：换位思考，可以活命。（众笑）

生 3：看人不贴标签，可以拥有一个"历史观"。

这个故事之后，我当时还给学生们一起分享了郭德纲回忆师傅侯耀文包容他、接纳他的故事，学生们极为动容。

三个故事讲完了，我请学生认真思考一下三个故事内在连贯的深意。

那堂班会课最后，我给全班学生总结发言：

同学们，我们都在被鲍叔牙感动，被 1 号床女生的妈妈感动，被侯耀文先生感动……，为什么管仲、郭德纲的名气都更大，我们还没有被感动？

一个人在穷酸的时候，就容易吝啬、小气，但他的小气或许不是对朋友小气，而是客观使然，说不定他对自己都很苛刻呢！一个人富裕的时候，经济条件已经满足了，就开始慷慨解囊了，相应的善心就生成了，所以我也很赞成要"历史"地看待一个人的行为，这样更容易让我们理解和包容别人。永远不要把自己局限在狭小的"自我解读"和"自我翻译"中，你要学会慢慢"养大格局"，理解和接纳你认定的人品一流的真朋友的一些类似的行为。其实，说得世俗一点，鲍叔牙、1 号床女生、侯耀文先生及家人都因为之前的格局和善良而受到润泽，都有善终！不是吗？

最后，希望正在读信的你也能够养大格局，成为温暖的人，纯真纯善！

16 提升情感细节感受力，成为温暖的人

感受情感细节的能力，将使你受益终身。

——写在前面

亲爱的同学：

没有感受幸福的能力是个悲剧，如果一个人不具备感受情感细节的能力也同样是个悲剧。

当班主任这些年，我一直倡导学生要感恩知礼，因为懂得感恩，一定是一项软实力。但是，一个人怎么才能懂得感恩？他凭什么要感恩？

这就需要你具备感受情感细节的能力。

一个班上总是不乏这样的学生：他们身上装了无数台灵敏的情感捕捉器，总是能够想你之所想，急你之所急。把周围每个人善意的举动，都铭刻在情感账本上，唱出生命的礼赞；他们眼里有光，心里有爱；他们温暖别人的同时，也温暖了自己；他们爱了别人的同时，也让别人爱了自己。

你瞧：

就在昨天，我上完课之后，伏案批改学生作业。

就有一个小伙子跑到办公室来，手里拿着阿萨姆奶茶，双手奉上："殷老师，你辛苦了。"

不一会儿，另外一个小伙子闻风而来，兴冲冲地对我说："老师，都这个时候了，肯定还没吃饭吧，这里的面包先垫着吧。"

顿时，被人关心的暖流流遍我的全身。

你瞧：

有一次，我在班上批评了学生，一个人在办公室生闷气。

有两个可爱的女生，探头探脑地在门口打望。我知道她们一定

是在打望我，阅读我表情和心情的变化。

顿时，僵硬的内心就被这些可爱的小精灵软化。

有爱的举动，再微小，都极具能量。

你瞧：

有一次，我家人病重，在医院躺着，我心急如焚。

有学生无数次地在《暮省》里安慰我，说暖心话，让我开心一点。

有学生无数次地问我家人是在哪个医院。

有学生给我带来一盆小绿植放在了我的桌面上，留了一张纸条：一切都会好起来的。

你瞧：

有家不在这座城市的学生陪父母在北碚吃了火锅，存了一些"优惠券"，不用就快过期了，她留了一张小纸条：……再不去用就快过期了哟……

你瞧：

我正在一个一个地当面指导学生写作业，就有一个温暖的小精灵走过来对我说："殷老师，看你一直在说话，我给你接了点水，你喝几口吧！"

何尝不是呢？

一个一个地指导，说了无数的话，有时候腮帮子的肌肉都发酸，喉咙都在冒烟了……

能有一个学生感受到我肯定想喝水了，顺便帮我接了一杯七成热的水。我一饮而尽，沁人心脾啊！

你瞧：

总有学生能觉察到，我在哪个时候需要吃一颗金嗓子喉宝了。

总有学生能觉察到，我最近睡眠不好，送上了一个枕边的小香包。

总有学生能觉察到，我处于什么样的生活状态——"殷老师，最近是不是特别紧张，我看你胡须都有两周没刮了。"

同学，你要知道：

这个世界，除了父母，没有人会无缘无故地对我们好；如果有人温暖了我们，爱护了我们，为了我们的成长负责，我们就要牢牢记住——"每遇幸事，常念天之过厚于我"。

同学，你要知道：

我们不是这个世界的中心，我们的情绪情感也并不是世界的风向标；我们和这个世界上的每一个人都是相互依赖、共生共存的，人与人之间的情感长河是相互流通、彼此滋养的。

同学，你要知道：

爱是需要勇敢地表达出来的。没有表达出来，只有两种情况：第一，压根没有爱；第二，爱本身也没有流经自己的身体，更不会让他人感受到。

同学，你要知道：

表达感恩之情，并不需要买贵重的礼物。一些暖心的话，一些微小的举动，一些未曾预期的小惊喜……，都会让情感的脉冲有了张力。

你可能会说："我对 ××× 没有感情；我认为我暂时还没有感恩的人。"

别着急，接下来这个故事里妈妈的做法或许会给我们一些启示。

发现那个对你好的人

曾颖

好友小蕊多年来一直保持着一个颇有古风的传统——每月最后一个周末，她一定会在家里请一位朋友吃饭。这天，所有的食物都是她亲自制作的，包括茶点、菜品和饭后的水果沙拉。桌上摆着新采的花，连用来摆放餐具的方巾也跟客人的喜好相关。所有的一切，都透着一种庄重又温柔的仪式感，让被请者由内而外、由眼及心，都暖暖的。

小蕊将这一天称为感恩日。所有受邀者，都是她认为在人生道路上对自己有过启示和帮助的朋友。为了不将这个日子与"应酬"混同，所有受邀的人当中，没有一个是与她有当下利益关联的领导或合作伙伴。这使得小蕊的感恩日显得既纯粹又简单。

我有幸成为小蕊感恩宴的客人，是因为一件早已忘掉的小事：似乎是某天我说的一句无心之话，意外地解开了困扰她许久的心结，她由此心存感激，并邀我做了当月感恩日的主角。

那天，我喝过她酿的梅子酒，吃过她做的牛排和小蛋糕。随后她沏了一杯小青柑茶，在淡淡的茶香中，我向她问起了好奇已久的问题——为什么会有感恩日？

小蕊停了停，慢慢向我道来……

我的感恩日来自青春期时和妈妈的一次碰撞。那一年我14岁，正是大人说什么都要反对的年纪。由于出身于单亲家庭，对生活的感受上比别的同龄人更觉艰难，因此，我陷入一个长长的焦虑期，总觉得事事不顺心、不如意，踢到一块石头都会想是不是有什么阴谋，进而感叹人生的可怕无望，幻想云彩背后总有一个与我不对付的神想要看我的笑话。我陷入一个漫长的心理黑暗期。遇到任何事，先往坏处想；碰到任何人，先往恶处看。我像找碴一样对待生活，将自己严实地包裹起来，天天在日记本上写冰冷的诗句，觉得自己可怜，觉得世界可悲，觉得人们可怕、可憎。

而这一切，都是我想象出来的。我像一个独自夜行的人，用自己想象出来的妖魔鬼怪来吓唬自己，一点点陷入自闭的境地，感觉世界对自己充满了深深的恶意。

妈妈看出了我身上的苗头不对。之前，她一位同事的孩子就是在青春期陷入自闭情绪，并且一发不可收拾地将整个世界关在了心门之外。她不希望我变成那样，牺牲了学业，甚至整个人生，她觉得自己必须做点儿什么。

我记得，那是一个周末，妈妈做好了一笼包子，选了几个又大又靓的，用提笼装了放到我面前，说："给你一个任务，把这几个包子送出去。"

"送给谁？"

"送给一个对你好的人！"

"没有哪个人对我好！"

"你再仔细想想。"

"那就送给你吧！"

"我是你的妈妈，对你好是理所当然的，我希望你把包子送给那个本没有义务对你好，但又对你表现出善意的人。"

"有这样的人吗，我怎么没感觉到呢？"

"是没有，还是没感觉到？"

她的表情很认真，像在说一件非常重要的事情。我觉得她有些没事找事。

她也察觉自己严肃的表情激起了我的逆反心，而这并不是她的初衷。于是赶紧刹车，给了我一个苦笑，说："就当是帮妈妈，来，好好回想一下，有没有对你好的人，哪怕是对你有一丁点儿好的人。"

对我好？

难道她听说了什么传闻？虽然我们班有男女同学手拉手，但我从来没有过。

"我没有早恋！"

我几乎是喊出这么一句。

妈妈惊愕了一下，说："没说你早恋。你误会我的意思了。我说的好，是值得你去感激和感恩的好。你看我这一笼包子，就是打算送给同事徐阿姨的。我每次有事，她都要帮我值班，从来没怨言，让我心里过意不去。我说的，是这样的好。"

听妈妈这么一说，我没再激动，心里莫名地闪出一个身影——那是在学校车棚里看车的魏爷爷，他看我给自行车打气很吃力，每一次都要帮我。

我把这个想法说了，妈妈很高兴，把提盒交给我，说："看，也不是没有对你好的人，是吧？"

"这也算？"

"当然，善意不论大小，都会让人觉得暖暖的，多暖几次，心就不冷了。"妈妈说这几句话时，声音既安静又温柔。

那天，我把包子送给了魏爷爷，并说了送包子的原因。魏爷爷很高兴，在那之后他对我和我的车子更关心爱护了。再后来，他开始帮更多的同学打气，乐呵呵的样子令人动容。

那以后，每隔一段时间，妈妈就会做包子，让我回想"对你好"的人，我也就努力去发现我身边那些细微的善意和美好。我发现，我的身边其实有蛮多美好的人和事，只是以前从没有在意，总把眼睛盯在冷漠、丑陋的地方，忽略了而已。

妈妈所做的，就是让我重新变得平和起来，通过回想那些被忽略的善意，重新认识被我片面化了的世界。

每天用来回想恨与伤害的时间，如果多过回想爱与帮助的时间的话，是不对的。后来的许多个日子，我和妈妈在夕阳下一边揉面、拌馅儿，一边回忆生活中人们给予我们的善意，我们也发自内心地对他们报以真诚的感激，并将这份感激擀进面，揉进馅儿，包进包子里，蒸出一屋子温暖芬芳的香气，那香气，将世界晕染得如同一个温暖的梦境。我喜欢那种感觉。这也许就是我的感恩日的源头吧！我现在每一次邀请朋友来参加感恩日，做每一份食物时，眼里、手里、心里，都是那样一种感觉……

（摘自《读者·原创版》2020 年第 5 期，本书摘录时有改动）

亲爱的同学，不管怎样，我由衷地希望你能提升情感细节感受力，成为一个重情重义、感恩知礼、有温暖、有爱的人。

申　明

　　本书一些图片取自网络。本书作者及编辑部尽了最大的努力，仍难以与部分图片作者取得联系，如图片作者见到本书，请联系本书作者或编辑部，以便当面致谢并支付图片费用。本书作者邮箱：840324594@qq.com，教育科学出版社教师教育编辑部电话：010—64989527。